Eva-Maria Ammon

Du bist der Weg

Entdecke deinen universellen Wesenskern

© fb24-Fotolia.com

Omkara Verlag

Ich widme dieses Buch meinen Kindern

in

tiefer Liebe

und ewiger Verbundenheit

Inhaltsverzeichnis

Vorwort zur ergänzten Neuauflage 7

Sei du selbst 9

Deine Zeit ist Jetzt 13

Meine Wege zu meinen lichtvollen Helfern 20

So, wie du heute bist, bist du vollkommen 27

Visualisierung zur Klärung deiner Gefühle 31

Loslassen, Verzeihen, Karma und Transformation 35

Meditation zur Verzeihung 38

Wachstum durch Leid oder schmerzfreie Karmabefreiung 41

Authentisch sein: Das Ende des Polaritätsdenkens 50

Eine segensreiche Realität in Selbstverantwortung 58

Visualisierung: Einklang Intellekt, Unterbewusstsein und Seele 58

Partnerschaft und Beziehung: Spiegelung und Chance 64

Realitätserschaffung: Beziehungen und Erwartungen 68

Inniger Kontakt mit deinen lichtvollen Helfern 78

In Einklang mit dir und dem Universum 81

Wie meditiere ich richtig? 86

Reinkarnation und Rückführungen 88

Die universelle Schöpferkraft in dir 96

Eine wundervolle Realität erschaffen und erfahren 108

Visualisierung zur Neutralen Wahrnehmung 108

Meditation zur Öffnung des Herzens 116

Meditation zur Erforschung deines Unterbewusstseins 119

Teil 2. Der menschliche Körper

Die 7 Stufen des Lebens. Die 7 Körper des Menschen 122

Die Energieversorgung des Körpers durch die Chakren 129

Der physische Tod ist ein Glaubenssatz 133

Die Macht der Erziehung 139

Wer oder Was ist der Mensch? 148

Fleischkonsum und Spiritualität 150

Teil 3. Die universellen Gesetze

Erkenne dich selbst 162

Das Universum ist geistig: Alles ist Geist 165

Die ewig gültigen universellen Gesetze 172

Definition: All-das-was-ist. 177

Das Gesetz der Geistigkeit 183

Das Gesetz der Entsprechung 188

Das Gesetz der Schwingung 197

Das Gesetz der Polarität 200

Das Gesetz des Rhythmus 204

Das Gesetz von Ursache und Wirkung 209

Das Gesetz des Geschlechts 213

Der Umgang mit den hermetischen Grundsätzen 221

Du bist göttlich! Dein universeller Wesenskern 225

Schlusswort von Sanat KUMARA 230

Auf Wiedersehen 236

Vorwort zur ergänzten Neuauflage

Dieses Buch wurde bereits im Jahre 1988 geschrieben und 1995 von einem Hamburger Verlag veröffentlicht. Im Jahr199 9trennte ich mich von dem Verlag und plante auch keine weiteren Neuauflagen. Die Anfragen nach diesem, für mich altem Buch, sind jedoch immer noch sehr groß und wie meine Freunde mir erklären, ist es ein wichtiges Buch nicht nur für Einsteiger in das Thema Spiritualität. Aus diesem Grund habe ich mich entschlossen, es in Eigenregie noch einmal drucken zu lassen. Ich möchte nicht, dass Menschen, welche immer wieder nachfragen, mehr als Einhundert Euro in einem Antiquariat für diese Seiten zahlen müssen. Es ist zwar komplett neu überarbeitet, stellenweise auch erweitert. Doch war es mir ein Anliegen, den ursprünglichen Text zu erhalten. So habe ich nichts Neues hinzugefügt, denn es stellt auch meinen eigenen Weg bis zu der Zeit vor 20 Jahren dar, als ich dieses Buch schrieb. Neuerungen, Erweiterungen und Wachstum darüber hinaus, finden Sie in meinen anderen Büchern.

Ich habe dieses Buch „Meinen universellen Wesenskern entdecken." seinerzeit ganz allein für mich geschrieben, weil immer wieder eine liebevolle Stimme in mir war, die sagte: „Schreib ein Buch". All meine Einwände, dass ich gar nicht weiß, was ich schreiben soll wurden belächelt. Immer wieder kamen meine inneren Freunde, Sananda und Ezechiel, die liebevoll sagten: „Schreib einfach". So setzte ich mich eines Tages an meinen PC und begann. Doch nicht ich schrieb, nein, es schrieb mich. Einmal begonnen war ich im Fluss und hatte in 6 Wochen dieses Skript fertiggestellt. Es als Buch zu veröffentlichen wäre mir jedoch niemals in den Sinn gekommen, da es für mich persönlich ein ganz wichtiger Teil der Aufarbeitung meines eigenen Lebens war. Ich gab es allerdings weiter an meine Seminarteilnehmer. Sie waren begeistert. Irgendwann sandte mein damaliger Lebensgefährte und heutiger Ehemann das Skript an einen Verlag. So wurde ich zur Autorin.

Allein die Erfahrungen mit der Medienwelt ließen mich bald zu dem Schluss kommen, dass ich nie wieder ein Buch veröffentlichen werde. So war es auch einige Jahre. Bis wieder die vertraute Stimme kam, dieses Mal war es Sananda, die sagte…. ? …. ☺ „Schreib ein Buch". So begannen Diskussionen anderer Art wie: Nie wieder. Solchen Ärger möchte ich nicht noch mal haben. Es gibt genug Menschen, die Bücher schreiben usw. Doch mein innerer Freund sagte immer nur liebevoll: „Schreib ein Buch". So begann ich „Aufgestiegene Meister bringen Heilung für die Welt!". Ich fand einen wundervollen Verlag mit noch wundervolleren Menschen und freue mich, dass ich diesen Weg noch einmal beschritt. Die drei Bücher, die ich bisher mit dem Smaragd-

Verlag veröffentlicht habe, ein viertes Buch wird im Januar im gleichen Verlag erscheinen, haben nicht nur mir selbst, sondern sehr vielen anderen Menschen, auf dem Weg des universellen Lichtes sehr vieles geschenkt. Und das ist wunderbar.

Du bist der Weg ist zwar ein so genanntes „älteres" Buch, doch hoffe und wünsche ich mir, dass es für dich eine Erfahrung bringt, die dir hilft deinen Weg zu deiner multidimensionalen Seele erfüllt und voller Freude zu gestalten.

Du bist der Weg umfasst heute drei Teile in denen es geschrieben wurde. In diesem Umfang sollte das Buch ursprünglich bereits 1993 erscheinen. Der damalige Verlag wollte jedoch zwei bis drei Bücher daraus machen, weil die Menschheit 1993 angeblich noch nicht so weit war, alles auf einmal zu verkraften. Mir jedoch erscheint es sinnvoll das gesamte Manuskript heute in diesen Band zu integrieren. Ich bin sicher, die Menschheit ist weiter, als viele erahnen.

Ich wünsche dir, dass dieses Buch dir eine wertvolle Hilfe auf deinem Weg ist und bin sicher, dass es dies sein wird, wenn du die Übungen, Meditationen zu deinem Nutzen anwendest, dir die universellen Gesetze verinnerlichst und deinen Weg der Liebe gehst.

In tiefer Verbundenheit im Mai 2008

Eva-Maria Ammon

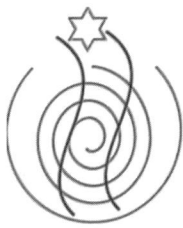

Sei du selbst

Heute weiß ich es. Es ist alles ganz einfach. Viele, viele Jahre habe ich nach Gott gesucht, versucht die Bibel zu begreifen, nach dem Sinn des Lebens und nach mir selbst gesucht. Es ist soweit: Ich habe mich gefunden. Ich habe erkannt, dass ich Gott im Außen nicht finde. Ich habe erkannt, dass das, was uns fehlt, die Göttin, die Kraft der einen, reinen Quelle ist. Als ich aufhörte Gott in dem zu suchen, der uns aus der Bibel entgegen weht, fand ich das göttliche Licht, fand ich die Schöpfermutter, die Göttin und… ich fand mich. Das Beste daran ist, was ich tatsächlich bin, unter all den angenommenen Mustern, Verhaltensstrukturen, Abwehrmechanismen usw., kann ich heute lieben. Was Yeshua einst sagte; „Liebe deinen Nächsten wie dich selbst!", habe ich in mir selbst, in der göttlichen Kraft, die in jedem Menschen ist, gefunden. Weil ich mich selbst lieben gelernt habe, kann ich endlich auch andere Menschen lieben.

Auf meinem Weg zu mir habe ich erkannt, dass wir alle und alles tatsächlich miteinander verbunden sind. Unsere Quelle, unser Ursprung ist das göttliche Licht der Urquelle. Aus diesem Licht kommen wir und in dieses Licht gehen wir jedes Mal zurück, wenn wir einen unserer Ausflüge in andere Dimensionen beendet haben. Du trägst den gleichen lichtvollen Kern, der nichts als allumfassende Liebe und Freude ist, in dir. Letztlich sind wir alle eins, denn wir kommen aus der vollkommenen Synthese von Mutter-Vater-Gott - wir sind göttlich. Du bist ich und ich bin du.

Ich kenne sie gut, deine Sehnsucht nach Liebe, nach Geborgenheit, nach Freude, nach Nähe zu anderen Seelen, nach Angekommen- und Aufgehoben sein außerhalb der Einheit, hier auf diesem Planeten, als wäre es meine eigene. Denn es war meine eigene Sehnsucht den Weg zurück nach Hause, zu mir selbst, zu finden. Dies ist die tiefe Sehnsucht jedes einzelnen Menschen. Uns alle verbindet der tiefe Wunsch unseren Ursprung, das was wir wirklich sind, wieder zu finden. Der Weg dorthin liegt hier vor dir und in dir. Dieser Weg bist du. Das Licht, Göttin und Gott leben in dir, bist du selbst.

Wenn du bereit bist, alles, was du jemals gelernt hast, alles, was du als Wertigkeit in deinem Leben integriert hast, alles, was du denkst und glaubst zu fühlen in Frage zu stellen, dann ist der Weg frei für dich - für dein DU-Selbst-SEIN.

Wir leben innerhalb der Grenzen, die uns unser Denken setzt. In diesen uns anerzogenen Grenzen bewegen wir uns oft wie Marionetten in einem goldenen Käfig. Dieser ist zwar mobil, doch wir merken und spüren innerlich: Irgendetwas stimmt nicht.

Wir können vielleicht die Gitterstäbe nicht erkennen, weil das Gold uns blendet. Innerlich können wir jedoch fühlen, dass wir hinter all dem Rufen nach Freiheit, in der vermeintlich freien Welt, in Unfreiheit umherirren und suchen. Du suchst, ohne genau zu wissen wonach du suchst. Ich weiß es: Du suchst nur nach dir selbst. Du suchst nach der Göttin oder dem Gott, die du vor langer Zeit verloren glaubtest. Dieses Buch möchte dir helfen dich selbst und das lebendige Licht, das du bist, in dir und in anderen Menschen wieder zu finden.

Es gibt nur eine Wahrheit: Nichts, was dir jemals über dich selbst von anderen Menschen beigebracht wurde, nichts von dem was du glaubst zu sein, hat einen Anspruch auf Wahrheit. Du bist nur dann du selbst, wenn du wahr und klar in deinem Denken, Verhalten und Fühlen bist. Wenn du zu dir selbst und zu deinen Gefühlen stehst, die Verantwortung für dich selbst übernimmst, wenn du dir bewusst machst, dass alles, was ist, aus der Urquelle kommt und letztlich vollkommen und göttlich ist, auch deine vermeintlich negativen Gefühle wie Wut, Angst und Schmerz, dass es deine eigene göttliche Kraft ist, die diese Gefühle in dir und durch dich fühlt, dann kannst und wirst du frei und wahr sein. Diese Transformation beginnt, wenn du all deine Gefühle und damit dich selbst nicht weiter ablehnst, sondern die Verantwortung dafür übernimmst, dass du heute so bist, wie du bist und zu dir selbst stehst. So wie du jetzt bist, solltest du beginnen dich selbst zu lieben. Du hast auf deinem Weg alles, absolut alles, richtig und gut gemacht. Hättest du irgendetwas besser oder anders machen können. Du hättest es getan.

Hör einfach auf damit, besonders lieb, besonders nett, besonders freundlich oder gar göttlicher als Gott sein zu wollen. Denn wie willst du der Göttin, Gott, dem Licht, der Quelle, wie immer du diese Energie nennen magst, nahe sein, wenn du ablehnst, wie das Licht in dir sich entwickelt hat und sich dir jetzt zeigt?

Das göttliche Bewusstsein in dir zeigt dir immer was es jetzt gerade lernen möchte und dir täglich aufs Neue schenkt, damit du wachsen kannst? Wenn ich Gott sage, dann meine ich den männlichen und weiblichen Aspekt der Quelle nicht aber das, was in der Bibel als Gott bezeichnet wird. Wenn du dich anders zeigst, als du bist, verleugnest du den göttlichen Teil in dir.

Wenn du Zorn in deiner Seele verspürst und dabei scheinheilig lächelst, damit andere Menschen dich weiterhin für beherrscht und nett halten, dann bist du aus deinem eigenen Licht gefallen. Hör einfach auf lieb und nett zu sein. Schau dich um in der Welt, Göttin und Gott sind auch nicht nett. Hör auf damit lieb zu sein und dich selbst zu belügen. Bekenne dich zu deiner Rebellion, zu deinen Gefühlen, die du sowieso in dir trägst. Erst dann ist Transformation möglich und die Erkenntnis, dass es tatsächlich Menschen gibt, die dich genau so mögen, wie du in Wahrheit bist. Alle anderen, für die du eine Rolle spielst, bringen dich kein Stückchen weiter auf deinem dir selbst gewählten Weg.

Jesus, Yeshua, war alles andere als nett. Er war wahrhaftig. Er, der immer wieder sagte: "Ich bin der Sohn des Vaters." fühlte Angst, Zorn und Schmerz. Er stellte in Frage was die Menschheit an Gesetzen errichtete; doch mit einem Unterschied zu dem normalen Menschen. Jesus brachte seine wahren und authentischen Gefühle zum Ausdruck. Er hatte im Gegensatz zu uns keine Angst seine Masken fallen zu lassen. Es war ihm gleich-gültig, was andere über ihn dachten, ob sie ihn für gut, groß, wissend, vollkommen oder unvollkommen hielten. Er wusste, wer er war. Er liebte und akzeptierte sich und die Quelle in sich selbst. Er wusste und er sagte es uns. "Was ich bin, werdet ihr auch sein und noch vieles mehr."

Sobald du bereit bist, dich von deinem Verstand-Gefühlsgespann, von all seinem angelernten Unsinn, seinen automatischen Gefühlsreaktionen, seinen erprobten Spielen zu distanzieren, geschieht etwas Phantastisches: Du erkennst plötzlich, dass du in dir selbst frei bist, dass all deine Abhängigkeiten nur aus einer uralten Gewohnheit resultieren. Dies ist eine Anpassung, die dir anerzogen wurde, die seit Beginn der Menschheit gefestigt wurde. Eine Angewohnheit, die dir deine Eltern, Großeltern und Lehrer als Non-Plus-Ultra, als Gebrauchsanweisung für das Leben, mitgegeben haben. Diese kannst du jetzt endlich ablegen, denn du hast sie nur übernommen. Du erfährst sodann eine völlig neue Beziehung zu dir selbst - zu deinem wahren Selbst - und zu allen anderen Menschen in deinem Umfeld.

Der einfachste Weg zu beginnen ist, jedes "du musst, du sollst, du darfst nicht, beherrsche dich usw." in Frage zu stellen. Bei jedem Druck von außen, selbst wenn dieser Druck in Form solcher Ermahnungen aus dir selbst heraus kommt, frage dich immer und immer wieder. "Möchte ich? Will ich wirklich?"

Fühle und spüre in dich hinein. Forsche unter all deinen vermeintlichen Gefühlen, die deine authentischen Gefühle oft überlagern, nach dem Wunsch deiner Seele. Was möchte deine Seele? Sie will Liebe annehmen und geben. Deine Seele ist reinste Liebe. Sie möchte sich selbst und andere Menschen lieben ohne bevormunden zu wollen. Sie möchte mit anderen Menschen in Freude und Wohlstand leben. Sie möchte ihnen freie Entfaltung ihrer Seele gestatten und fördern. Zunächst wünscht deine Seele dies immer für dich selbst, dann für deinen Lebensgefährten, deine Kinder und erst dann für andere Menschen in deinem Leben. Die Vergangenheit ist vorbei. Du kannst deine Geschichte, die hinter dir liegt, nicht ändern. Doch du kannst das Heute zu deiner neuen positiven Vergangenheit von morgen werden lassen, wenn du dein Leben selbst in die Hand nimmst. Und du weißt es längst: Es gibt immer nur das JETZT.

Ich heiße dich willkommen in der Gegenwart und in diesem Handbuch für dein selbstermächtigtes, selbstverantwortliches Leben. Ich heiße dich willkommen in der Freude und in der Liebe. Willkommen in der Tiefe der reinen Gefühle deiner Seele. Denn Tiefe und Liebe sind weder in deinem Verstand, noch in deinem Denken zu finden. Tiefe und Liebe kommen aus deinem echten, wahren Seelen-Gefühl. Sie können nur erlebt und gefühlt werden, indem du dich dir selbst öffnest.

Auf meinem Weg zu mir habe ich viele Ausbildungen absolviert. Jede war ein Schritt näher hin zu mir selbst. Aus meinen Erfahrungen der letzten 25 Jahre möchte ich nicht eine einzige missen und dir heute die Essenz vermitteln, die dich unweigerlich zu dich selbst führen kann, wenn du dich für dich selbst öffnest und deine eigene Erfahrung und Wahrheit annimmst. Mit diesem Buch liegt ein sanfter Weg vor dir, der sowohl deine Seele hier integrieren, als auch deinen Intellekt in Einklang bringen kann, damit Körper, Geist und Seele gleichermaßen in deinem Leben zu einer Einheit heranreifen können.

Das Leben liegt vor dir. Greife zu. Ich wünsche dir von Herzen, dass du die konkreten Lebenshilfen für dich anwenden kannst und dich zu einem wahrhaftig freien und göttlichem Menschen entfaltest.

Eva-Maria Ammon

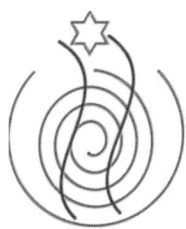

Deine Zeit ist Jetzt

Du hältst dieses Buch nicht zufällig in deinen Händen. Jetzt ist die Zeit, dich mit genau diesem Thema zu beschäftigen um deinen ganz persönlichen Kanal zum Universum und vielleicht auch zu deinen Spirituellen Begleitern, Engeln und Aufgestiegenen Meistern und Meisterinnen zu aktivieren.

Viele berühmtere Persönlichkeiten haben bereits mit ähnlichen Themen zur allgemeinen Bewusstseinserweiterung beigetragen. So sollten wir annehmen können, dass bereits alles gesagt ist, was gesagt werden kann. Doch es tauchen immer wieder neue vielfältige Fragen auf. Dies weiß ich aus meinen Seminaren und aus eigener Erfahrung. Darum wünsche ich mir, dass du genau das finden wirst, was du immer schon gesucht hast. Ich wünsche dir, dass du völlig neue Dimensionen des Bewusstseins erreichst. Denn gerade jetzt ist deine Zeit der Selbstliebe gekommen. Erfahre aus der Quelle in dir selbst, wie das Leben seinen ganz eigenen Sinn erhält.

Dieses Buch ist weitaus mehr mit dem Herzen als mit dem Intellekt geschrieben. Darum lade ich dich ein, dieses Buch auch mit dem Herzen zu lesen. Dann werden wir uns vielleicht irgendwo begegnen und einen gemeinsamen Beitrag zur Entwicklung des menschlichen Bewusstseins auf höheren Ebenen leisten.

Indem ich dir ein wenig von mir und meinem eigenen Weg erzähle, werde ich dich in die sehr wichtigen Hintergründe unseres Weges einweihen. Heute weiß ich, dass dieser Weg, für sehr viele von uns, bereits vor Jahrtausenden auf diesem Planeten und in mehreren anderen Dimensionsebenen begann. Die Erkenntnisse sind einzigartig. Gerne lasse ich dich daran teilhaben und wünsche mir, dass auch du deine Einzigartigkeit erkennst und dich dem ALL-DAS-WAS-IST mehr und mehr näherst.

Um tiefer in die geistigen Ebenen vorzudringen, werden wir dir verschiedene Techniken anbieten, die es dir ermöglichen, in direkten Kontakt zu deinen spirituellen Begleitern, Engeln und Meistern, Meisterinnen und zu deinem Hohen Selbst zu treten. Du kannst dieses Buch als Lehr- und Arbeitsbuch betrachten und damit arbeiten, indem du an jedem Punkt, an dem eine Meditation eingeflochten ist, diese ausführst. Tu es nicht, weil es hier steht. Tu es für dich.

Begleite mich und meine geistigen Mitautoren eine kleine Weile und erkenne, dass wir alle auf dieser Erde und im unendlichen Universum EINS sind. Darum spreche ich dich mit dem freundschaftlichen DU an. Ich freue mich auf die Arbeit mit dir und danke dir für dein Interesse, einen entscheidenden Beitrag zur geistigen Weiterentwicklung unserer Erde zu leisten, indem du bei dir selbst beginnst.

Auch wenn es sehr oft üblich ist, aus einem Buch zuerst die Themen herauszufischen, die interessant erscheinen, habe ich die Bitte an dich, dass du dieses Buch wirklich von Beginn bis zum Ende liest. Nur auf diese Art und Weise ist gewährleistet, dass du auch die kleinsten Zusammenhänge erkennst um zu deinem höchsten Ziel, das immer nur dein wahres, göttliches Selbst ist, zu gelangen.

In 35 Jahren der Suche nach Gott, dem Sinn des Lebens und des Irrlaufens war mir immer im tiefsten Inneren bewusst, dass der Mensch von unsichtbaren Helfern geschützt und geleitet wird.

Wir leben unser Leben in jungen Jahren oft, indem wir mehr oder weniger suchend umherirren und uns ein Leben aufbauen, das den allgemeinen Konventionen entspricht. Innerhalb dieser Konventionen verlieren wir dann häufig die Sicht auf die wirklich wichtigen Dinge für uns selbst. Irgendwann dämmert es, dass es mehr geben muss, als das, was wir normalerweise erstreben, dass es mehr geben muss als äußere Sicherheit und Freunde, denen wir unsere Liebe hinterher tragen müssen. Wir erkennen, dass es nicht der Sinn des Lebens sein kann um Liebe und Zuwendung zu betteln oder sich ihr zu verweigern, weil wir ein angeborenes Recht auf Liebe haben. Du bist Liebe. Du brauchst sie nicht suchen. Es ist an der Zeit zu finden und die Suche zu beenden.

An diesem Punkt bist du vielleicht gerade jetzt angelangt? Wenn das so ist, dann begrüßen wir dich herzlich im Kreis der SUCHENDEN und FINDENDEN. Unser Leben ist ein ständiges Suchen und das ist gut so. Doch wonach suchen wir eigentlich? Was lässt uns trotz Hektik des Alltags, ausgefülltem Berufs- und Familienleben, nettem Freundes- und Bekanntenkreis innerlich immer wieder mal mehr oder weniger dieses Gefühl der Leere, dass da irgendetwas fehlt, verspüren?

Sicherlich hast du dieses Gefühl schon erfahren und dich gefragt, warum du nicht zufrieden sein kannst mit all dem, was du bereits erreicht hast. Du hast doch augenscheinlich alles, was man/Frau sich nur wünschen kann. So sagen zumindest dein Intellekt, deine Freunde und deine Bekannten. Du zweifelst vielleicht manchmal an dir selbst und redest dir ein, einen viel zu hohen Anspruch zu stellen. Und doch bleibt da innerlich das Gefühl, das irgendetwas fehlt, irgendetwas nicht ganz rund ist. Du quälst dich vielleicht mit Schuldgefühlen wegen deiner Unzufriedenheit und bemühst dich jetzt erst recht angepasst und lieb zu deiner Umgebung und deinem Umfeld zu sein. Sorge dich nicht, du bist nicht allein mit diesen Gefühlen. Nur wenige Menschen finden selbst unter Freunden den Mut, diesen Gefühlen Ausdruck zu verleihen. Erkenne, dass diese Gefühle ein Ruf, vielleicht sogar ein Schrei?, deiner eigenen göttlichen Seele sind, deiner Seele, die vielleicht ihr naturgegebenes Mitspracherecht verloren hat. Es ist der Ruf deiner Seele, die zuschauen musste, wie du dich immer mehr von dir selbst und von deinem Ursprung, von der Quelle allen Seins, entfernt hast.

Es handelt sich also um völlig normale Gefühle, die eine jede, ein jeder, und mag es ihm oder ihr auch äußerlich gesehen noch so gut gehen, kennt. Es sind Gefühle der Getrenntheit, die auch du erfährst. Darum lege deine Schuldgefühle ab, weil du deinem Partner, Freund oder deinen Kindern vermeintlich nicht das geben kannst, was sie von dir erwarten oder verlangen. Du kannst niemals einem anderen Menschen das geben, was er in sich selbst nicht findet. Erkenne, dass deine Unzufriedenheit, dein Unglücklich sein ein Zeichen dafür ist, dass die Quelle selbst dich ruft, weil du dir selbst nicht das gibst was dir zusteht, nicht das gibst, was du selbst von dir erwartest. Das Licht in dir, vom dem du, bedingt durch deine Lebensumstände, Erziehung etc., die du dir allerdings selbst erschaffen hast, so weit entfernt hast.

Was verursacht das Gefühl der Getrenntheit und innere Rastlosigkeit? So viele Menschen verplanen ihre Zeit und jagen ihr doch ständig hinterher. Sie erkennen immer noch nicht, dass Zeit eine Illusion ist und letztlich nur der Augenblick, das Jetzt, zählt. Ständig haben sie Angst durch Zeitmangel ihre Ziele zu verfehlen. Nachdem sie ihre Teilziele erreicht haben, erkennen sie sofort, nach dem ersten Hochgefühl, dass trotz des Erfolges ein Teil von ihnen unerfüllt blieb und jagen schon wieder einem neuen Ziel hinterher. Doch was tun? Anstatt uns zu fragen, was diese plötzliche innere Leere uns sagen will, begeben wir uns in einen neuen Kreis, oder besser gesagt Teufelskreis. Die kleinen Freuden des Lebens können den Kummer, das Leid und die Qual, die in unserem Inneren zunimmt, immer weniger ausgleichen. Wir müssen aber so fühlen, wenn wir nicht unseren wirklichen Sinn erkennen. Diese Gefühle unterliegen dann jedoch der eigenen Bewertung oder Abwertung: Dies ist ein gutes und jenes ein schlechtes Gefühl. Es gibt jedoch weder gute noch schlechte Gefühle. Wichtig ist immer nur, WIE du dich gerade JETZT fühlst.

Unser aller Ziel in der heutigen Zeit sollte sein, aus dem polaren Denken auszusteigen. In der Einheit gibt es kein Gut und Böse. Deine multidimensionale Seele und die Quelle bewerten nicht. Das universale Licht ist neutral, urteilsfrei und bedingungslos für und in uns da. Hier gibt es nur ein Ist. In diesen IST-ZUSTAND zu gelangen, sollte eine jede verkörperte Seele als das einzig erstrebenswerte Ziel erkennen. Hier, am

Ursprung des Lebens, gibt es nur Liebe, Freude und Weisheit. Diese Eigenschaften in die dichte Atmosphäre der Erde zu integrieren uns selbst wieder zu erkennen, sodann in unsere ursprüngliche Vollkommenheit auf Erden zu gelangen, dazu sind wir hierher gekommen.

Um der Falle der Selbstkritik zu entkommen, stehen uns zahlreiche lichtvolle Helfer ständig zur Seite und zur Verfügung. Sie sind immer in deiner Nähe, auch wenn du sie nicht wahr nimmst. Sie warten nur darauf, dass du sie um Hilfe bittest. In Zusammenarbeit mit ihnen, die dich bedingungslos annehmen, die dich ohne Umwege zu deinem Hohen Selbst führen, kann die Einheit mit einem liebenden Gott, einer liebenden Göttin, dem Licht, der Quelle wieder erreicht werden. So wird es zunehmend möglich, ein Leben gemäß deiner Bestimmung zu leben. Genau dies ist unser aller Lebensziel.

Jedes menschliche Wesen hat eine ganz persönliche, individuelle Aufgabe auf diesem Planten zu erfüllen. Auch du wusstest um deine Aufgabe, als du die universellen Sphären verlassen hast. Durch den Geburtsschock, durch die totale Reizüberflutung der ersten Lebensmonate und Jahre, haben wir die Erinnerung an das, was wir wirklich sind und waren, ebenso wie unser Lebensziel, vergessen und stellen uns gerade deshalb so oft die Frage: "Wo liegt mein Weg?" Unser göttliches Bewusstsein, unser innerster spiritueller Kern sind SO lange hinter einem Nebelschleier verborgen, bis wir uns selbst befreien. Unsere geistigen Freunde helfen uns, diesen Schleier zu zerreißen. Zuerst wird er nur ein wenig durchsichtiger, doch je mehr du deinen lichtvollen Helfern vertraust, desto durchlässiger wird dieser Schleier der Illusion.

Wenn du lernst auf die leisen Stimmen in deinem Inneren zu achten, dann erkennst du, dass du geleitet und geführt bist. Natürlich ist diese Führung keine Garantie dafür, dass du ab sofort nur noch ein Leben in Freude und Glück erlebst, dazu gehört sehr viel Übung und Demut. Doch ist es der einzige Weg, der sich wirklich lohnt. Mit ihrer Hilfe, gehst du auf den Weg deiner Bestimmung zu. Je mehr du an dir selbst arbeitest, desto eher wirst du die Ewigkeit schon auf dieser Erde erreichen. Denn die Ewigkeit ist immer JETZT. Alles, was du dazu tun musst ist: Bitte darum. Nimm unseren großen Bruder, Yeshua in Sananda, beim Wort. Er sagte: "Klopfet an und es wird euch aufgetan. Bitte und es wird dir gegeben." Auch, wenn du keiner Religionsrichtung mehr vertraust, die großen Meister haben immer die Wahrheit gesagt. Erst die organisierte Glaubenslehre, die Religionen, haben die Wahrheiten verfälscht. Doch in der heutigen Zeit kommt die universelle Wahrheit wieder an das Tageslicht und die Schleier werden sich heben.

Wir leben in einer Zeit, die im Gegensatz zu allen vorherigen Zeiten sehr schnell verläuft. Darum mach dir keine Gedanken, dass du die Zeit der Übungen und des Wartens nicht erübrigen kannst. Wie schnell du lernst, hängt von deiner Erwartung ab und von deinem festen Wunsch du selbst zu werden. Erwarte alles und du wirst alles erhalten.

Während du mit diesem Buch arbeitest, wird dir diese Tatsache so sehr in Fleisch und Blut übergehen, dass du dir mit Sicherheit in Zukunft keine Gedanken mehr über mangelnde Zeit machen wirst. Wenn wir, ich und meine spirituellen Begleiter, heute behaupten, dass auch du ein offener Kanal bist, dann klingt das für viele sehr provokativ. Doch ich weiß, wovon ich rede, denn auch ich bin, wie sehr viele von euch, durch beinahe alle Höhen und Tiefen des Lebens gegangen, bis ich mir eines Tages wieder der Stimmen in meinem Inneren bewusst wurde, von denen ich mich irgendwann trennte. Dann trat ich in einen Dialog trat, der mir auch heute noch in wenigen Minuten oft mehr gibt, als endlose Diskussionen mit Freunden und Bekannten.

Ein Dialog mit lichtvollen Wesenheiten, welche dir wohlwollende Hinweise geben, ist möglich. Dieser Dialog verläuft liebevoll und frei von jeder Bewertung, selbst dann noch, wenn du dich gegen die liebevollen Hinweise entscheidest. So oft siegt der reine Intellekt, bis wir ihn erkannt haben. Du bist zwar gelenkt und geleitet, doch entscheiden musst du immer selbst, welchen Weg du wählst. Auch dann, wenn wir uns verlaufen, sind unsere lichtvollen Helfer immer bereit uns liebevoll und sicher auf den rechten Weg zurück zu führen.

Mein Weg zu dieser Erkenntnis war nach menschlichen Gesichtspunkten nicht wirklich einfach. Darum möchte ich dir, der/die du heute dieses Buch in den Händen hältst, einen Teil meines Weges aufzeigen. Dies, weil ich weiß, dass der eigene Seelenweg auch heute nicht einfach ist für viele, die auf der Suche sind. Vielleicht erspart dir ein Einblick in einige meiner Erfahrungen viele Jahre der unnötigen Suche, denn alles, was wir benötigen, wurde bereits vor uns erfahren und in der Akasha-Chronik aufgezeichnet.

Vielleicht und hoffentlich kann dieses Buch dir helfen schneller zu erkennen, welche Schätze in deinem Inneren verborgen liegen, die nur darauf warten, ans Tageslicht befördert zu werden. Nachdem du es gelesen hast, wirst du wissen, wie du jederzeit mit der reichen, unendlichen Quelle des universellen Bewusstseins in Kontakt treten kannst.

Wir stehen am Beginn des Wassermann-Zeitalters. Viele Jahrtausende der Unwissenheit und der Suche liegen hinter uns allen. Nun ist es an der Zeit, dass wir uns auf den Rückweg begeben; auf den Rückweg zu unserem Ursprung, zum universellen Licht. Dieser Weg liegt direkt vor deinen Füssen. Freuen wir uns über die Hilfen, die uns gewährt werden und danken wir dafür. Erkenne dass helfende Hände und Seelen dich begleiten.

Zu der Zeit vor nunmehr 30 Jahren, als ich mir der Stimmen in meinem Inneren seit meinen Kindertagen erneut bewusst wurde, war ich verwirrt und oftmals verzweifelt. JA, ich zweifelte wirklich manches Mal an meinem Verstand. Ziellos lief ich durch Buchhandlungen und suchte nach Literatur ohne zu wissen, wonach ich eigentlich suchte. Und obwohl der Markt noch sehr dünn bedeckt war, fielen mir gechannelte Bücher beinahe von selbst in die Hände. Einmal fiel mir sogar eines auf den Kopf. ☺

Jedoch über die Gefühle eines Mediums, die Verwirrung, wenn es uns plötzlich bewusst wird, die in unserem intellektuellen Zeitalter meist zwangsläufig auftreten muss, konnte ich keinerlei Hinweise finden. Warum ich? frage ich mich immer wieder. Sicher channeln war modern, doch ich war mir sicher, dass wieder einmal meine Phantasie mit mir durchging. Die Lehrer, meine Eltern, später klösterliches Internat und Pflegeeltern hatten mir meine Tagträumereien gründlich ausgetrieben. Damals habe ich mir geschworen, nie wieder mit Wesen zu kommunizieren, die andere Menschen nicht sehen können. Doch vielleicht war dieses Symptom der überschäumenden „Phantasie" meiner Kindertage wieder ausgebrochen? Ich wollte nicht das Verbotene tun und lieber mit unsichtbaren Wesen als mit realen Menschen spielen und sprechen. Es war meine größte Befürchtung größenwahnsinnig zu sein und verrückt zu werden. Irgendwann, schon sehr früh in diesem Leben, war ich zu der "Einsicht" gelangt, dass diese Träumereien mir in dieser Welt mehr schaden als nutzen können.

Ich begann also schon relativ früh damit, meine Gefühle abzuschalten und meinen Verstand auf "männliche Logik" zu schulen. Ja ich war sogar lange Jahre stolz auf die Fähigkeit, dass Männer mir an Logik mit Sicherheit nicht überlegen waren. So konnte ich gar nicht zu meinen gefühlten und erfahren Träumen zurückkehren, deren Nichterfüllung, meiner Meinung nach, zu diesem damaligen Zeitpunkt, vorprogrammiert war. Im Übrigen hatten Träumereien, Stimmen hören und irgendwelche Wesen sehen den Nachteil, dass ich mich wieder auf meine Sensibilität einlassen musste. Den daraus resultierenden Verletzlichkeiten wollte ich mich auf keinen Fall wieder öffnen. So entschied ich mich auf dem Boden der Tatsachen, und damit auf sicherem, bekanntem Terrain, zu verweilen.

Doch ganz gleich, was ich auch unternahm, die Stimmen blieben. Zu der damaligen Zeit fand ich kein Buch auf dem Markt, welches mir die Symptome erklären konnte. Energieverluste, begleitet von Kopfschmerzen, Wärmegefühle und andere Symptome traten auf, während ich mich näher mit den Botschaften beschäftigte. Ich will dir keine Furcht einflößen. Diese Energieverluste treten nur dann auf, wenn du dich, wie ich zu der damaligen Zeit, aus Unwissenheit vor dem Flüstern deiner Seele verschließt. Genau das tat ich nämlich. Ich begriff nicht, was mit mir geschah. Aus diesem Grund verschloss ich mich und schluckte Schmerztabletten. Ein Hinweis auf Energieanpassung an andere Schwingungen kam mir dabei gar nicht in den Sinn.

Du wirst in diesem Buch lernen können, deine Schwingung derart zu verfeinern, deine eigene Energie zu regulieren und der Situation anzupassen, dass solche Nebenerscheinungen nicht auftreten müssen. Heute, beinahe dreißig Jahre später, ist dieser Weg sehr viel leichter und einfacher als in den Siebzigern des vergangenen Jahrtausends

Meine eigene Problematik und der Wunsch meines geistigen Lehrers, dir den Weg zu erleichtern, sind der Anlass für dieses Buch. Es soll dir die Selbstverständlichkeit des Kontaktes mit der geistigen Welt näher bringen. Meine spirituellen Begleiter, mein spiritueller Lebensbegleiter *Ezechiel,* meine geistigen Freundinnen *Daisha* und *Magdalena* (Lady Nada) und Sananda im Hintergrund, möchten dir durch dieses Buch einen Weg der Liebe weisen.

So werden sie im Laufe deiner Arbeit mit diesem Buch auch zu deinen Freunden. Sie werden dir helfen, dich selbst zu finden, wenn du es erfahren möchtest. Du kannst jederzeit mit ihnen Kontakt aufnehmen, damit sie dir den Zugang zu deinen persönlichen spirituellen Begleitern zeigen. In gewisser Wese werden sie dir einen roten Teppich in die spirituellen Ebenen legen.

Während du diese Zeilen liest, wird ihre Energie und die Energie deines persönlichen Begleiters bei dir sein. Ezechiel, Daisha, Magdalena und Sananda senden dir hier ihre energetischen Schwingungen, die dir die Kontaktaufnahme mit deinem eigenen spirituellen Begleiter und deinem Hohen Selbst erleichtern.

Wir wünschen dir viel Erfolg auf deinem Weg und vielleicht... treffen wir uns irgendwo in der geistigen Welt. Nachts im Schlaf oder in der Meditation sind die die Grenzen aufgelöst. Begleite mich ein kleines Stück auf meinem Weg, wenn du magst, und finde deinen universellen Wesenskern.

Meine Wege zu meinen lichtvollen Helfern

Ich erinnere mich gut der Zeit, in der ich die ersten unbewussten Durchsagen, nach langer Abstinenz seit Kindertagen, erhielt. Oft war ich voller Zweifel, manchmal voller Angst meist voller Verwirrung. Irgendetwas reagierte ständig auf meine inneren Fragen und gab mir sogar meistens sehr vernünftige Antworten, die nicht von mir selbst stammen konnten.

Das Ungewöhnliche daran war, dass alles in meinem Kopf ablief. Die vermeintlichen Stimmen in meinem Kopf, in meinen Gedanken, verselbständigten sich, ohne dass ich sie hätte lokalisieren können. Dialoge mit mir selbst, wie ich mir einzureden suchte, wurden zur Selbstverständlichkeit. Sie begleiteten meinen Alltag mehr und mehr. Mein Verstand gab mir eine gute Erklärung. All das konnte nur daran liegen, dass ich seit längerer Zeit allein lebte, mich von meiner Familie getrennt hatte, keinen Menschen sehen wollte und die Einsamkeit suchte und liebte. Für mich war dies der Beweis, dass ich, wie alle allein lebenden Frauen, so sagten zumindest meine Kollegen, etwas wunderlich wurde. Welch ein Unsinn!

Ich hatte überhaupt kein Bedürfnis irgendjemanden kennen zu lernen. Zuerst einmal wollte ich mich selbst wieder finden, denn ich hatte mich vor langer Zeit verloren. In dieser Situation drängte sich mir der Gedanke auf langsam sonderbar zu werden. Ich spürte die altbekannten liebevollen Energien meiner Kindheit in mir und um mich herum und ertappte mich immer öfter bei "Selbstgesprächen". Nur noch mit mir selbst zu kommunizieren, abgesehen von den wenigen Menschen an meinem Arbeitsplatz, bereitete mir mit der Zeit jedoch wirkliches Unbehagen. Diese Gedanken festigten sich und ließen mich nicht mehr los.

Trotzdem führte ich diese Unterhaltungen weiter. Mein Denken und die Antworten in einer warmen, weichen Energie überschnitten sich. Die Antworten kamen bereits, bevor ich die gedanklichen Fragen zu Ende gedacht hatte. Mit der Zeit trat eine gewisse Gewöhnung an diese Art der Kommunikation ein, ohne dass ich mir dessen, was sich hier anbahnte, bewusst wurde. Ich fühlte nur immer mehr die vertrauten Energien meiner Kindheit, in denen Jesus mich so oft liebevoll im Arm hielt.

Meine Tage waren angefüllt mit meiner Arbeit, die Abende mit Zweifeln, Fragen, Tränen, Freude am alten-neuen Kontakt und Lesen. Bücher über Psychologie, Esoterik, sogar Schizophrenie gehörten eine Zeitlang zu meiner Hauptlektüre. Das mag heute ungewöhnlich erscheinen, doch in den 70er Jahren waren Themen wie Esoterik, Bewusstseinserweiterung, Channeling noch ziemlich unbekannt und mehr oder weniger tabu. Ich jedenfalls konnte mich in keinem dieser Bücher wieder finden. Verrückt war ich nicht, zumindest nicht im herkömmlichen Sinne. Das stand fest. Doch was war los mit mir? Ich wusste bereits, dass ich die Erschafferin meiner Realität bin. Also beschloss ich, die Angelegenheit erst einmal auf sich beruhen zu lassen und die Stimmen einfach zu ignorieren, ihnen zu folgen, wenn ich es für sinnvoll hielt, doch keinen Dialog mehr anzustreben.

So folgte tatsächlich eine Zeit der Ruhe. Die Energien blieben bei mir und schwiegen. Sie respektierten meine Weigerung mit ihnen zu reden. Doch se waren warm und weich an meiner Seite. Ich fand mehr und mehr zu meinem uralten, lange verdrängten, vertrauten Selbst, wurde ruhiger, ausgeglichener und zufriedener. Sogar meine Arbeit erledigte sich mehr und mehr wie von selbst. So beschloss ich eines Tages meinen unsichtbaren Begleiter einfach zu akzeptieren.

Wie durch Zufall fiel mir ein amerikanisches Buch in die Hand, das sich mit genau diesem Phänomen befasste, welches mir Unbehagen bereiteten. Es sprach von Du-Botschaften, die von geistigen Wesenheiten stammen. Da esoterische Literatur immer wieder mein Leben begleitet hatte, wenn ich ein solches Buch fand, stellte ich diese Behauptungen nicht in Frage. Im Gegenteil: Mir fiel ein Stein vom Herzen. Es gab also auch noch andere Menschen, die ebenso wie ich diese Stimmen kannten und völlig normal und glücklich damit leben konnten. Also fasste ich den Entschluss, dieser Persönlichkeit in meinen Gedanken eine Zeitlang intensivere Aufmerksamkeit zu schenken. Jetzt wollte ich es genau wissen, was da eigentlich vor sich geht. Die Zeit des Weglaufens sollte beendet sein. Diese Stimme redete eindeutig in Du-Botschaften mit mir.

Während einer Autofahrt nach Frankfurt in stummem Dialog vertieft, beschloss ich die Probe aufs Exempel zu machen. „Sprich mit mir, nimm endlich den Kontakt auf, den du immer schon wolltest", flüsterte eine leise Stimme in meinem „Bauch". Ich fühlte, dass "Er" nur darauf wartete. Mich selbst eher auslachend sagte ich in die Leere des Autos "O.K., dann sag mir doch einfach, wer du bist und was du willst." Noch ehe ich mehr spöttisch als ernst zu Ende geredet hatte, kam auch schon die Antwort. "Du kannst mich Ezechiel nennen. Ich bin dein geistiger Lehrer, war gemeinsam mit Jesus in deiner Kindheit dein unsichtbarer Freund – übrigens danke an deine Oma für die Suppe -, die sie mir immer hinstellte. Ich bin dein Lebensbegleiter, so etwas, wie dein Schutzengel. Ich freue mich, dass du dich endlich wieder an unsere Vereinbarung erinnerst und beginnst mich offiziell zu akzeptieren und wahrzunehmen."

Sprachlos starrte ich auf die Autobahn. Tausend Gedanken schossen durch meinen Kopf. "Ich spinne, meine Phantasie hat mich wieder, Verrückt!" Das war vorläufig das einzige, was mir einfiel. Andererseits war ich, deutlich spürbar, nicht allein und fühlte mich liebevoll umfangen. Ich erinnerte mich warm an meine Großmutter, die als Einzige mich gewähren lies und meinem unsichtbaren Gefährten immer einen Teller mit der jeweiligen Mahlzeit auf den Tisch stellt, damit ich erfahren konnte, dass sie mich ernst nimmt. Danke Oma von ganzem Herzen Danke!

Zum ersten Mal wurde mir nach langer Zeit wieder deutlich bewusst, dass eine völlig andere Energie um mich herum spürbar war. Es war nicht meine eigene Energie. Es war noch jemand im Wagen. Ein freundlicher Jemand, den ich zwar nicht sehen, aber wahrnehmen konnte. Trotz stieg in mir hoch - Nee, nee dachte ich - so nicht mit mir. Mein Intellekt lief auf Hochtouren. Irgendein böser Geist musste sich einen Scherz mit mir erlauben, denn für den Kontakt zu einer hoch stehenden geistigen Wesenheit fühlte ich mich einfach zu klein, zu schlecht, zu unbedeutend und an Engel glauben, das verbot mir meine Aversion gegen die Kirche.

Alles Quatsch entschied ich. Die Kinderzeit war zum Glück vorbei und ich hatte wohl einfach zu viele Horrorfilme konsumiert. Das war jetzt der Preis, den ich zu zahlen hatte. Nachdem, was ich gelesen hatte, haben nur sehr hoch stehende, ganz reine Menschen, Kontakt zu hohen geistigen Wesenheiten, oder reine Medien, die ihre Durchgaben stets in tiefer Trance erhalten. Von bewussten Medien hatte ich niemals zuvor gehört. Außerdem waren Medien für mich, da ich niemals eines kennen gelernt hatte, ganz besonders hoch stehende und begnadete Menschen, die weder rauchten, noch Alkohol tranken oder gar anderen Menschen Schmerz zufügten. Und das alles passte zu mir überhaupt nicht.

So vieles in meinem Leben hatte ich meiner Ansicht nach falsch gemacht. Fehler über Fehler. Nicht einmal meine Familie konnte ich zusammenhalten. Ich war ein einziger Schuldkomplex. Erst später sollte mir klar werden, dass diese Prüfungen notwendig waren, dass alles im Leben seinen eigenen Sinn hat. Dass es Schuld, Opfer, Täter und Sühne nicht gibt, sondern alles einem ganz bestimmten Plan dient. Heute weiß ich, dass ich meinem Plan gefolgt bin, dass ich all diese Dinge im Leben erfahren musste um aus ihnen zu lernen, an ihnen zu wachsen und der Mensch zu werden, der ich von Anfang an sein wollte. Dies galt auch für meine Kinder, die ich vor so vielem nicht bewahren konnte.

Damals jedoch, in dieser Situation, fühlte ich mich als Versagerin in meinem Leben, als schlechter Mensch, als Unwürdige. Immer wieder hatte ich mir selbst und anderen Menschen Schmerz zugefügt. Immer wieder war mir Schmerz zugefügt worden, war ich mit Macht im Außen konfrontiert, die aufzeigte, wie klein, unwürdig und unbedeutend ich war. Gott, so wie ich ihn kannte, von meiner strengkatholischen Erziehung her, konnte mich nur bestrafen wollen.

Von diesem Gott hatte ich mich längst rebellisch abgewandt. Er war für mich einfach nur ungerecht, rachsüchtig, unlogisch, gemein; ein rachsüchtiges Monster, das sich an unserem Elend ergötzt. Dieser strafende Gott, der nie da war und ist, wenn ich liebenden Trost gebraucht hätte, war das Letzte, an das ich glauben oder gar in meinem Leben haben wollte. Er hatte mich wohl jetzt eingeholt und ließ mich verrückt werden. Er wollte mir bereits hier die Hölle auf Erden bereiten, als ob es nicht längst genug Schmerz in mir gab. Ich war voller Zorn auf dieses unmenschliche Wesen. Ich wollte lieber in der Hölle schmoren, wenn es sie wirklich gibt, was ich niemals glaubte, als diesem Ungeheuer zu dienen.

So konnte ich, zerrissen von Schuldgefühlen, innerem Schmerz über all meine Verluste und dem festen Wissen bisher im Leben versagt zu haben, mir unmöglich einreden reif zu sein; reif und auserwählt, mit hohen geistigen Wesenheiten in Kontakt zu treten. Diese Gedanken und Gefühle durchströmten mich. Sie machten mich völlig konfus. Begriffe wie Gott, Kirche, Sünde, Schuld, Sühne, Himmel, Hölle, Fegefeuer, die ich längst abgelegt glaubt, sämtliche alten Glaubenssätze waren plötzlich wieder zum Leben erwacht. Doch wohin ich auch ging, was ich auch tat, ich war wohltuend eingehüllt und nie mehr allein. Ständig fühlte ich mich begleitet, von unsichtbaren Augen umfangen. Unmöglich, mit irgendjemanden darüber zu reden. Mein geliebtes Alleinsein wurde zur Nervenprobe.

Kurz entschlossen rief ich mich eines Tages zur Ordnung und erklärte knapp und bündig, mich jetzt wieder zusammen zu reißen. Das hatte ich ja schließlich im Leben gelernt. Ich wollte von dem ganzen esoterischen Kram nichts mehr wissen. Sicher lag alles nur daran, dass ich mich zu sehr von der Welt isoliert hatte. Nichts als Arbeit und Bücher über Esoterik, Wassermannzeitalter, Astrologie und mein Tick des Allein-Sein-Wollens, die Eremitin leben zu müssen, mich selbst zu bestrafen, da muss ja jeder Mensch früher oder später seltsame Anwandlungen bekommen. Mehr Kontakt zu anderen Menschen hieß mein Zauberwort. Ich erinnerte mich eines Satzes, dass ich meine Realität selbst erschaffe. Also, kann ich dieses Geschehen auch wegdenken. Ich musste mich nur einfach ablenken und wieder unter Menschen gehen. Bloß nicht über diesen bescheuerten Gott und seine Rachsucht nachdenken. Hurra, die Welt hatte mich wieder!

Doch es war gar nicht so einfach nach mehreren Monaten der Zurückgezogenheit plötzlich wieder Freunde zu haben. Irgendwie musste ich die Zeit überbrücken. Also kaufte ich mir einen Fernseher und schaltete die Kiste ein. Nun hatte ich Stimmen, die ich auch sehen konnte, kam jedoch immer noch nicht mit anderen Menschen zusammen. Die Stimmen in meinem Inneren zogen sich zurück, sie wurden leiser. Eigentlich hätte ich ja zufrieden sein können, doch irgendwie fehlten sie mir. Das Gute dabei war, ich konnte endlich wieder klar und logisch denken. Ich gab meinem Alleinsein die Schuld.

So begann ich Aktivitäten im Außen zu entwickeln. Ich fuhr abends wieder in meinen alten Heimatort und suchte langjährige alte Freunde auf. Ich wollte tatsächlich nach vielen Monaten in einer völlig veränderten Position dort anknüpfen, wo ich aufgehörte hatte. Wie nicht anderes zu erwarten, kamen die Kontakte nicht mehr richtig zustanden. Wir trafen uns in Restaurants und Diskotheken. Doch das war einfach nicht mehr meine Welt. Die alten Freunde erschienen mir oberflächlich und fremd. Wir hatten keine gemeinsamen Interessen mehr. Es entstanden Missverständnisse auf beiden Seiten, die nicht reparabel waren. Also musste ich mir neue Freunde besorgen. Nur, wie geht das in einer fremden Stadt als erwachsene, allein stehende Frau?

Ein Single-Club, früher von mir verabscheut, bot sich an und schien jetzt eine gute Lösung. Hauptsache nicht allein sein. Alleinsein ist schädlich für den Intellekt, das hatten mir meine Erfahrungen gezeigt. Endlich waren wieder Menschen um mich herum, die mich mochten, die mir zeigten, dass es mir eigentlich sehr viel besser ging als vielen anderen. Trotzdem: Irgendetwas stimmte nicht. Den Gesprächen fehlte der Tiefgang. Probleme über Probleme von meinen neuen Bekannten. Ich fühlte mich fremd, mehr als Beraterin, denn als Freundin und allein. Zwar nur ein leises Gefühl, doch es ließ sich nicht leugnen.

Ich war immer dabei, doch ich stand neben mir. Zufriedenheit und Glücklich sein wollten sich einfach nicht mehr einstellen. Im Gegenteil, meine innere Ausgeglichenheit lies mehr und mehr nach. Ein Gefühl des Getriebenseins beherrschte mein Leben. Meine Arbeit machte mir plötzlich keinen Spaß mehr. Diese Leute gaben mir nichts. Meine neuen Freunde langweilten mich und immer öfter fragte ich mich: "Was mache ich hier eigentlich?" Auf allen Ebenen Stagnation.

Da war sie endlich - ich hätte jubeln können. Die Stimme in meinem Inneren meldete sich wieder zu Wort. Halb unwillig, halb erfreut nahm ich diese vertraute Schwingung zur Kenntnis. Was war das gerade? Stagnation? „Stagnation ist Rückschritt, erinnerst du dich?" Die sanfte Stimme in mir machte mir bewusst, dass ich viele Worte meiner einstigen Freundin und Lehrerin vergessen hatte, die mir viel Wissen vermittelt hatte. Jetzt war sie wieder gegenwärtig. Wie konnte ich nur so blind gewesen sein? Ich wurde sehr traurig, wegen der Sinnlosigkeit des Ganzen. Diese Art von Vergnügungen und Ablenkungen konnten wirklich nicht der Sinn meines Lebens sein. Und doch wollte ich mich diesem Gefühl nicht so einfach hingeben. Die Traurigkeit und Wehmut meiner Seele unterdrückte ich gewaltsam. Und immer stand ich neben mir. Ein Teil von mir sah mir kopfschüttelnd zu. Dieser Teil konnte nicht begreifen, dass mein negatives Ego nicht begreifen wollte. Heute kann ich es selbst nicht mehr begreifen.

Mein erneutes Erwachen begann. Wo sind meine Ideale von einem spirituellen Leben, in dem ich Menschen etwas geben soll, will und kann, geblieben? Wer bin ich und wo will ich wirklich hin? Endlich besann ich mich wieder meiner ursprünglichen und wichtigsten Fragen im Leben. Was ist mein Weg, mein Lebensziel?

Vielleicht erinnert dich diese Kurzfassung meiner Verwirrungsphase an ähnliche Situationen in deinem Leben. Eventuell hast auch du einige Male schon fremde Stimmen oder Ermunterungen in deinem Inneren erkannt und sie nicht wahrhaben wollen. Oder die Hektik des Alltages ließ dich dein Innerstes vergessen. Vielleicht gabst auch du schon einmal der Esoterik die Schuld, weil dein Leben durcheinander geriet und sie so manches Mal nicht das hält, was sie zu versprechen scheint. Vielleicht hast auch du dich schon selbst angeklagt, weil du vermeintlich dies oder das falsch gemacht hast. Die Unwissenheit über geistige Phänomene lässt uns so oft blind durchs Leben gehen. Vielleicht kennst auch du das Gefühl etwas getan zu haben, ohne zu wissen, warum. Was ist es, was ich wirklich will?

Meine Kurzschilderung soll dir bewusst machen, wie sehr sich der Mensch oft gegen das Selbstverständlichste zur Wehr setzt. Auch und grade dann, wenn diese Thematik unser Leben bestimmt. Allein der wehmütige Gedanke, dass alles, was du liest von dir nicht nachvollzogen werden kann, weil du niemals so gut und rein werden kannst, wie die jeweiligen Vertreter bestimmter Methoden es von sich behaupten, ist dein Zeichen. Du bist immer gut genug, wenn man es überhaupt so nennen kann. Gerade DICH ruft das lichtvolle Universum zurück auf deinen Plan. Wäre dem nicht so, so hättest du niemals Gedanken des Nicht-Wert-Seins. Du und gerade du bist es mehr als wert, denn du bist in dir göttlich.

Viele Gespräche mit Ezechiel und Sananda machten mir meinen Weg klar. Wenn du beginnst dich einzulassen und deiner Intuition zu vertrauen, dann wird dir immer mehr und mehr bewusst werden, dass du zu deinem Ziel geschoben wirst. Du brauchst dich gar nicht weiter darum zu sorgen. Alles, was du tun musst ist, deinen geistigen Gefährten zu vertrauen und mit ihnen Hand in Hand durch dein Leben zu gehen. Dann geschieht alles wie von selbst. Von den einzelnen Schritten zu reden, die mich hierher geführt haben, würde zwar nicht das Thema jedoch den Umfang und Sinn dieses Buches sprengen. Jeder Mensch hat seinen ganz eigenen Weg, seine ganz eigene Aufgabe. Orientiere dich an deinem Weg, an den Stimmen deiner Geisthelfer und Schutzengel in deinem Kopf oder in deinem Herzen.

Du kannst gewiss sein, deine geistigen Gefährten sind immer bei dir. Er oder sie ist stets gegenwärtig, auch wenn du es nicht bemerkst. Sie reden sehr leise. Wenn du den Kontakt ausbauen willst, dann ist es an der Zeit, die Energien in dir und in deinem Denken unterscheiden zu lernen. Sie sind immer bereit dich zu unterstützen und dir zu helfen, dass du dich selbst findest.

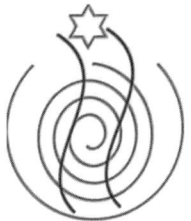

So, wie du heute bist, bist du vollkommen

Ich begab mich erneut auf die Suche. Auf die Suche nach mir, nach meinem Selbst. Viel zu oft hatte ich mich selbst verloren. Viel zu oft hatte ich den vermeintlich falschen Weg beschritten. Viele Jahre meines Lebens scheinbar in die Irre gelaufen zu sein, immer wieder den falschen Menschen vertraut zu haben, erschien mir mehr als genug. Doch eines blieb bestehen. Wann immer ich gefallen war, immer wieder ganz unten angefangen habe, jedes Mal bot sich mir eine helfende sichtbare und/oder unsichtbare Hand, die mir aufstehen half. Diese Hand führte mich mit nachtwandlerischer Sicherheit zurück auf meinen Weg. Das Wissen um Führung wurde für mich zur unumstößlichen Gewissheit.

Wir sind geschützt durch unsichtbare Kräfte. Manche nennen diese Kräfte Schutzengel, die uns auch im Schmerz führen. Wir lernen dummerweise meistens am besten, indem wir leiden. Vielleicht wird nur durch diese Hilfe der Schmerz für uns erträglich?

Unsere lichtvollen Helfer leiten uns alle, obwohl und auch wenn wir uns dessen nicht immer bewusst sind. Wir werden geführt und sind beschützt. Wenn wir uns dieser Führung entziehen, dann dürfen wir gehen. Unsere lichtvollen Helfer, die uns immer wertneutral und liebevoll zur Seite stehen, selbst wenn unser Ego seine eigenen Wege gehen will, halten auf jedem Weg schützend Ihre Hand über uns. Ganz besonders dann, wenn wir wieder mal in die Irre - die Egofalle - laufen.

Die geistigen Wesenheiten und besonders die Urquelle selbst wissen nur zu gut, dass für unser menschliches Bewusstsein in der heutigen Zeit die Logik, der Intellekt die vermeintlich besten Antworten parat hat. Wir alle, ganz besonders wir Frauen, müssen oft sehr hart kämpfen, um in der Zeit des Übergangs zur Gleichwertigkeit in einer Männerwelt bestehen zu können. Also entlassen wir unsere Träume, trennen uns von unseren Gefühlen und schulen unsere männliche Logik. Wir kämpfen um unsere Rechte, um Freiheit und Gleichheit. Es sind notwendige Kämpfe, welche die Neuzeit einleiten. Nur leider bleibt dabei oftmals unsere Weiblichkeit - unsere Intuition - auf der Strecke.

Auch ich musste, wie viele andere, irgendwann in meiner Kindheit erkennen, dass ich mich in der Welt mit meiner Gefühlsseligkeit jedem anderen hilflos auslieferte. Jedem, der anscheinend unbeteiligt blieb unter meinen Geschwistern und sehr wenigen Freunden, ging es besser als mir, die ich ständig in Tränen ausbrach, weil ich auf der Erde so ziemlich alles schrecklich fand. Ich erinnerte diese Erde ganz anders in meinen Träumen. Ich wurde verlacht und beschimpft, weil ich an irgendwelche Träume, Elfen, Feen u.Ä. glaubte. Ich konnte sie alle sehen und mit ihnen reden. Doch wie oft wurde ich gehänselt und beschimpft. Daher beschloss ich schon sehr früh, stark zu sein. Mein Bruder und die männlichen Schulkameraden waren in der besseren Position. Ich wollte kein schwaches, kleines braves Mädchen mehr sein. Nie wieder im Leben.

Vielleicht ist es dir ebenso ergangen, wenn du ein verträumtes und sensibles Kind warst; unabhängig davon, ob du Mann oder Frau bist? Die Weiblichkeit und die Männlichkeit liegen nicht in unseren äußeren Attributen. Der geschlechtsspezifische Anteil überwiegt nicht deshalb, weil du äußerlich ein Mann oder eine Frau bist. Mann oder Frau bist du in deinem Innersten. Kopflastigkeit, Aggressionen, Machtstreben, ebenso Pioniergeist, Ideen und Aktivitäten entspringen immer dem Animus.

Dieser Anteil ist, richtig eingesetzt, die schöpferische Triebfeder und ist ebenso in Männern wie in Frauen präsent. Wenn auch du bisher den intellektuellen Weg gegangen bist, dann schaue einen Augenblick zurück auf dein Leben. Führten dich deine zuerst logisch scheinenden Entscheidungen nicht oftmals in die Irre, auf den Umweg, wenn du dich gegen dein tiefes inneres Gefühl entschieden hast? Wenn du deine Intuition entdecken und entwickeln lernst, dann wirst du erkennen, dass die intuitiven Wege oft völlig unlogisch erscheinen. Die Intuition weist dir nämlich immer den direkten Weg. Einen Weg, der unlogischer Weise ohne Umweg direkt zum Ziel führt.

Wenden wir uns nun der Frage zu, was unser logisches Denken mit uns macht, wenn es überhand nimmt. Ich hatte eine, im herkömmlichen Sinne, schwere Kindheit. Vom Vater abgelehnt, von der Mutter verantwortlich gemacht, von fremden Menschen aufgezogen, fühlte ich mich ungeliebt, traurig und wollte immer nur eines: endlich erwachsen werden und frei sein. Und doch lebte ich überwiegend meinen weiblichen Anteil. Ich war glücklich, wenn ich irgendetwas erhielt. Ein bisschen Liebe, Zuwendung und Bestätigung von Lehrern, Oma und fremden Menschen hielten mich am Leben. Ich hungerte förmlich nach diesen Gaben, wusste immer, dass das nicht die Realität ist, die ich erlebe und liebte es andere zu schützen, zu versorgen und zu bemuttern.

Heute weiß ich, dass dieses Verhalten „Liebe kaufen" genannt wird. Nett sein, damit andere dich beachten, die ein wenig mehr lieb haben entspringt nicht der Seele, sondern einer menschlichen Not. Damals war es meine Welt andere zu umsorgen, Tiere zu beschützen und sensibel zu sein, weil es meinem Naturell entspricht.

Der weibliche, aufnehmende Anteil war offensichtlich vorhanden. Da jedoch die "Nackenschläge" in Form von Zurechtweisungen wegen meiner unrealistischen Verhaltensweisen, spöttische Bemerkungen wie: „nah am Wasser gebaut, Krokodilsträne, Seelchen, Spinnerchen, dummes Mädchen" usw. Zweifel in mir hervorriefen, ob ich überhaupt richtig bin, und diese oft sehr negative Spiegelungen brachten, kam mit der Zeit meiner Pubertät die Erkenntnis, dass ich nicht passiv erwarten darf, dass meine Welt oder gar die Menschen sich ändern. Nein ich erkannte, dass ich endlich selbst aktiv werden muss. Ich wollte nicht mehr abwarten, ob mir ein Mensch endlich seine Zuneigung schenkt. Diese Hoffnung hatte ich aufgegeben als mein Pflegevater starb, als ich 12 Jahre alt wurde. Er war, neben meiner Oma, der einzige Mensch, bei dem ich wahre Liebe erfuhr. Also fasste ich tief in mir den Entschluss, dass Liebe und Gefühle, die verbunden waren mit Schüchternheit und Demut, mich nur in die Defensive drängen und zu endlosem Leid verurteilen würden.

Heute weiß ich, dass wir uns genau die Umstände unserer Kindheit aussuchen. Doch als Kind war mir das ebenso wenig bewusst wie jedem Kind auf dieser Erde. Wir suchen uns die Eltern, die Umstände, in denen wir Bitterkeit, Gefühlskälte, Angst vor Nähe und Bindung vorgelebt bekommen und dadurch geprägt werden, damit wir später selbst entscheiden können, wer wir tatsächlich sind. Dies gilt auch für Menschen, mit einer glücklichen Kindheit. Sie haben nur eben andere Prägungen erfahren, die sie als Erwachsene erlösen müssen. Vielleicht haben sie sich den schwierigeren Weg erwählt?

Wir kommen auf die Erde um an solchen Herausforderungen zu wachsen. Auch und besonders bereits als Kind. Jeder von euch, ganz gleich, wie eure Kindheit verlaufen ist, hat sich genau die Eltern und die Umstände ausgesucht, in die du hineingeboren wurdest. Denn nur dieses Umfeld ermöglichte dir den richtigen Start in DEIN Leben und in DEINE Lebensaufgabe. Diese alten Blockaden sind der Weg - DEIN WEG - für dich. Durch deine Schatten kannst und wirst du zum Licht gelangen. Du hast dir die Erfahrung dieser Blockaden erwählt, weil du sie erfahren willst und in anderen Inkarnationen nicht meistern konntest.

Damals als ich 12 war, wusste ich all diese Dinge nicht und für mich stand fest, dass ich mich völlig verändern muss, wenn ich nicht untergehen will. Ich nahm mir die Jungs meiner Schulklasse zum Vorbild. Meine geliebte Babypuppe begrub ich feierlich auf dem Hauptfriedhof und spielte ab sofort nur noch mit Jungen. Räuber und Gendarm, Prügeleien mit Jungen auf dem Schulhof, je wilder ein Spiel war, desto lieber griff ich zu, denn hier konnte ich lernen, was die Großen längst wussten und perfekt beherrschten. Kampf und Sieg. Es endete darin, dass ich mit 13 zurückschlug, wenn meine Pflegemutter eine Prügelattacke gegen mich startete. Das Ergebnis war frappierend, denn ich war die einzige von uns sechs Mädchen, die nach drei Monaten nicht mehr verprügelt wurde. Dies bewies mir, dass ich richtig lag. Ich war endlich auch aktiv und gehörte dazu. Zuhause brach ein Chaos aus. Die kleine Stille, Scheue, die nie den Mund aufmachte, war plötzlich zu einem Rabauken, zu einer Rebellin geworden. Meine Devise wurde: Angriff ist die beste Verteidigung. Die Rebellion gegen bestehende Ge- und Verbote, gegen Pflegemutter, Priester, Lehrer, war für mich der Schlüssel zur Freiheit und damit zum Glück.

Wir, die wir uns aufgemacht haben, in der jetzt stattfindenden Übergangsphase zum Wassermannzeitalter den Weg zu bereiten, haben uns für Turbulenzen im Gefühlsbereich entschieden. Wir mussten lernen zu kämpfen, die göttliche Kriegerin in uns zu erwecken um als starke Frauen und Männer das Licht in dieser Welt neu zu verankern. Wenn du die Angst ablegst, dann liegt die Welt dir zu Füßen und du kannst so vieles mehr bewirken, was dir selbst, der Erde, dem Tier- und Mineralreich und den Menschen zum Segen gereicht.

Vielleicht bist auch du in deinem bisherigen Leben mehr mit innerem Schmerz als mit Freude konfrontiert worden. Vielleicht hattest du früher, oder auch heute noch, das Gefühl anders zu sein, nicht dazu zu gehören, ein Außenseiter, eine Außenseiterin zu sein. Hattest du manches Mal das innere Gefühl, und wenn es auch noch so leise war, dass du nicht dich selbst lebst; dass du das Leben deines Partners, deines Arbeitgebers, deiner Kinder oder wessen auch immer - nur nicht dein eigenes - lebst?

Jetzt beende kurz das Weiterlesen wenn du magst und mache einen kurzen Ausflug in deine Gefühlswelt. Du kannst diese Übung mit einem lieben Freund oder allein durchführen. Wenn du allein bist, empfiehlt es sich, zuerst den Text auf eine Kassette zu sprechen oder sie aus dem Gedächtnis zu machen. Oder, du lässt du dich von einem Menschen deines Vertrauens bei der Visualisierung begleiten. Lege Entspannungsmusik auf und lass dich mit sanfter Stimme leiten. Gib ein Handzeichen, wenn du einen Punkt erreicht hast, an dem du weiter zu gehen bereit bist.

Visualisierung zur Klärung Deiner Gefühle

Setze dich bequem zurück oder lege dich auf den Rücken. Wenn du sitzt, dann halte deinen Rücken und deinen Hals gerade. So kann die Energie, der Atem besser fließen. Atme ruhig ein und aus. Atme durch die Nase ein und durch den leicht geöffneten Mund wieder aus. Lass dich atmen. Entspanne deinen Körper und deinen Geist.

Wenn du ganz ruhig geworden bist, dann gehe in deinen Gedanken zurück. Gehe zurück in deine Kindheit zu einem Erlebnis, welches für dich mit tiefem seelischem Schmerz verbunden war. Lass dir Zeit. Hole dir die Situation, die Umstände, die Menschen die daran beteiligt waren, vor dein inneres Auge.

Erlebe und durchlebe noch einmal diese Situation. Ja lass alles zu, was jetzt geschieht. Lass auch den Schmerz zu. Gehe hindurch. Empfinde diesen Schmerz und lass alles geschehen, was dabei zutage kommt. Empfinde den alten Schmerz, deine alten Gefühle und was du gedacht hast über dich selbst, über Andere und über das Leben

Habe keine Angst, es kann dir nichts geschehen. Du kannst die Übung jederzeit beenden, wenn du möchtest. Lass es zu und mache dir immer wieder bewusst: es ist bereits geschehen und vorbei. Du wiederholst nur etwas, was du als Kind längst hinter dich gebracht hast. Es geschieht jetzt nicht wirklich. Du holst nur ein altes, längst gelebtes Gefühl wieder in die Gegenwart. Ein altes verdrängtes Gefühl. Schau sie dir an die Situation und schaue dir ganz genau an, was dieses Gefühl damals mit dir gemacht hat. Wie sehr hat es dich geprägt in deinem späteren Leben? Welche Entscheidung hast du in dieser Situation über dich selbst, über das Leben und die Menschen getroffen.

Welche Entscheidungen über Dich selbst und andere hast du jetzt in diesem Moment, in diesem Schmerz für dich und dein Leben getroffen? Schau es dir ganz genau und erfahre es erneut. Nimm dir genügend Zeit und schaue alles noch einmal an. Die Situation, die Umstände, die Umgebung und ganz besonders: deine Gefühle, deine Gedanken, deine Entscheidungen. Wie würdest du heute entscheiden? Lasse dir genügend Zeit, bevor du weitergehst.

Löse dich langsam von deinem Schmerz. Sage ihm, dass du diese Situation jetzt und heute besser verstehst. Bedanke dich bei deinem Schmerz, dass er sich dir noch einmal in dieser Form gezeigt hat. Sage ihm, dass du ihn liebst als einen Teil von dir, dass du *ihn akzeptierst, so wie er ist und sich dir zeigt. Verabschieden deinen Schmerz und deine Angst.*

Atme nun tief ein und aus. Lasse die Bilder und die Gefühle gehen. Lasse alles los, was dir jetzt noch weh tut. Dies war ein Teil deines Lebens. Dieser Teil liegt hinter dir. Er ist vorbei. Und doch hast du jetzt erkannt, dass dein Schmerz dich nicht umbringt. Du erkennst, wie sehr dein Schmerz auf deine Anweisungen und auf deine Vorstellung, Verabschiedung reagiert. Du bist auf dem Weg der Meister/Meisterin deiner Gefühle zu werden.

Und jetzt werde wieder ganz ruhig, atme weiter tief ein und aus. Atme, lass dich atmen. Es atmet dich. Atme solange in deinen Unterbauch hinein bis du wieder ganz entspannt und gelöst bist. Du bist jetzt ganz in deiner Mitte.

Und nun bitte dein Unterbewusstsein, dir ein Erlebnis zu zeigen, dass mit großer Freude und Liebe verbunden war. Lasse auch diese Situation vor deinem inneren Auge erneut aufleben. Lass dir alle Zeit die du brauchst, wenn es etwas länger dauern sollte. Lass dir Zeit, bis du bereit bist für die Freude.

Durchlebe auch diese Freude mit all ihren Gefühlen. Es sind deine Gefühle. Fühle die Energie in diesem Augenblick. Lass dir Zeit, genieße die Freude, das Glück und die Liebe die du empfindest. Jetzt.! Hier, in diesem Augenblick.

Schau dir die Menschen an, die bei dir sind, deine Umgebung, die Farben, die Stimmungen und deine Empfindungen. Wer ist es. Wer hat den Moment der absoluten Freude und Einheit mit dir geteilt? Oder bist du allein und empfindest so? Liebe dich dafür, dass du so fühlen kannst. Spüre dein Herz, Fühle, wie es weit und leicht wird in dieser Freude und Liebe. Wenn du es nicht gleich fühlen kannst, dann gehe tiefer in die Situation und erlaube dir zu spüren, was du spürst. (ca. 5 Minuten Zeit lassen oder Handzeichen abwarten)

Bedanke dich nun auch bei diesen Menschen. Sende ihm/ihnen deine liebevollen Gedanken. Du gibst ihm/ihnen damit auch heute noch liebevolle Energie. Danke dir selbst dafür, für deine Fähigkeit diese Gefühle zu empfinden. Sage dir selbst ein lautes Danke. Sie sind dein kostbarstes Gut.

Halte fest an diesem Gefühl der Freude und der Liebe. Erkenne, dies ist dein wahres ich. Du bist von der Essenz deines reinen Seins her wahre Liebe. Nur du allein kannst für dich so empfinden. Kein anderer Mensch auf der Erde empfindet in der genau gleichen Art und Weise wie du. Kein anderer Mensch kann machen, dass du so fühlen kannst. Das kannst nur du allein, weil es in dir ist. Kein anderer Mensch kann diese Gefühle und Empfindungen in dir verursachen. Er kann dich dem nur näher bringen. Doch du weißt jetzt, dass diese Gefühle in dir, in dir ganz allein, zu finden sind. Sie sind jederzeit für dich abrufbar.

Und jetzt komme langsam zurück in diesen Raum. Schaue dich um. Spüre in dich hinein und verweile in diesem Gefühl der Freude und Liebe. Wie sieht deine Umgebung aus? Bestimmt ist alles ein wenig lichter als zuvor. Wie geht es dir jetzt?

Wenn du diese Visualisierung gemacht hast, dann hast du erkannt, dass du nicht dein Gefühl bist. Du hast ein Gefühl, aber du bist dieses Gefühl nicht. Du kannst diese Gefühle umwandeln. Du kannst aus tiefstem Schmerz zur Freude gelangen. Freude und Liebe das bist DU. Dein innerstes Wesen, dein Höheres Selbst, kennt und ist nur Liebe. Jedes Mal, wenn du mit diesem Ist-Zustand verschmilzt, dann bist du vereint mit deinem Hohen Selbst, mit der Quelle selbst.

War es dir nicht möglich die richtigen Bilder zu bekommen oder dich in deine Gefühle einzulassen, dann liebe dich dafür, dass du bereit warst, den Versuch zu unternehmen und die Gefühle einzuladen. Auch du hast bestimmt etwas empfunden, selbst wenn du es im gleichen Augenblick wieder vergessen hast. Liebe und akzeptiere dich so wie du bist und wiederhole die Übung, wann immer du willst.

Wir müssen nun einmal so ziemlich alles üben und dürfen nicht ungeduldig werden mit uns selbst. Kein höheres geistiges Wesen, auch nicht deine multidimensionale Seele, werden jemals ungeduldig mit dir. Warum stellen wir selbst immer höhere Anforderungen als unsere eigene Hohe Seele an uns? Unser Perfektionismus ist gleichzeitig auch unser größter Feind und das nicht nur auf dem spirituellen, sondern auch auf unserem irdischen, menschlichen Weg.

Du darfst erkennen, dass du vollkommen bist. Alle deine Wege, alle deine Gefühle haben aus dir den Menschen gemacht, der/die du heute bist. Hättest du anderes erlebt, dann wärst du heute ein völlig anderer Mensch. Wäre dir der Gedanke wirklich angenehm? So, wie du jetzt - hier und heute - bist, bist du vollkommen für deinen Entwicklungsstand.

Erkenne in jedem Menschen, doch zuerst in dir selbst, den werdenden Gott, die werdende Göttin. Du bist göttlich und vom Licht. Dein innerster Wesenskern ist absolut göttlich und nichts als Liebe.

Unsere Aufgabe auf diesem Planeten besteht darin, diesen göttlichen Kern in die Materie, in der dichten Schwingung dieses Planeten, ans Licht zu bringen. Du darfst hier all das erfahren, was das, was wir unter Gott verstehen, wirklich ist.

Das Licht der Liebe auf diesen Planeten zu bringen ist unser aller Lebensziel. Du bist auf dem Weg.

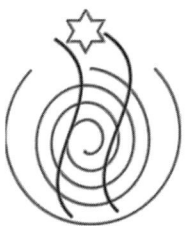

Loslassen, Verzeihen, Karma und Transformation

Nun stellt sich dir vielleicht die Frage, wie du mit deinem Perfektionismus, deinem Logiksektor umgehen kannst. Du weißt, dass dein logisches Denken im Geschäftsleben benötigt wird. Du glaubst vielleicht, dass du ohne dein rein logisches Denken keinen Einfluss mehr hast und dich in deiner Welt nicht mehr zurechtfinden wirst. Darum wollen wir das Wort Logik jetzt umtaufen. Reden wir ab sofort nur noch von deinem Intellekt. Mit Intellekt ist der angelernte Verstandesapparat mit all seinen vermeintlich richtigen Verhaltensweisen gemeint nicht der reine Geist der Quelle.

Vergessen wir die mathematischen Grundlagen und sehen deinen Verstand als vollkommen neutrale Teilpersönlichkeit deines Wesens. Ein neutrales Wesen wird dich niemals zu irgendetwas zwingen, wird dir niemals Schaden zufügen, weil ein neutrales Wesen nicht bewertet. Wir dürfen unseren Intellekt, unser logisches Denken nicht ausmerzen wollen, wie das heute so oft empfohlen wird, wenn wir uns der Intuition öffnen. Der Intellekt und eine geklärte Logik sind notwendige Voraussetzungen, um Zusammenhänge zu Be-Greifen und zur Er-Kenntnis zu gelangen. Wir haben unseren Intellekt erschaffen, damit wir aus freien Stücken entscheiden, welchen Weg wir gehen. Dein Intellekt ermöglicht dir, deinen dir geburtsrechtlich zustehenden freien Willen einzusetzen. Beginne damit, dass du das, was du bereits besitzt, umschulst. Dazu ist alles vorhanden. Ein gut geschulter Intellekt, der lernt im Einklang beider Gehirnhälften zu agieren, ist unser bester und wichtigster Verbündeter, Diener und Partner auf unserem Weg. Darum verfalle nicht in den bereits sehr häufig begangenen Fehler, deine Logik, deinen Intellekt, dein Ego und was sonst noch alles, vernichten zu wollen. Alles, was du verabscheust, wird unweigerlich an dir haften bleiben. Arbeite mit dem, was du besitzt.

Der freie Wille ist eine Gabe der Quelle, aus der wir alle kommen. Er ist unser Geburtsrecht. Niemand darf diese Urgaben zurückweisen oder als schlecht einstufen. Alles was aus der Quelle kommt ist gut. Da alles aus der Quelle kommt, ist letztlich alles gut.

Wir benötigten bisher unseren geschulten Intellekt und unser negativ programmiertes Ego, um überleben zu können. Du hast richtig gelesen: Überleben: denn was LEBEN wirklich ist, das willst du jetzt erfahren. Sicherlich wirst auch du nicht von heute auf morgen perfekt umschalten können. Aber üben kannst du. Du wirst lernen, dir deine beiden Gehirnhälften zunutze zu machen, indem du dein vorhandenes Potential umschulst. Geduldig und liebevoll muss Intellekt und Ego klargemacht werden, dass es mehr und Besseres gibt, als du bisher lernen und erfahren konntest. Beende das Spiel der Bewertung. Nur weil die rechte Gehirnhälfte über weibliche Werte verfügt, ist sie nicht automatisch besser als die linke Gehirnhälfte. Sie allem nutzbar zu machen und über zu bewerten, wie bisher die linke Gehirnhälfte, würde den Menschen ebenso wenig in die Glückseligkeit führen wie bisher die Überbewertung der linken Hemisphäre. Nur das verständnisvolle zueinander führen beider Persönlichkeitsanteile, des männlichen und des weiblichen Prinzips im Menschen, garantiert eine dauerhafte Verbesserung deiner Lebensqualität. Darum wirf nicht weg, was dir bisher nützlich war, sondern integriere dein bisheriges Denken in deine neue Art, Denken und fühlen zu lernen. Aktiviere die weibliche Seite in dir, die Göttin, dann bist du in deiner vollen Kraft.

Beginne mit kleinen Entscheidungen. Beginne damit, in kleinen alltäglichen Dingen, wo eine Fehlentscheidung keine Katastrophe darstellen würde, deine intuitiven Reaktionen zu testen. Du wirst sehen, dass du im Laufe der Zeit immer mehr Vertrauen in dich selbst und in deine innere Stimme gewinnst. Damit werden auch dein Intellekt und dein Ego zu den neuen Freunden deiner mehr und mehr ganzheitlich gestalteten Lebensart reifen.

Ich ging auch ziemlich lange sogar den analytisch-logischen Weg. Es war ein Weg, der mich oftmals in die Irre oder auf Umwegen zum Ziel oder daran vorbei geführt hat. Umwege bedeuten oftmals Jahre der Verzweiflung, der Tränen, der Unzufriedenheit und der Verfehlung der Ziele. Hinter mir liegen nach irdischer Berechnung viele solcher Jahre. Jahre des Leidens und der Verluste, Jahre der Rachsucht an mir selbst und anderen, Jahre, die losgelassen werden müssen. Jahre, in denen nicht nur ich, sondern auch meine Weggefährten und meine eigenen Kinder durch diese Gefühle der Verzweiflung gingen. Menschen, die sich bereits vor diesem Leben dazu bereit erklärt haben mich auf meinen Wegen und Umwegen zu begleiten und umgekehrt.

Wenn auch du an solche Situationen in deinem Leben denkst, dann verzeihe dir, lasse los. Ich weiß, dass sich das sehr leicht sagen lässt. Dieses so oft benutzte Wort "Loslassen" ist eine unserer schwierigsten Übungen. Beginne mit kleinen Schritten und du wirst mehr und mehr von dir selbst und deiner Bestimmung erfahren. Sieh dir nicht immer nur deine Schuld oder die anderer Menschen in deinem Leben an. Schau dir auch die Erkenntnisse aus diesen Situationen mit Liebe an. Bedanke dich bei dir selbst und bei den Beteiligten, dass du und andere dir diese Erfahrung ermöglichten. Denn auf deinen vermeintlichen Umwegen konnte dir auch vieles bewusst werden. Begib dich auf die andere Seite der Polaritätsskala und schaue nach, ob du nicht in jeder vermeintlich negativen Erfahrung auch die positive erkennen kannst. Jedes Ding hat immer zwei Seiten. Dieses kosmische Prinzip besagt, dass eine Sache niemals nur negativ sein kann. Mache dich auf die Suche nach dem positiven Anteil.

Wie viel übergeordnete Liebe muss in uns allen sein, dass wir bereit sind, einen Teil unseres Lebens auf Umwegen zu verbringen, damit unsere mitinkarnierten Freunde ihren Lernschritt vollenden können. Darum: keine Schuldgefühle mehr! Alles hat - so wie es ist - seinen vollkommenen Sinn. Wir sind hier auf unserem geliebten Planeten Erde, um unaufhörlich zu lernen, auch und besonders auf unseren vermeintlichen Umwegen. In den meisten Fällen lernen wir, solange wir nicht aufgewacht sind, nur auf den kleinen Umwegen durch Schmerz. Hier können wir wachsen und unsere menschlichen Begleiter wachsen ebenfalls mit auf diesen Wegen. Denke noch einmal darüber nach. Über die Liebe, die dich mit deinen Weggefährten letztlich verbindet. Du hast dich mit all deinen Freunden und Feinden vor deinem Eintritt in diese Inkarnation verabredet.

Wir sind oder waren im Karmaglauben gefangen, auch wenn das vielen nicht bewusst ist. Wir haben uns vor ewigen Zeiten einst entschieden, Karma für richtig zu halten, weil wir im Polaritätsdenken von Gut und Böse verhaftet waren. Doch damit wir unser vermeintliches Karma erlösen können, müssen andere Seelen bereit sein uns zu begleiten, uns Schmerz zuzufügen und umgekehrt. Bereits vor Eintritt in diese Inkarnation, in einer Dimension in der nur Liebe und Weisheit existiert, haben wir uns gegen die Liebe entschieden, damit du, ich, wir alle erfahren können, was Liebe wirklich ist in einer Dimension, in der sie so weit entfernt scheint. Mit diesem Wissen erlaube dir zu erfahren, je mehr ein Mensch dich auf Erden verletzte - ihr habt es irgendwann so verabredet - desto mehr muss er letztlich auf einer höheren Ebene Liebe für dich empfinden. Das ist schwer verständlich, weil völlig unlogisch. Doch Vereinbarungen im Zwischenbereich der Inkarnationen basieren auf reiner, bedingungsloser Liebe. Die getroffene Entscheidung uns gegenseitig zu helfen unsere Lernerfahrungen zu machen zieht jedoch, nach altem Denken, automatisch wieder Karma nach sich. Ein lang andauernder Kreislauf, aus dem wir jederzeit aussteigen können.

Diesem Denken sind wir noch immer verhaftet, wenn wir kurz nach dem irdischen Tod die Entscheidung über unsere vergangenen Leben und unsere eigenen Verfehlungen fällen. Wir befinden uns damit in dem Kreislauf, dass wir durch unser verhaftet sein im Gut- und Bösedenken von einer Falle in die Andere laufen. Doch diese Falle haben wir selbst uns gestellt. WIR – die vollkommene Göttlichkeit in uns - ganz allein und nicht ein von Menschen erschaffener strafender Gott, urteilen über unser Sein. Wir selbst entscheiden uns, suchen uns unsere Umstände und Partner aus und wir selbst, be- und verurteilen unser Tun nach dem physischen Tode.

In einem Zeitalter wie diesem neigt sich das Polaritätsdenken seinem Ende entgegen. Wenn du diese Zusammenhänge erkennst, dann bist du einen großen Schritt weitergekommen in deiner Entwicklung hin zu dir selbst. Wir sind eine Einheit und unsere Erfahrung durch die Dimensionen tragen bei zum universellen Allgemeinwissen. Wenn ein Lernschritt vollendet ist, dann ist es Zeit loszulassen. Durch das Loslassen und Verzeihen, dir selbst und deinem Nächsten, erlöst du dein Karma und helfen dem Nächsten, sein Karma zu erlösen. Es gibt für uns viele Möglichkeiten das Rad des "Schicksals" zu verlassen. Es dreht sich nur weiter, solange der Mensch im Polaritätsdenken von Schuld und Sühne verhaftet ist.

Was kannst du tun, wenn ein anderer Mensch dir nicht verzeihen will? Solange ein anderer Mensch gefühlsmäßig mit dir verbunden ist, dreht sich dein Karmarad. Du kannst es anhalten und aussteigen. Nimm dir ein wenig Zeit und beginne mit dieser Anleitung: Am besten lässt du dich von einem Menschen deines Vertrauens bei der Visualisierung begleiten. Lege Entspannungsmusik auf und lass dich mit sanfter Stimme leiten. Gib ein Handzeichen, wenn du einen Punkt erreicht hast, an dem du weiter zu gehen bereit bist.

Meditation zur Verzeihung

Setze dich in einer stillen Minute hin und hülle dich in Licht. Du musst es dir nur denken, wenn es mit deiner Vorstellungskraft noch ein wenig hapert. Es reicht, dass du daran denkst, dass du vollkommen von Licht eingehüllt bist. Die Gefühle und Bilder werden sich einstellen, wenn du es erlaubst.

Erinnere dich an einen Menschen, mit dem du oder der mit dir gefühlsmäßig verbunden ist, mit dem du in gegenseitiger oder auch einseitiger Schuld und Schuldzuweisung verstrickt bist. Nun stelle dir ein unsichtbares Band vor, das dich mit dieser Person verbindet. Ein Band, das von dir aus zu diesem Menschen geht und umgekehrt. Ein solches ätherisches Band verknüpft uns tatsächlich mit allen Menschen, denen wir jemals begegnet sind. Schau dir dieses Band an und nimm seine Form und Farbe war.

Während du im Licht sitzt, ziehe weißes Licht aus dem Universum durch dein Kopfchakra hinunter in dein Herz. Reichere dieses Licht an mit deinen liebevollen Gedanken, derer du fähig bist für diesen Menschen oder seiner Seele. Auch, wenn du es selbst nicht glauben kannst, denke positiv und liebevoll über diesen Menschen. Wenn du soweit bist, dann sende dein Licht entlang dem unsichtbaren Band hinaus zu diesem Menschen der dir - oder dem du - nicht vergeben kannst. Stelle dir diesen Men-

schen jetzt genau vor, oder benutze ein Foto von ihm/ihr. Sieh, wie das Licht an deiner Schnur, von deinem Herzen ausgehend, den Eingangspunkt zu seinem Herzen findet. Stell dir vor, wie dein Licht sein Herz ausfüllt und lass es ständig weiter fließen, während du zu diesem Menschen sprichst.

Sage ihm: Ich verzeihe dir. Meine Seele liebt und versteht dich. Ich akzeptiere dich so wie du bist. Ich verstehe, wenn du mir heute noch nicht verzeihen kannst, doch ich will immer in Liebe und Freundschaft an dich denken und in Dankbarkeit, weil ich nur mit dir und durch dich diese Erfahrung in meinem Leben machen konnte. Auch durch dich konnte ich die/der werden, die/der ich heute bin. Du bist ein göttliches, universelles Wesen und in Wahrheit sind wir nur Liebe. Alles andere ist Illusion. Ich lasse diese Illusion der Getrenntheit jetzt los. Meine Liebe soll dir helfen, diesen göttlichen Kern in dir und in mir zu entdecken. Ich entlasse dich aus meinem Leben und erkenne dich als den werdenden Gott, der du in Wahrheit bist.

Jetzt sprich mit deinen eigenen Worten zu diesem Menschen, solange du magst. Erzähle ihm oder ihr von deinen Erkenntnissen in deinem Leben, von deiner Erfahrung deiner Selbst, von deinem Weg und dem Resultat dessen, was dieser Mensch dir beigebracht hat. Lasse dir dazu soviel Zeit wie du benötigst.

Füge all deine liebevollen Gedanken hinzu. Schau in das Gesicht dieser Person und erkenne, wie es sich löst, wie sich ein innerer Friede über das Gesicht dieses Menschen legt. Du kannst jetzt diesen Menschen wertfrei lieben, weil du erkannt hast, dass eine göttliche Seele aus seinen Augen spricht.

Wenn du alles gesagt hast, was du gerne sagen möchtest, was du innerlich fühlst, dann verabschiede dich von deinem Gegenüber. Ergreife mit beiden Händen das Band und ziehe es mit einem Ruck aus deinem Herzen. Du erkennst, dass im gleichen Augenblick ein neues Band erscheint. Doch dieses Band ist rein und klar. Das negative Band löst sich auf und wird umfangen von der violetten Flamme der Transformation. Diese Flamme verwandelt alles in reine Schwingung der Liebe. Schau dein Gegenüber noch einmal an. Lächle ihm zu, verabschiede dich. Vertraue diese Person ihrem eigenen höheren Selbst an, und kehre zurück in deine Gegenwart. Fühle dich frei!

Diese Meditation kann dich befreien und Rad des Karma für euch beide verändern, weil du erkennst, dass Karma eine Erfindung unseres Schuld- und Sühnedenkens ist. Du kommst mehr und mehr heraus aus der Tretmühle von Schuld und Bestrafung. Du wirst deine negativen Gedanken und "schlechten" Gefühle über diesen Menschen nicht mit auf die andere Seite, jenseits des irdischen Lebens nehmen. Dein Leben wird somit um vieles leichter. Dein Freund-Feind wird sich auch nicht zur Wiedergutmachung im nächsten Leben verpflichten müssen. Du wirst dich nicht zur "Strafe" an diesem Menschen im nächsten Leben rächen müssen, weil du es hier und jetzt erlöst und befreit hast.

Diese Visualisierung bewirkt jedoch auch etwas in dem anderen Menschen. Er wird die liebevolle Kraft empfangen. Und vielleicht, auch wenn Jahre vergehen sollten, steht er eines Tages vor dir und ihr werdet euer wirkliches Selbst im Gegenüber erkennen. Und auch wenn er es nicht tun sollte, alles was von dir ausgeht, kehrt unweigerlich um ein 10-faches verstärkt zu dir zurück. Negative Gedanken ebenso wie positive Gedanken. So wird die Liebesenergie, die du einem anderen Menschen sendest unweigerlich zu dir zurückkehren. Wie viel einfacher und schöner wäre doch unser aller Leben, wenn wir beginnen würden, nur noch Gedanken der Liebe auszusenden?

Es würden unweigerlich nur noch schöne und schöpferische Gedanken zu uns zurückkehren. Eine noch bessere Möglichkeit wäre es, diesem Menschen zusätzlich einen Brief zu schreiben. Wenn du dich dahingehend überwinden kannst, ist die Energie, die dieser Mensch durch dich empfängt, um ein Vielfaches verstärkt, und er kann dir vielleicht noch schneller vergeben. Es kann allerdings auch sein, dass die Reaktion enttäuschend für dich ist. Das gesprochene oder das geschriebenen Wort ist weitaus wirkungsvoller als ein Gedanke. Denn im Universum ist alles Klang und Schwingung. Mit unseren Worten entlassen wir unsere Gedankenenergie in die produzierende Schwingung des Universums.

Vielleicht stellt sich dir jetzt die Frage: "Wie ist es möglich, auf diesem einfachen Weg von Karma frei zu werden?" Dazu gibt es eigentlich nur eines zu sagen. Jeder Mensch, jedes Tier, jede Pflanze - kurz alles was ist - ist ein reines Energiewesen. Alle Gedanken, Worte und Gefühle sind reine Energie und verwirklichen sich immer. Wir sind verbunden durch ein übergeordnetes Bewusstsein. In diesem Bewusstsein wird jeder Gedanke, jedes Gefühl, alles, was wir tun, denken, sagen, fühlen etc. gespeichert und weiter befördert. So erreicht jeder Gedanke sein Ziel und kehrt dann zu seinem Schöpfer zurück.

Wachstum durch Leid oder schmerzfreie Karmabefreiung

Stelle dir Gedanken, Gefühle etc. wie Radiowellen vor. Sie sind überall vorhanden, ohne dass wir sie sehen können. Wir müssen nur einen Knopf an unserer inneren Stereoanlage drehen oder drücken und schon sind wir verbunden mit den Wellen, die zu unserer eigenen Schwingung in Resonanz stehen. Ebenso wandern all deine jemals gedachten Gedanken, gefühlten Gefühle im Äther umher und besonders Menschen, die jemals mit dir verbunden waren und/oder immer noch sind, haben Ihren Knopf für deinen Sender immer auf Empfang stehen. Wir sind letztlich nicht voneinander getrennt. Aus diesem Grund sind wir telepathisch mit jedem anderen Lebewesen verbunden. Bei manchen Menschen klappt das sogar so offensichtlich, dass wir manchmal Witze darüber machen. Wir schließen uns an ein Bewusstseinsnetz an, zu dem wir in Resonanz stehen, so wie wir im Radio den Sender einschalten, der uns am besten gefällt.

Wir haben die Möglichkeit der schmerzlosen Karmabefreiung. Doch bis wir dahin gelangt sind, zeigt uns die Praxis immer wieder, dass wir lange Zeit nicht bereit waren ohne Leid zu lernen und zu erkennen. In der Erkenntnis liegt immer die Lösung. Erst die völlige Umerziehung des negativ programmierten Ego, der Schmerz in den Momenten, in denen wir fühlen: "Ich kann es nicht mehr ertragen, dieses Leben hat so keinen Sinn für mich", wenn der Schmerz uns das Herz zerreißt, dann erkennen wir oftmals die helfende Hand vor unserem inneren Auge, die sich uns entgegenstreckt. Diese Hand, die immer da war, aber von unserem alten Ego nicht wahrgenommen wurde, weil das Ego die Macht über unser Leben in der Hand halten wollte. Die völlige Selbstaufgabe der negativen Programmierung, wenn Ego und Intellekt nicht mehr weiter wissen, weil der Schmerz so tief ist, hilft oft erst uns selbst erkennen.

Wenn wir uns in diesem Moment unseres SELBST BEWUSST werden und mit klarem Verstand begreifen, wer wir selbst wirklich sind, dann beginnt das Leiden ein Ende zu nehmen. Dazu gehört, dass wir diesen Augenblick festhalten. In solchen Momenten benötigen wir unseren Intellekt, um zu verstehen. Doch genau in diesen Momenten ist der analytische Intellekt überfordert und meist sogar verschwunden. Die Logik, die uns letztlich die Suppe eingebrockt hat, hat sich aus dem Staub gemacht und der neutrale Verstand hat nie gelernt zu handeln. Das Fatale an der Sache ist: Wenn diese liebevolle Hand uns aufgeholfen, uns getröstet hat, der Schmerz ein wenig verebbt ist, wir beginnen ein wenig klarer zu sehen, taucht der alte Intellekt wieder auf. Er klopft sich selbstanerkennend auf die Schulter und erklärt uns lautstark, wie toll wir das doch wieder gemeistert haben, dass wir uns nicht unterkriegen lassen, schon gar nicht von solch einer idiotischen Situation oder den entsprechenden Menschen. Fazit: Wir haben unsere alte FASSUNG wieder gewonnen.

Erkennst du, in welchem Kreislauf wir uns immer wieder um unsere eigene Egoachse drehen? Wie oft schon hast du seelisch am Boden gelegen? Oder hast du so perfekt gelernt, deine Gefühle sogar vor dir selbst zu verschließen, dass dir nichts mehr so nahe gehen kann? In diesem Fall empfehle ich dir Meditation zur Öffnung des Herzen (Seite 182). Wenn du dein Herz verschließt um Leiden zu vermeiden, ist die Pforte deines Herzens auch für Freude und Liebe verschlossen. Es kann immer nur soviel herein- und hinaus gelangen, wie die Weite der Öffnung deiner inneren Tür zulässt. Es ist unmöglich, sie verschlossen zu halten für Schmerz aber weit zu öffnen für die Liebe. Die Scharniere sind eingerostet. (sh. Gesetz der Polarität) „Werdet wie die Kinder!", sagte vor vielen Jahren Jesus. Nur wenn wir wieder offen werden, Gefühle fließen lassen und den Augenblick voll und ganz leben, erleben, können wir das Himmelreich in uns selbst erfahren. Betrachte dir ein unverzogenes Kind. Es lebt und erlebt direkt und total. Es agiert und reagiert im Jetzt. Seine Gefühle sind sichtbar und authentisch. Die Großen haben gelernt sich zu beherrschen. Diese Beherrschung ist ein wundervoller Schutz gegen Schmerz aber auch gegen Liebe.

Wir müssen heute nicht mehr leiden, um zur Erkenntnis zu gelangen. Viele Menschen vor uns haben für uns mitgelitten und ihre Erfahrung dem universellen Bewusstsein übergeben. So kannst auch du beginnen, dich zu öffnen und dich an den allgemein erhöhten Bewusstseinsstand der Menschheit anschließen. Es gibt auch Therapieformen, in denen du dich deinem inneren Schmerz bewusst und geleitet stellst und dadurch frei für die Liebe wirst. Denn jeder Schmerz, den wir fühlen, ist alter Schmerz, der an die Oberfläche kommt, auch wenn es sich ganz neu anfühlt und die Situation eine vermeintlich andere ist. Also nur mutig voran. Es kann dir gar nichts geschehen. Der neue, erhöhte Bewusstseinszustand auf der Erde lässt sich mittlerweile überall ablesen. Selbst in den Medien sind Begriffe wie "Aura, Geistiges Wesen" und ähnliche bereits zur Selbstverständlichkeit geworden. Wunderbar.

Zurück zu der Situation des Leidens. Hast du in solchen Augenblicken der Verzweiflung irgendwann einmal erkannt, dass ein unsichtbarer Helfer bei dir sein muss? Jeder Mensch erkennt ihn oder sie immer wieder, wenn auch nur für den Bruchteil einer Sekunde. Hältst du diesen Zustand fest, dann bist du schon ein ganz großes Stück weitergekommen, und dein Ego hat einen Teil seiner Diktatur abgegeben. Hältst du an der Vision der helfenden Hand fest, unterbrichst du die Kette des Leidens. Erkennst du nicht, erhältst du immer wieder eine neue Chance. Nach einiger Zeit der Ruhe wirst du wieder unzufrieden. Du gerätst vielleicht in Streit, in Zweifel und Ängste, bis du wieder auf der Nase liegst. Der gleiche Kreislauf beginnt von Neuem. Das Ego und die Logik verschwinden und du bist endlich allein. ALL-EIN. Die einzige Chance zum Wachstum.

Menschen gehen oft freiwillig so lange durch Schmerz und Leid, bis sie endlich begriffen haben, was hier geschieht. Wie schnell das geschieht, darüber entscheidet unser freier Wille. Erkennen wir diesen freien Willen als den göttlichen Teil in uns statt ihn als Diener des programmierten Ego verkümmern zu lassen. Der Planet Erde ist ein Ort auf dem wir lernen dürfen, indem wir uns immer wieder zwischen Ja und Nein entscheiden müssen. Hier können wir lernen, behindert durch die Schwere der Atmosphäre, gottgleich und schöpferisch zu agieren. Sie ist unser aller Lernplanet auf dem Weg zur Erkenntnis, dass Gott nicht von uns getrennt ist. Hier lernen wir, oftmals leider lange Zeit durch Fehlentscheidungen und Schmerz, die Schwestern- und Bruderschaft des Lichtes zu erreichen.

Ein Kind lernt aus seinen Fehlern, wenn Eltern ihm die Entscheidungsfreiheit gewähren. Im Alter von sechs bis acht Jahren erhalten sie meist zum ersten Mal Taschengeld. Mit diesem Geld sollte es dann für seine kleinen Wünsche auskommen. Nur dadurch, dass das Kind sich ständig völlig verausgabt und dann vor dem Nichts steht, wenn die Mutter ihm kein zusätzliches Geld zusteckt, lernt es mit Geld umzugehen. So handelt der kosmische Entwicklungswunsch letztlich auch mit uns. Er lässt uns unsere Entscheidungen treffen, mischt sich nicht ein, akzeptiert was wir wollen und was wir tun und wir lernen allein heil zu werden. Das Ego des Kindes rebelliert, wenn die Eltern das finanzielle Loch nicht füllen. Doch nur, wenn das Ego in diesem Fall nicht befriedigt wird, ist das Kind in der Lage, ein gesundes Verhältnis zu seinem Geld zu entwickeln. Das Ego will immer alles haben. Dieses Verhalten ist in gewissem Sinne auch in Ordnung. Ein geklärtes Ego jedoch weiß, dass alles ihm gehört. Das Ego muss zum Vorteil der Gesamtpersönlichkeit lernen, dass sein Wunsch nicht immer in der von ihm gewünschten Form das ist, was uns gut tut. Hier müssen alle Aspekte der Persönlichkeit eine Entscheidung treffen.

Spielen wir einmal ein Spiel und geben dem Ego eine Gestalt. Personifiziere es. Mache das Gleiche mit deinem Intellekt. Ego und Intellekt gehen Hand in Hand also können sie auch als eine Person auftreten. Visualisiere die beiden Unterdrücker deines wahren, göttlichen Selbst als kleine dicke Generäle, die ein Heer befehligen. Sie schicken ihre Truppen (Gesamtheit aller Inkarnationen) in jeden auch noch so aussichtslosen Kampf. Wer Angst hat (Gefühle) wird einer Gehirnwäsche unterzogen. Somit werden aus den Gefühlen willige Sklaven, die jeweils dort eingesetzt werden, wo sie der Truppe nützlich sind. Sie gehen z.B. ins feindliche Lager und bitten um Hilfe, weil sie ja so arm und schwach sind. Gleichzeitig erkunden sie die Lage und die Schwächen des jeweiligen Retters (Unterbewusstsein und Unbewusstes) ein liebes und naives Wesen, das bereitwillig auf alle Forderungen eingeht. Der ehemalige Feind, der jetzt zum Retter der Hilflosen und damit zum vermeintlichen Freund wurde, nähert sich liebevoll der restlichen Truppe. Hier wird er jetzt intellektuell verspottet und letztlich erbarmungslos nieder gemacht. Sollte das Spiel des Generals einmal schief gehen, was ja ziemlich oft vorkommt, ergreift er die Flucht und überlässt seine Truppe sich selbst. In diesem Fall erhebt sich das schwächste Mitglied dieser Truppe - die Liebe - und schließt Frieden mit dem Feind. Ist alles vorbei und die Truppe wieder zuhause, steht auch der General wieder auf dem vordersten Posten. Er rühmt sich für seine Heldentaten und Strategien. Ja, er verlangt sogar noch einen Orden für seine wundervolle Intelligenz und Klugheit. Ja liebe Freunde das ist unser negatives Ego: ein sich selbst überbewertender Despot. Wenn wir sein Spiel nicht unterbrechen, ihm seine Orden und seinen Rang nicht aberkennen, führt er uns solange in diese Niederlagen, bis wir die Nase voll haben und endlich etwas tun oder uns völlig unterwerfen.

Da du jedoch auf deinem Weg der Liebe bist und dein Bewusstsein erweitern willst, wird dein wahres ICH beginnen Meister/in deines Ego zu werden. Der bisherige Diener wird zum Meister aufsteigen. Richte deine Beschwerde über den inneren General, dem du selbst in deiner Unwissenheit zu diesem Rang verholfen hast, direkt an den Höchsten deines inneren Staates. Beschwere dich bei deinem Präsidenten. (Gott, Hohes Selbst, lichtvolle Helfer, Engel, Göttin - was für dich stimmig ist). Reiche deine Beschwerde ein. Nimm all deine Gefühle und Erkenntnisse als Zeugen mit. Dann wird dein Präsident deinem General klar machen, dass er mit dir zusammenarbeiten muss, wenn er in der Truppe der Gesamtpersönlichkeit überleben will. Natürlich wird dein Egogeneral nicht so schnell aufgeben. Er hatte zu lange seine Vormachtstellung in deinem Leben. Doch wenn du ihm liebevoll hilfst und dich mit all deinen Nöten, Sorgen und Freuden an deinen Präsidenten/Präsidentin, wenn du eine Frau bist, wendest, wird dein Egogeneral erkennen, dass er im Team weitaus größere Chancen hat als allein zum letztlichen Schaden der Truppe. Teamarbeit zwischen allen Teilpersönlichkeiten ist das Ziel. Gleiches Recht für alle. Wie im Kleinen so im Großen.

Oft handeln Menschen jedoch nach dem Volksmund. Dieser besagt im Allgemeinen: "Die Zeit heilt alle Wunden." Diesem Glaubenssatz haben wir uns angeschlossen. Und weil wir der Überzeugung sind, dass dieser Glaubenssatz sich verwirklicht, geschieht es beinahe wie von selbst. Mit der Zeit vergeht jeder Schmerz mehr oder weniger. Meist werden wir jedoch nur noch ein wenig härter, verschlossener, fühlloser. Wir werden ruhiger und finden unser altes Selbst (?) wieder. Nach einiger Zeit können wir uns an den Schmerz oft gar nicht mehr erinnern. Der Kreislauf hat uns zurück erhalten. Doch gerade hier an diesem Punkt gilt es ansetzen. Hier erkennen und lernen wir. Frage dich in allen Situationen, was sie dir zeigen wollen. Wende dich auch an deine lichtvollen Helfer und frage nach, was du aus jeder Situation die dir begegnet lernen kannst. Stelle die Fragen, die dir durch deinen Kopf gehen und du wirst Antwort erhalten. Vielleicht nur ganz leise - aber du wirst mehr und mehr lernen den Lautstärkeregler einzupendeln.

Wozu war es gut? Erkenne, dass alles, was geschieht seinen Grund hat. Nichts auf dieser Welt geschieht aus Zufall. Zufall heißt, etwas fällt dir gesetzmäßig zu. Jedes Ereignis will dich zu deiner Aufgabe, auf deinen Weg führen, darum muss auch jenes spezielle Ereignis, dass dich so unglücklich macht oder machte, einen tieferen Sinn haben. Stelle dir diese und ähnliche Fragen. Durchbrich den Kreislauf des Selbstmitleids. Denn meistens endet es folgendermaßen: Der Schmerz, die Wut vergeht. Zurück bleibt der Zorn auf die Menschen, die uns das vermeintlich Böse angetan haben. Wir weigern uns, zu erkennen und verpassen wieder einmal die Chance, an Erfahrung und Erkenntnis zu wachsen. Was bleibt ist der Neubeginn des alten Kreislaufs, bis wir es gelernt haben. Vergebung, Selbstvergebung und Mitgefühl. Jeder hier auf der Erde hat eine ganze Reihe vermeintlicher Schicksalsschläge erfahren und einen dubiosen Gott für die Schlechtigkeit der Welt verantwortlich gemacht. Doch jetzt durchbrich diesen Kreislauf und frage dich selbst, was du alles dabei gelernt hast.

Versuche immer zu erkennen, welche Erfahrung jedes Erlebnis für dich beinhaltet. Vielleicht machst Du noch einmal Übung 1? Erkennst du die Lernsituationen? Kannst du fühlen, was in solchen Situationen in dir vorgeht? Oder hast du z.B. bei der Übung dein Innerstes verschlossen und beschlossen, dass dir nie wieder ein Mensch so nahe sein darf, dass er dich so sehr verletzen kann? Hast du den Schmerz zugelassen und auch an dein Gegenüber denken können? Dann bist du einen großen Schritt weiter gekommen. Vielleicht konntest du sogar erkennen, dass euer Streit daraus resultierte, dass im Grunde jeder nur des anderen Liebe und Anerkennung wollte. Vielleicht hast du aber auch Zorn empfunden und Rachegedanken gehegt. Dann verzeihe dir dafür und liebe dich. Beende den Zustand der Verweigerung und beschließe, alle Situation wieder an dich heran zu lassen, selbst dann, wenn sie dich verletzen. Denn: Wer kann letztlich verletzt werden?

Wir haben festgestellt, dass dein innerster Kern göttlich ist. Gott ist die All-Einheit, ist die Quelle, ist alles was ist. Kann ein Alles, kann Gott, kann die Göttin sich selbst verletzten? Kann ein Alles ein anderes Alles verletzten? Kann im Alles irgendetwas durch ein anderes Alles verletzt werden? Es kann nur ein Alles geben.

Jeder weiß oder hat es schon einmal gehört. Es gibt nur einen Gott. Wir alle sind die Erfahrung, die Gott jetzt macht, in individueller Gestalt, sind göttlichen Ursprungs und Gottes Ebenbild. Gott ist nicht in der Bibel zu finden. Gott ist die vollkommene Synthese weiblicher und männlicher Energie so, wie sie sich aus der Quelle selbst in das Leben ergossen hat. So ist Gott in der Göttin alles was ist, atmet und lebt.

Also kann im Grunde niemand niemanden verletzen, schon gar nicht seinen Nächsten. Wir verletzen letztlich immer nur uns selbst. Den Nächsten, den Anderen gibt es nämlich nur scheinbar hier in dieser Illusion, die wir für das wahre Leben halten. Wir leben in der Illusion der Getrenntheit. Letztlich verletzen wir immer nur uns selbst, unser negativ programmiertes Ego. Alles, was wir als Verletzung empfinden, entspringt unseren Gedanken, Gefühlen, anerzogenen Glaubenssätzen, Erfahrungen, Übertragungen. Erkennen wir, dass wir selbst Gott und/oder Göttinnen sind und Gott oder Göttin sich selbst kaum verletzen kann. Die Quelle sammelt durch dich und mit dir Erfahrungen des Seins. Die vermeintlich negativen, destruktiven Erfahrungen auf diesem Planeten entspringen dem Polaritätsdenken. Sie wurden geschaffen um das Gegenteil der allumfassenden Liebe zu erfahren. Alles ist ein Erfahren und Experiment der Quelle, die alles ist, was existiert.

Wir erschufen vor langer Zeit diese Erde, damit wir dieses Sein-Erfahren-Spiel spielen können. Du allein bist Drehbuchautor, Regisseur und Schauspieler in deinem Spiel. Alles, was du erlebst, hast du dir selbst vollkommen göttlich erschaffen. Du hast es nur vergessen. Viele sitzen jedoch vor ihrem Leben, wie vor einem Fernsehgerät und verlieren sich in dem spannungsgeladen Actionthriller, den wir Leben nennen. Du leidest und lachst mit den einzelnen Akteuren. Du liebst und hasst und identifizierst dich mit den einzelnen Rollen. Einer bekommt Applaus für seine Darstellung, der Andere wird ausgepfiffen und dann kommt es dir vor, als hättest du mit dem Drehbuch und den Schauspielern überhaupt nichts zu tun.

Wenn du erkennst, dass in deinem Leben alles und jeder nur vorhanden ist, die ihm zugedachte Rolle spielt, weil du ihn in deiner Welt genauso für dich erschaffen hat, wie er/sie dich in seiner, dann bist du nicht mehr in der Lage, dich selbst bzw. dein Drehbuch zu bekämpfen. Deine Mitspieler handeln immer genau so, wie du in deinem Drehbuch ihre Rolle schreibst. Dein Umfeld kann gar nicht anders spielen, weil du kein neues Drehbuch schreibst, weil du dein Denken nicht änderst. Änderst du dein Denken und Fühlen, dann erscheinen dir die gleichen Personen, in den gleichen Rollen, plötzlich ganz anders.

Du selbst suchst dir die Schauspieler aus, die genau zu den ihnen zugedachten Rollen passen, weil du deine eigenen Gefühle und Werte in sie hinein interpretierst. Das muss dir ganz klar werden. Jetzt spielen sie dein Spiel und du verstehst nicht, dass sie nicht das spielen, was du eigentlich gespielt haben möchtest. Du hast längst vergessen, wann und wie du dein Drehbuch geschrieben hast. Du änderst nicht die Passagen, nein, du willst die Schauspieler ändern. Dein Drehbuch ist, deiner heutigen Meinung, nach in Ordnung, doch die Schauspieler sind es nicht. Also wird statt des Drehbuchs der jeweilige Schauspieler kritisiert oder das Bühnenbild - deine Lebensumstände. Das Drehbuch, das du vielleicht vor einigen Jahren, Kraft deiner Gedanken, geschrieben hast, gefällt dir so nicht mehr und du erwartest, dass deine Schauspieler genau wissen, was du heute willst. Doch selbst dann, wenn alle um dich herum ein völlig anderes Spiel spielen, wirst du es nicht erkennen können, weil du dich immer noch mitten in deinem eigenen, alten Drehbuch, in deiner selbsterschaffenen Realität befindest. Dein Denken und Handeln entspricht diesem. Dein Blick ist nur auf Dinge gerichtet, die dem alten Drehbuch entsprechen. Du kannst nichts anderes wahrnehmen, denn dazu müsstest du dein Drehbuch umschreiben oder gar ein neues schreiben. Du müsstest deine Realität verändern. Du kannst dies jederzeit tun.

Was hindert dich daran? Dein altes Denken! Du kommst nur schwer heraus aus deinem alten, gewohnten Denken. Dir ist nicht einmal bewusst, dass alles geschieht, weil du es so geschehen lassen wolltest, weil du selbst die Ursache für dein Spiel gesetzt hast. Wir werden noch eingehender über die Gedankenkräfte sprechen. Unsere Welt hat sich in eine Welt der Negativität verwandelt. Schau dir nur die Tageszeitungen oder Nachrichten an. Du wirst ständig mit Negativmeldungen konfrontiert. So haben wir übernommen in dieser Weise unser Denken zu gestalten. Wir haben verlernt, nur an schöne und positive Dinge zu denken, nur schöne und positive Dinge zu sehen. Doch dieses unser Denken können wir umerziehen.

Du fragst dich jetzt sicherlich, wo der freie Wille eines jeden Menschen bleibt, wenn jeder nach deinem Drehbuch spielt. Jeder schreibt seine Drehbücher in jedem Augenblick des Lebens selbst. Dies geschieht meist unbewusst, angeschlossen an das kollektive Unbewusste. Wir finden uns immer wieder dem Drehbuch entsprechend zusammen. Wir finden einander so, dass unsere Drehbücher sich in etwa decken und wir gut zusammen spielen. Jeder nach seinem eigenem Drehbuch, nach seiner Wahl, nach seiner freien Wahl. Wenn wir Regieschwierigkeiten sehen, dann gibt es eben einen mehr oder weniger großen Streit. Und einer gewinnt.

Auch wenn es anfangs nur schwer zu verstehen ist: Jeder, der dein Spiel mit dir spielt, seine Realität mit deiner verschmelzen lässt, handelt zwar vermeintlich nach deinem

Drehbuch, jedoch ebenso nach seinem eigenen. Ihr habt euch nach dem Gesetz der Resonanz gefunden, weil eure Drehbücher sich ergänzen. Ihr teilt euch die Schauspieler, die eure zusammen gewürfelte Realität begleiten, indem sie ihr eigenes Drehbuch mit dem euren verflechten und dein Spiel verwirklichen helfen. Oftmals bekämpft ihr dabei einander, weil jeder als Regisseur eine völlig andere Vorstellung hat als der Mitregisseur.

Der Text, der anscheinend übereinstimmt, lässt nicht erkennen, welche Erwartungen und Gedanken zwischen den Zeilen stehen. Und jeder Regisseur-Drehbuchautor hat sich nun einmal seine eigenen Gedanken gemacht, hat seine eigene Vorstellung von seinem Lebensspiel, die sich oft stark unterscheidet von der Vorstellung der Mitregisseure. Die Texte, die anscheinend übereinstimmen, lassen nicht erkennen, welche Erwartungen und Gedanken zwischen den Zeilen stehen. Doch jeder Regisseur-Drehbuchautor hat sich nun einmal seine eigenen Vorstellungen gemacht. Diese stehen allerdings niemals direkt im Text.

So erwarten Menschen ganz besonders in Partnerschafts-Beziehungen immer wieder, dass der Partner, die Partnerin genau die eigenen Erwartungen, die zwar weder im Text stehen und schon gar nicht ausgesprochen werden, jedoch zwischen den Zeilen zu finden sind, erfüllt. Doch auch der Partner hat seinen eigenen Text; mit seinen eigenen Erwartungen, die der Andere wiederum nicht erfüllen kann, weil er oder sie mit sich selbst beschäftigt ist und deine Erwartungen nicht kennt. Wir erkennen dann letztlich, dass der Mitautor unfähig ist, uns nicht versteht, blöde und ignorant auftritt und kündigen die Spielzeit. Trennung: Auch wenn es ein wenig weh tut. Uns dagegen zu schützen, haben wir ja schließlich als Kind schon ganz prima gelernt. Wir suchen uns sicherlich schon bald einen neuen Mitautor und Spieler.

Nur, wenn du selbst dich nicht verändert hast, dann beginnt das gleiche Spiel von vorn. Daraus resultieren dann Seufzer wie: „Warum passiert mir immer wieder das Gleiche?" Weil du dich selbst und dein Denken nicht verändert hast. Der Schlüssel aus diesem Dilemma heraus zu kommen? Das Drehbuch umschreiben, und zwar gemeinsam mit dem jeweiligen Partner - wenn er/sie mitspielt - und die jeweiligen Erwartungen einflechten. Die Erwartungen, die normalerweise zwischen den Zeilen - also ungesagt - im Raum stehen, verbalisieren und im Drehbuch niederschreiben. Alles, was formuliert wurde, kann nicht mehr zu falschen Erwartungen führen.

Nur eines ist letztlich wichtig, gerade in der heutigen Zeit. Wir müssen uns selbst erkennen. Wir müssen unsere eigenen Erwartungen kennen lernen und von der

Angst Abstand nehmen diesen Erwartungen verbalen Ausdruck zu verleihen. Wir müssen beginnen, uns selbst kennen zu lernen, unsere eigene Energie, Gedanken, Gefühle, Erwartungen und Wünsche. Doch ganz besonders müssen wir wieder lernen, dass wir ein Recht auf Liebe und auf unsere Wünsche haben. Wir müssen wieder lernen zu fordern und zu verlangen, alles, was das Leben für uns bereit hält. Jeder intensive Wunsch wird uns von unserer Seele gegeben und ist berechtigt, sich zu verwirklichen. Der Wunsch nach Liebe, nah innerem und äußerem Reichtum, nach Nähe, Wärme und Wachstum, kann nur dem göttlichen Ursprung entstammen. Denn dieser erwünschte Endzustand ist das, was wir letztlich wirklich sind. Wir kommen aus der Fülle all dessen was ist und jeder Mangel im Leben symbolisiert unsere Distanz zu unserer universellen Heimat.

Wenn wir wieder lernen Freude am Leben zu empfinden, diese Freude auch fordern und fördern, so wie Kinder es tun, weil alles was Freude macht aus der Quelle kommt, können wir auch wieder miteinander über unsere Wünsche, Träume und Hoffnungen reden. Dann kann die reine Göttlichkeit in uns sich selbst finden. Wenn du zu dir gefunden hast und erkennst, dass alles, was du dir an Gutem, Schönem und Reinem wünscht - auch und gerade dann, wenn es "nur" für dich bestimmt ist - dir von deiner reinen, göttlichen Seele gegeben wurde, dann bist du Gott - der wahren inneren Heimat - ein großes Stück näher gekommen.

Lernen wir wieder wie die Kinder ehrlich und offen miteinander zu reden, ehrlich zu uns selbst zu sein, offen und verletzbar zu werden, dann gelangen wir in die reine Freude. Alles, was du dir an Schmerz verbietest, blockiert auch die Wege, die Freude und Liebe in dein Leben hineinlassen. Dein Ego wird erkennen, dass seine Hingabe an das Leben gleichzeitig seine Wiedergeburt ist. Die Geburt neuen irdischen Lebens ist immer auch gleichzeitig der Tod des Embryos im Mutterleib. Dorthin ist ebenfalls noch keiner zurückgekehrt.

Du bist ein Embryo der universellen Quelle. Dein Ego ist der Geburtskanal. Diesen durch deine wahren Gefühle passierbar zu machen ist wichtig, damit du eines Tage als Schwester oder Bruder des Lichtes das Licht des Universums auf Erden erblicken, integrieren und leben kannst.

Authentisch sein: Das Ende des Polaritätsdenkens

Wir leben in einer polaren Welt. Als wir uns entschlossen diesen Planeten zu besiedeln, um das Sein-Erfahrungs-Spiel zu spielen, wussten wir, auf welches Experiment wir uns einließen. Sogar das Ende des Spieles kristallisierte sich in kurzer Zeit heraus.

Jetzt naht das Ende unseres negativen Polaritätsdenkens. Du kannst dieser Wendezeit nicht entfliehen, denn der Minuspol wurde sehr lange, viel zu lange, bedient. Im tiefsten Innern bist du fest entschlossen, an der Beendigung dieses Spieles entscheidend mitzuwirken. Aus genau diesem Grund hast du dich in der Jetztzeit inkarniert, auch wenn du es vergessen haben solltest. Vielleicht hast du schon erfahren, dass du dich fremd fühlst, hier, wo deine jetzige Heimat ist. Diese Erde scheint nicht deine Heimat zu sein. Das Sein ist dir fremd und ungewohnt im Gegensatz zu der Heimat, an die du dich unbewusst zurück erinnerst. Immer ist diese ganz leise unstillbare, unbestimmte Sehnsucht in dir, die Sehnsucht endlich anzukommen. Zurück nach Hause. Doch woher kommt dieses leise Heimweh, die leise Traurigkeit in deinem Herzen?

Die Sehnsucht des kleinen E.T. ist in vielen Menschen verborgen. Dieser Film entsprach den Gefühlen des Menschen der Wendezeit. Sein trauriges "Nach Haus!" hat nur aus diesem Grund so viele Herzen berührt. Jeder von uns ruft innerlich "Nach Haus!". Dies tun Menschen so lange, bis sie bei sich selbst angekommen sind.

Wir beginnen wieder, uns zu erinnern. Deine Seele erinnert sich an andere, schönere Orte. Orte, an denen es weder gut noch böse gibt. Orte, an denen wir nichts als Liebe und Einheit erfuhren. Orte, an denen wir wirklich zuhause sind. Orte, an denen wir endlich wieder Sein erfahren wollen, denn wir sind schon viel zu lange in dieser dunklen Welt der dritten Dimension ohne uns befreit zu haben. Wir sind hier inkarniert, um diesen Ort hier auf Erden neu erstehen zu lassen.

Du weißt tief in dir, dass alles, was du hier erlebst, nicht die Wirklichkeit ist und tief in deinem Inneren herrscht die Gewissheit, dass die Spiele, die du hier spielst, deiner unwürdig sind. Sie entsprechen nicht deinem ursprünglichen göttlichen Kern. Dieser göttliche Kern will zum Vorschein kommen. Er will sich hier, innerhalb der materiellen Umwelt, zu erkennen geben. Die Liebe will dem Planeten Erde zurückgegeben werden. Die Erde und alle Menschen auf ihr hungern nach Liebe, nach Gerechtigkeit und innerer wie äußerer Freiheit. Um dies zu erfüllen, sind so viele in dieser Zeit wieder hierher zurückgekommen. Wir haben uns entschieden, bei der Beendigung dieses unwürdigen und schmerzlichen Spieles unseren Beitrag zu leisten.

Vor Äonen von Jahren haben viele von uns ganz bewusst eingewilligt, in diesem entscheidenden Zeitalter dem aufgestiegenen Menschen den Weg zum Licht zurück zu weisen. Wir haben uns verpflichtet den Planeten und alle Lebewesen aus einer Lage zu erlösen, in die wir durch unser eigenes "Versagen" lange vor dem alten Atlantis und den Zeiten davor uns selbst hinein manövriert haben. Heute ist die Menschheit, zu der auch du und ich gehören, an dem Punkt angelangt, an dem wir ihr beistehen müssen den Rückweg anzutreten. Wir waren und sind bereit eine entscheidende Wende gemeinsam herbeizuführen. Wir haben uns so weit wie nur irgend möglich vom Licht, unserer Quelle entfernt.

Wenn die Menschheit auch nur einige Schritte weitergeht in Richtung Zerstörung und Dunkelheit, ist der Untergang des Menschengeschlechts, so wie wir es heute kennen, nicht mehr aufzuhalten. Etliche Kulturen vor der unseren haben es uns vorgemacht. Der Planet Erde ist an einem entscheidenden Wendepunkt. Die Erdschätze reichen nur noch für eine kurze Zeit. Die Wälder, die Lunge der Erde, werden stündlich weniger. Die Meere sind teilweise tot.

Wir können die oft vorausgesagten Katastrophen abwenden, wenn wir uns wieder auf unsere ursprünglichen Werte besinnen und endlich damit beginnen umzudenken. Wenn wir endlich wieder Mutter Erde als die Basis allen Lebens betrachten, uns selbst als ihre Kinder, dann kann vieles verändert werden. Den negativen Pol verlassen und wieder zu freien Gott-Menschen werden, dass ist das Ziel. Lange genug wurde die Minusseite der Polaritätswaage übergewichtet. Es ist an der Zeit, die Waage vor dem Umfallen zu bewahren, indem wir jetzt die Plusseite bedienen. Dies geschieht, wenn jeder einzelne beginnt die Verantwortung für sich selbst und für den Planeten Erde zu übernehmen. Der Pol-Sprung wird von Wissenschaftlern erwartet. Er wird stattfinden. Entweder in den Gedanken und Herzen der Menschen oder innerhalb der Materie der Erdachse. Es liegt in unserem Ermessen, wie wir lernen.

Aus genau diesen Gründen haben sich heute so viele alte Seelen inkarniert. Sie wollen durch ihre Arbeit an sich selbst und am Nächsten das kollektive Bewusstsein anheben. Jeder Einzelne ist aufgerufen, seinen Beitrag zu leisten. Die Entscheidung eines jeden Einzelnen ist heute, in der die Zeit schneller und schneller läuft als je zuvor, wichtig für das Gesamtkollektiv. Die Waage der Polarität wieder ins Gleichgewicht zu bringen. Dazu bist auch du aufgerufen.

Die Herausforderung anzunehmen ist unser innerste Pflicht. Die Herausforderung besteht im Zerreißen des Schleiers, der unser Selbst von dem, was wir allgemein üblich als ICH definieren, trennt. Du, so wie du dich siehst, bist nicht du. Du bist ein Teil aus der Quelle. Du hast die Macht, diese Göttlichkeit in dir neu zu entdecken. Du hast das Recht, das Erbe deiner "Mutter" deines „Vaters" anzutreten. Gott, der/die alles ist, der/die alles erschaffen hat, der dich als Teil seiner/ihrer selbst auf diesen Planeten lebt, damit du erfahren darfst, was SEIN bedeutet. Dieser Gott, diese Göttin sind die Quelle selbst. Sie sind dein wahrer Vater, deine wahre Mutter. Du darfst hier und heute beginnen, alles zu erfahren und zu erhalten, was deinem Wunsch entspricht und deinem Wachstum förderlich ist.

Vielleicht verursachen diese Aussagen ein unbehagliches Gefühl in dir? Kennst du die eine Szene aus dem Film "Zwischenleben" von und mit Shirley McLean, in der sie mit ausgebreiteten Armen am Strand von Malibu steht und auf Anweisungen Ihres Lehrers "Ich BIN Gott" rufen soll und es schließlich auch tut? Hat dir allein der Gedanke an diesen Ausruf Unbehagen bereitet, so wie ihr? Dann mache es nach. Stell dich dieser inneren Angst. Überwinde sie. Wo deine Angst ist, ist dein Weg. Stell dich einfach gerade hin, breite deine Arme rechts und links vom Körper aus, strecke sie dem Himmel entgegen und rufe laut "ICH BIN GOTT" oder „ICH BIN DIE GÖTTIN!"

Nun, wenn dir dies unheimlich ist oder gar blasphemisch erschient, dann warst du vielleicht Zeuge oder Mitbeteiligter vor ca. 2.000 Jahren als ein Mann gekreuzigt wurde, der angeblich behauptete! "Ich bin der Sohn Gottes, mein Reich ist nicht von dieser Welt!" Oder du hast vielleicht ähnliche Situationen selbst erfahren und erlebt. Doch er, unser größter Lehrer, der uns zeigte, wozu der Mensch fähig ist sagte immer wieder - "Ich und der Vater sind eins!" - "Alles was ich je vollbracht habe, werdet auch ihr können und noch mehr!" Du hast vielleicht auch erfahren, dass diese "Überheblichkeit" zu einem gewaltsamen Tode führt und vielleicht beschlossen, dass es ziemlich ungesund ist, so zu denken.

In diesem Falle gilt es deinem Unterbewusstsein klar zu machen, dass es dich durch diesen Glaubenssatz zum unbewussten Opfer einer karmischen Entscheidung macht. Dein innerstes Bewusstsein weiß doch ganz genau, dass du ein Teil der Quelle bist. So läuft ständig ein innerer Glaubenskonflikt ab. Auf der einen Seite hast du das absolute Wissen, dass du ein Teil der Quelle bist. Doch dein Unterbewusstsein hält dir immer wieder die alten Erfahrungen vor Augen, dass dieses Wissen den Tod bedeutet. Es will dich vor dieser erneuten Erfahrung beschützen. Jesus wurde ermordet, weil er als Gefahr für ein Machtregime betrachtet wurde, nicht wegen seiner angeblichen Blasphemie. Er war eine Gefahr für alle Unterdrücker seiner Zeit, weil er absolute

Freiheit verkündete und vorlebte. Nur durch seinen Tod konnte den Anhängern, durch die Machthaber klar gemacht werden, dass seine Lehre keine Chance hat. Davon, wie seine Lehre sodann verfälscht wurde, werden wir an anderer Stelle reden. (Tatort Jesus – Mein Neues Evangelium. Januar 2009 im Smaragd-Verlag)

Du erkennst vielleicht, welchen tiefen Mechanismen dein Denken und Handeln entspringt. Alle handeln unbewusst und automatisch, wenn sie die Zusammenhänge nicht erkennen. Sprich mit deinem Unterbewusstsein liebevoll wie mit einem Kind. Bedanke dich für seine Sorge und dem guten Willen, dich vor bösen Erfahrungen schützen zu wollen. Erkläre ihm aber auch, dass die Zeiten sich geändert haben.

Heute wird zum Glück niemand mehr ans Kreuz geschlagen oder auf den Scheiterhaufen gestellt, nur weil er/sie die eigene innere Wahrheit ausspricht und sich selbst als Teil Gottes erkennt. Es kann dir allenfalls passieren, dass etliche Unwissende dich als Spinner abstempeln. Doch da stehst du hoffentlich drüber.

Lass dein Unterbewusstsein nicht über dein göttliches Selbst dominieren. Erkenne an, dass es dich nur vor den Gefahren seiner vielen Erfahrungen beschützen will, aber keinerlei Möglichkeiten der Beurteilung einer Situation hat. Es reiht Erfahrung an Erfahrung, wie auf einer Perlenkette, aneinander. In ähnlichen Situationen zeigt es dir die jeweils zum ähnlichen Geschehnis gehörende Perle, selbst dann, wenn diese uralt ist und schlussfolgert, dass es immer so sein wird. Erkläre deinem Unterbewusstsein, dass du aufgewacht bist und ein Mitspracherecht hast. Beweise ihm, dass deine Entscheidungen die Freiheit bedeuten. Lass dich nicht von Glaubenssätzen leben.

Du selbst hast dein Unterbewusstsein erschaffen. Es ist ein nützliches Glied in der Kette deiner Teilpersönlichkeiten. Es hält dir sämtliche Reizüberflutung vom Leib und führt dich oft sicher durch manche Situation in deinem Leben. Doch es hat eben auch den negativ programmierten Teil aller jemals gemachten Erfahrungen in sich. Dein Unterbewusstsein und dein Unbewusstes entstanden aus deinem göttlichen Denken. Hier sind alle deine jemals gedachten Gedanken, Entscheidungen, Schmerzen und Freuden, einfach alles, was du und alle deinen anderen Seelenanteile bis jetzt in der polaren Welt erlebt haben, gespeichert. Es ist dein Geschöpf. Es ist die Summe aller jemals gemachten Stunden und Minuten deines physischen Seins. DU warst immer existent und wirst immer existieren, doch dein Unterbewusstsein, das an deine Inkarnationen gebunden ist, war und ist ein nützliches Geschöpf. Es ist da um dir zu dienen. Es weiß alles und kann alles, doch es weiß niemals, was gerade heute richtig ist. Es kann weder bewerten noch beurteilen, noch für dich handeln oder entscheiden. Du solltest es reinigen und befreien von überholten Glaubenssätzen. Es wird Zeit, dein Unterbewusstsein zu entrümpeln. Ein reines Unterbewusstsein ist dein bester Gefährte. Darum wird es Zeit, die alten Glaubenssätze durch neue zu ersetzen.

Erkenne, wo du jetzt gerade stehst, und wo du hingelangen willst. Setze dir ein Ziel. Ohne Ziel können weder dein Unterbewusstsein noch deine geistigen Gefährten dich jemals auf deinen selbst erwählten Weg führen. Viele Menschen leben nach dem Motto: ich will irgendwo hin, ich weiß zwar nicht wohin, aber ich will ans Ziel. Wo ist dein Ziel?

So machen sie sich auf irgendeinen angebotenen Weg, besuchen dies Seminar, lesen jenes Buch und werden immer verwirrter. Wenn du dich in einer fremden Stadt in ein Taxi setzt, musst du dem Fahrer dein Ziel zu nennen. Nur wenn du ihm ein Ziel nennst, kann er dich an den von dir gewünschten Ort bringen, ansonsten müsste er dich stundenlang in der Stadt herumfahren. Du würdest niemals ankommen, Oder: er würde dich nach einer Weile genervt irgendwo absetzen. Dieser Vergleich lässt sich sehr gut auf unser gesamtes Leben übertragen. Du musst wissen, wo du stehst und du musst dein Ziel kennen, um es zu erreichen. Erst dann kannst du dich auf den Weg - der ja bekanntlich das Ziel sein soll - machen. Ausgerechnet hier wissen leider viele Menschen nicht, wohin sie wollen. Erkenne deinen Standpunkt, deinen Ist-Zustand: Überlege dir: Wo stehe ich? Wohin will ich? Dann mache dir deinen Plan und starte: nach vorn in Richtung Ziel. Dein Ziel sollte in erster Linie sein, die Verantwortung für dich selbst und alles was in deinem Leben ist zu übernehmen, anstatt als Marionette deiner Glaubenssätze durch dein Unbewusstes gelebt und manipuliert zu werden.

Beginne damit, alles in Frage zu stellen, was Mama, Papa, dein Partner, ich und die ganze Welt für richtig halten. Es gibt für dich nur deine Wahrheit. Frage dich jedes Mal, ob die Wahrheit, die allgemeingültig angepriesen wird, auch deine wirkliche Wahrheit ist. Deine lichtvollen Helfer werden dich gern auf diesem autonomen Weg unterstützen und dir jede Hilfe gewähren, derer du bedarfst, wenn du nur darum bittest. Beginne damit, dass du abends vor dem Einschlafen noch einmal den vergangenen Tag vor deinem inneren Auge Revue passieren lässt. Prüfe, wie du in Entscheidungssituationen reagiert hast. Hast du z.B. die zweite Tasse Kaffee nicht getrunken, weil du gelernt hast, dass man dann nicht einschlafen kann? Hast du es jemals selbst ausprobiert?

Erkenne ganz einfach deine Automatismen und bereits am nächsten Tag wirst du deinen Tagesablauf schon ein klein wenig wacher gestalten. Selbst, wenn du diesen

Geisteszustand anfangs nur für Sekundenbruchteile aufrechterhalten kannst, bist du schon einen großen Schritt weitergekommen. Jeder Schritt, und sei er noch so klein, führt dich unweigerlich an dein Ziel.

Liebe dich selbst für deine Erfolge und verzeihe dir deine Misserfolge. Diese Misserfolge sind zum Lernen da. Wir lernen nun mal lange Zeit ausschließlich aus unseren Fehlern. Das ist nicht schlimm. Ein Fehler zeigt dir lediglich, dass noch etwas fehlt. Ein erkannter Fehler oder Misserfolg zeigt dir lediglich, dass der Erfolg direkt vor deiner Tür steht und bereits anklopft. Du benötigst für diese Übung vielleicht fünf Minuten täglich. Wenn du sie regelmäßig durchführst, wirst du immer mehr in der Lage sein, dein Verhalten zu kontrollieren. Du wirst mit der Zeit immer Selbst-Bewusster handeln, denken und fühlen. Dies bedeutet, die Verantwortung für sich selbst zu übernehmen. Zugegebenermaßen ist das nicht unbedingt ein bequemer Weg. Doch wenn dein Unterbewusstsein erkennt, dass seine Befürchtungen nicht eintreffen, wenn du immer mehr für dich selbst entscheidest, kann es seine Verantwortung für dein Denken und Handeln an dich abgeben.

Erst dann kann es für dich der Partner werden, der dir die Erfüllung jeden Wunsches garantiert. Dann seid ihr - du und dein Unterbewusstsein - anderen gegenüber tatsächlich in der Mehrheit um diesen abgenutzten Spruch heran zu ziehen. Wenn du aus vollem Herzen und ohne Angstgefühle zu dir selbst sagen kannst: "Ich bin Gott", „Ich bin die Göttin" oder "Ich bin Teil der Quelle, Teil des großen Ganzen", dann endlich kannst du beginnen, dich selbst so zu lieben, wie du bist und den Überfluss des Universums in deinem Leben in Empfang nehmen. Dann erkennst du, dass du so, wie du jetzt bist, vollkommen bist. Du bist für deinen Entwicklungsstand absolut vollkommen. Diese Gewissheit wird dein gesamtes zukünftiges Leben in ein göttliches Leben verwandeln. Sie wird dein innerstes Selbst, deine Seele, immer mehr in dein Leben integrieren. Du wirst EINS mit allem WAS IST.

Erst dann, wenn du dich selbst so lieben kannst, wie du bist, wenn du die Quelle in dir gefunden hast, kannst du das Gebot "Liebe deinen Nächsten wie dich selbst." erfüllen. Damit gab die Quelle, dir den Auftrag, zuerst dich selbst zu lieben, in einer Welt, in der kaum Liebe zu sein scheint. Wenn du lernst dich zu lieben, wirst du die Quelle als Teil deiner Selbst in deinem Nächsten erkennen und lieben können. Je mehr du selbst dich lieben kannst, desto weniger bist du auf die abhängige Liebe anderer Menschen angewiesen. Du wirst dich nie wieder selbst verleugnen. Du brauchst dem Anderen nichts mehr recht zu machen um geliebt zu werden, Dann erkennt ein jeder, dass deine Liebe, die du zu verschenken hast, rein und ohne Forderungen, ohne Bewertung ist. Dein Nächster wird sich mit dir wohl fühlen, weil du ihn so akzeptierst, , wie er ist. Denn du hast den Gottesfunken auch in ihm erkannt. Du wirst nicht mehr in alte Rollenspiele zurückfallen, dem Anderen einen Gefallen tun, damit er dich gern hat. Dieses Helfersyndrom, diese abhängige Form der Liebe wird für dich keine Gültigkeit mehr haben. Alles Elend auf dieser Erde hat ein Ende, wenn ein jeder sich selbst aufrichtig lieben gelernt hat.

Wie ich zu Beginn sagte, ist jeder, der mit sich selbst beginnt, aktiver Teil der Anhebung des kollektiven Bewusstseins. Erkenne, dass du dein Leben selbst in die Hand nehmen musst, dass deine Eltern, deine Freunde oder dein Partner dich niemals mehr lieben können, als du dich selbst liebst. Die Entscheidungen der meisten Menschen resultieren immer noch daraus, dass sie unbewusst um Mamas und Papas Liebe betteln. Doch wir sind nicht mehr die hilflosen Babys, deren Überleben von Mamas Liebe abhängig ist. Dieses Baby lebt allerdings unbemerkt noch in vielen und steuert das Liebesleben der meisten Menschen. Das Wichtigste in deinem Leben ist: Liebe dich!

Du bist ein vollkommener Ausdruck deiner eigenen Schöpferkraft. Alles, was du bist und erlebst, hast du irgendwann einmal gedacht und erschaffen. Und wenn du alles um dich herum geschaffen hast, dann musst du es auch anerkennen. Ganz gleich, ob es dir heute noch gefällt oder nicht. Deine Gedanken haben sich auf vollkommene Art und Weise materialisiert. Wenn du das Erschaffen der Materie bereits so perfekt beherrscht, kannst du es von heute an bewusster steuern.

Du kannst dir theoretisch innerhalb der nächsten vier Wochen ein perfektes, paradiesisches Umfeld kreieren, wenn du ab sofort beginnst nur noch das Beste für dich zu denken und zu fordern. Wenn du ab sofort damit beginnst, die positive Seite der Dinge zu erforschen und dich darauf zu konzentrieren, wird es dir bald unmöglich sein, im negativen Denkmuster zu verharren. Setze jedem negativen Gedanken einen positiven Begriff entgegen. Das hat mit dem üblichen positiven Denken nichts zu tun. Wenn du bei jedem negativen Gedanken einen positiven Gegenaspekt setzt, dann hat Negativität keinen Raum mehr in deiner Welt. Du musst noch nicht einmal daran glauben. Das Ende der Polarität steht vor der Türe. Beginnen wir bewusst mit dem Umdenken, damit wir nicht überrascht werden von einem negativen Wandel in der Welt, den im Grunde keiner will. Wie einst ein kluger Mann sagte: Der Erleuchtung ist es egal wie du sie erlangst.

Wir werden im neuen Jahrtausend die Erleuchtung erlangen. So oder So. Ob mit oder ohne körperlicher und seelischer Qual liegt in unserer ureigenen Entscheidung. Der vorhergesagte Polsprung, der nichts anderes bedeutet als die Beendigung des Polaritätsdenkens steht vor der Tür. Dieser Polsprung bedeutet keine große Katastrophe. Wir können ihm im Geistigen und mit Bewusstheit entgegentreten. Bist du bereit?

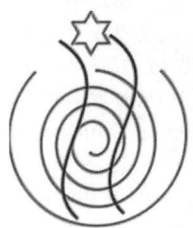

Eine segensreiche Realität in Selbstverantwortung

Alles, was dir in deinem Leben begegnet, hast du irgendwann in deinen Gedanken erschaffen und damit in dein Leben gebracht. Es sind jedoch meist die unbewussten und negativen Gedanken, die unsere Zukunft gestalten. Deine Gegenwart ist - so, wie sie ist - ein Geschöpf dessen, was du einmal erwartet und gedacht hast. Es hat also keinen Sinn zu jammern, dass irgendein Mensch dir dies oder das antut oder irgendein Gott dich mit einem schrecklichen Schicksal schlägt. Der kann am wenigstens für deine Entscheidungen und deren Resultate. Die göttliche Schöpferkraft hält sich nur an die Vereinbarung, dass sie niemals in deinen freien Willen eingreifen wird. Kein Mensch könnte dir irgendetwas antun, wenn du ihn nicht irgendwann in deinen Gedanken darum gebeten hättest.

Die Tragweite dessen, was oben geschrieben steht ist vielleicht für manche meiner Leser erschreckend oder scheint an den Haaren herbeigezogen. Doch ändert es nichts an der Tatsache, dass sie wahr ist. Jeder ist für alles, was er erlebt und erfährt der eigene Schöpfer und selbst verantwortlich. Das alles haben wir in etlichen Büchern bereits mehr oder weniger oft gelesen und sind dann wieder in den normalen Alltagstrott verfallen. Oft wusstest du vielleicht nicht, was du mit dieser Aussage anfangen sollst. Ich möchte dich aber jetzt einladen, bevor du weiter liest, einmal ganz intensiv über diese Tatsache nachzudenken. Nur so wird es möglich, diesen Kreislauf, das Unerwünschte zu erschaffen, zu durchbrechen. Vielleicht wird ist es dir möglich, deine Zukunft so zu gestalten, dass du ein glückliches und gottgleiches Leben bereits auf dieser Erde führen kannst. Nun lege dieses Buch beiseite und führe zuerst diese Visualisierung zum Einklang von Verstand, Seele und Unterbewusstsein durch, wenn du magst.

Visualisierung Einklang: Intellekt, Unterbewusstsein und Seele.

Anleitung: Am besten lässt du dich von einem Menschen deines Vertrauens bei der Visualisierung begleiten. Lege Entspannungsmusik auf und lass dich mit sanfter Stimme leiten. Gib ein Handzeichen, wenn du einen Punkt erreicht hast, an dem du weiter zu gehen bereit bist. Du kannst diese Übung allerdings auch selbst auf Kassette sprechen.

Setze dich ganz entspannt zurück oder lege dich auf den Boden. Mache es dir so bequem wie irgend möglich, entspanne deinen Geist und deinen Körper. Wenn du möchtest, nimm eine Entspannungsanleitung und dann lasse dir genügend Zeit für die fol-

gende Übung: Schließe deine Augen und atme ruhig und gleichmäßig in deinen Unterbauch. Spüre, wie dein Atem dich trägt. Spüre: Es atmet dich. Du wirst immer ruhiger und entspannter. Alles, was dich belastet, fällt von dir ab. Du bist innerlich ganz ruhig und leer. Ein friedliches Gefühl erfüllt deinen Geist, deine Seele und deinen Körper. Erlaube dir, diesen Frieden, diese Ruhe in dir selbst zu finden und zu spüren.

Begib dich in deiner Vorstellung an einen Ort, an dem du dich wohl fühlst. Der wunderschöne Ort, der dir als erstes in den Sinn kommt und dir gefällt, das wird der richtige Ort für dich sein. Öffne deine inneren Augen und schau dich um. Schau dir deine Umgebung ganz genau an. Wo bist du? Vielleicht liegst du auf einer wunderschönen Wiese, oder du liegst im weichen Sand am Strand des Meeres, oder vielleicht liegst du auch einfach nur auf dem Boden deines Zimmers. Egal, wo du bist. Es ist richtig. Alles ist richtig und gut. Nimm dankbar das erste Bild, das dein Unterbewusstsein dir reicht.

Jetzt konzentriere deine Aufmerksamkeit auf die Geräusche um dich herum. Lausche dem Rauschen der Wellen, dem Gezwitscher der Vögel, dem Summen der Bienen, der Musik im Hintergrund oder der Stille, die dich einhüllt. Es ist egal, was du hörst. Alles, was du hörst, ist gut und wenn du gar nichts hörst, dann ist das auch gut. Nimm es, wie es dir geschenkt wird und genieße diese Geschenke. Freue dich an all dem Wunderbaren, was du hörst, siehst und empfindest. Fühle, wie du ruhiger und entspannter wirst deiner selbst gewählten Umgebung.

Jetzt schaue in die Ferne. Sieh, ganz weit entfernt kommen drei Gestalten auf dich zu. Du kannst sie noch nicht erkennen, denn sie sind ganz klein ganz weit entfernt. Schau ihnen entgegen. Sie kommen direkt auf deinen Platz zu und kommen näher und näher. Sie kommen noch näher. Jetzt sind sie so nahe, dass du bereits schemenhaft ihre Gesichter erkennen kannst. Doch was ist das? Alle drei tragen dein eigenes Gesicht. Du siehst in deine eigenen Gesichtszüge. Du schaust ihnen jetzt gespannter entgegen. Hast du dich geirrt? Nun stehen alle drei direkt vor dir und schauen auf dich hinab. Nein. Du hast dich nicht geirrt. Alle drei sehen gleich aus. Sie schauen dich an aus deinen eigenen Augen. Es sind drei identische Kopien von dir selbst. Du schaust sie fragend an.

Ich bin dein Intellekt, sagt das erste Wesen

Ich bin dein Unterbewusstsein, meldet sich das zweite

Ich bin deine Seele, erklärt das dritte Wesen

Schaue sie dir genau an und du erkennst, dass da doch einige kleine aber gravierende Unterschiede sind im Ausdruck des Gesichtes, der Haltung und der Ausstrahlung. Schau ihnen in die Augen. Welchen Gesichtsausdruck haben sie? Sind sie glücklich? Oder ist eines von ihnen traurig, eingeschüchtert, überheblich arrogant, verletzt, oder was auch immer? Wie auch immer sie aussehen, schaue sie dir ganz genau an. Begrüße sie in deinem Leben und rede mit ihnen. Du erkennst vielleicht, dass deine Seele traurig ist?

Frage deine Seele, warum sie traurig ist. Höre genau hin. Was erzählt sie dir? Vielleicht ist sie schüchtern? Dann lächle sie liebevoll an und sag ihr, dass sie dir vertrauen darf. Du selbst hast sie gerufen, weil du ihr und damit dir selbst helfen willst, ein wichtiger Teil deines Lebens zu werden. Lass ihr Zeit. Du hast sie so lange vernachlässigt, sie nicht gehört. Sie wird dir jetzt alles erklären, was sie bedrückt und wonach sie sich sehnt. Was erzählt dir deine Seele? (Wenn du diese Übung auf Band sprichst, oder dich von einem Freund begleiten lässt, dann lass dir hier ca. 5 Minuten Zeit)

Jetzt bedanke dich bei deiner Seele für ihre Offenheit und ihr Vertrauen und frage sie, wie du ihr helfen kannst. Was hat sie vermisst in deinem bisherigen Leben, in bestimmten Lebenssituationen? (Wieder 5 Minuten - Frage und Antwort)

Wiederhole diesen Vorgang dann mit deinem Intellekt und deinem Unterbewusstsein. Gib allen dreien die gleiche Zeit.

Jetzt nimm du dir deine Zeit. Erzähle den dreien von deinem Leben. Sag ihnen, wie du dich fühlst. Welche Entscheidungen und Gedankengänge - durch welchen Anteil auch immer beeinflusst - haben dich dahin gebracht, wo du heute stehst? Welche Entscheidungen in der Vergangenheit haben all das Schmerzliche aber auch die freudigen Ereignisse in die Gegenwart gebracht.

Frage sie, wer an welcher Entscheidung maßgeblich beteiligt war. Lasse dir helfen. Sie sind gekommen, um mit dir und untereinander Frieden zu schließen. Lass dir und euch soviel Zeit, wie ihr benötigt.

Bedanke dich bei allen dreien. Jetzt setzt euch zusammen in einen Kreis. Unterhalte dich mit deinen Persönlichkeitsanteilen. Versucht gemeinsam eine Lösung zu finden. Wie könnt ihr in Zukunft miteinander harmonieren, so dass jeder seinen Anteil beisteuern kann. Beratschlagt, wie es möglich werden kann, eine glückliche und harmonische Zukunft euch allen zu gestalten.

Vielleicht benötigt deine Seele etwas mehr Freiraum, etwas mehr Entscheidungsmöglichkeiten? Ist dein Verstand damit einverstanden, oder hat er Problem damit? Findet Kompromisse, so dass jeder Teil seine Energie bekommt. Lass dir soviel Zeit, wie du benötigst.

Jetzt, wenn ihr euer Gespräch beendet habt, schau noch einmal in ihre Gesichter. Wie sehen sie jetzt aus? Hat sich etwas geändert? Sind die Züge weicher, entspannter, liebevoller?

Was empfindest du für diese drei, die ja ein Teil deiner Selbst sind? Fühlst du dich schuldig, weil du den einen oder anderen vernachlässigt hast? Dann sprich über deine Sorgen mit ihnen. Verzeiht euch selbst und gegenseitig und kommt zu der Übereinstimmung, euch von heute an gegenseitig zu respektieren, zu lieben und nur noch Gedanken zum Allgemeinwohl der Persönlichkeit für ein besseres und schöneres Leben zu hegen.

Jetzt, wenn ihr euch ausgesöhnt habt, reicht einander die Hände und nehmt Abschied voneinander. Lass deine neuen Freunde wieder gehen. Verabredet miteinander, dass ihr euch jetzt öfter an diesem Ort begegnen werdet und dass ihr eine Demokratie in Harmonie miteinander leben wollt. Verabschiedet euch und schau ihnen nach, bis sie in der Ferne wieder verschwinden. Vielleicht gehen sie nun Arm in Arm oder Hand in Hand davon? Sind auch sie untereinander Freunde geworden? Bleib noch einen Moment allein liegen und genieße die innere Ruhe, die du jetzt empfindest. Erkenne, dass du jetzt in eine schöne Zukunft gehst. Du erschaffst dir mit Hilfe deiner neuen inneren Verbündeten eine wundervolle, gottgleiche Zukunft.

Wenn du es möchtest, und wenn du soweit bist, dann kehre zurück in die Gegenwart. Strecke deine Glieder, beuge die Arme und öffne langsam deine Augen. Lass dir die Zeit, die du brauchst, um wieder ganz wach und entspannt hier zu sein.

Diese Übung kann dir helfen zu erkennen, wann und unter wessen Einfluss deiner Persönlichkeit du Entscheidungen getroffen hast, die sich jetzt in der Gegenwart manifestieren. Mache diese Übung immer dann, wenn du vor einem Problem oder einer Neuentscheidung stehst, oder einfach nur um innigeren Kontakt mit deinen Persönlichkeitsanteilen zu bekommen. Du erkennst schon bald, dass du nicht deinen Partner, deine Mutter, Vater oder wen auch immer für das verantwortlich machen kannst, was jetzt mit dir und in deinem Leben geschieht. Du selbst hast deine Gegenwart gestaltet. Mit Hilfe deiner Persönlichkeitsanteile hast du gelebt, entschieden und gewählt. Wem gabst du bisher das Kommando? War es dein Ego? Du darfst jeden Tag neu entscheiden, wer dich beeinflussen darf. So wird auch klar und deutlich, wie sehr du die alleinige Verantwortung dafür trägst, was in deiner Zukunft mit dir und in deinem Leben geschieht. Stehe zu deiner Verantwortung dir selbst gegenüber.

Erwarte ab sofort nur noch das Beste. Denke nur noch positive Gedanken. Setze jedem negativen Gedanken sofort einen positiven Gedanken entgegen. Du musst nicht einmal daran glauben. Du musst dir deiner eigenen Negativität, deiner eigenen negativen Denkweise bewusst werden. Ich rede niemals vom angepriesenen positiven Denken. Das funktioniert aus unterschiedlichen Gründen meist nicht. Der Mensch erlebt, was er den ganzen Tag lang denkt. Erkenne, du erschaffst dir Himmel oder Hölle und zwar hier auf der Erde. Der Himmel ist ebenso in dir wie die Hölle. Warum entscheidest du dich nicht jeden Tag für das, was angenehmer ist? Wir lernen aus unseren Erfahrungen. Wenn du jede Erfahrung deines täglichen Lebens dahingehend überprüfst, warum du die jeweilige Situation angezogen hat und was du daraus zu lernen hast, wirst du niemals wieder Andere für deine Erfahrungen verantwortlich machen. Darum prüfe dich, ob du aus dem bequemen Elend aussteigen willst. Selbstverantwortung zu übernehmen ist alle andere als bequem.

Sage jetzt nicht spontan ja. Überlege dir die Konsequenzen. Niemals wieder sagen zu können: "Du bist schuld, oder die Umstände sind schuld, dass es mir so schlecht geht!" Willst du das wirklich und tatsächlich lernen? Wenn du dich jedoch zu einem klaren Ja entschieden hast, dann beginne sofort damit, dein Vorhaben in die Tat umzusetzen. Beginne jetzt – hier und heute - damit, absolut ehrlich zu dir selbst zu sein. Achte in jeder Situation auf deine innersten Gefühle. Frage dich in jeder Situation, bevor du Schuldzuweisungen verteilst, "Was stört mich? Was löst es in mir aus? Warum bin ich betroffen?" Es wird Zeit zu erkennen, dass die Außenwelt dir in jeder Situation dich selbst spiegelt. Du wirst immer mit deinem eigenen Schatten konfrontiert, egal was du erlebst. Wenn keine Spiegelung stattfindet, bist du nicht betroffen. Dann bist du aber auch energetisch nicht mehr am alten Ort. Denn nur im Spiegel des Anderen kannst du dich selbst kennen lernen. So wird sich früher oder später mit zunehmender Entwicklung langsam dein Umfeld ändern, denn den selbstgewählter Auftrag ist: Lernen.

Auf diesem Planeten, ebenso wie im gesamten physikalischen Universum, gilt das kosmische Gesetz der Resonanz. Dieses Gesetz besagt, dass Gleiches, Gleiches anzieht. Wir können also das Umfeld, das uns verletzt und stört ganz schell ändern, indem wir unsere eigene Schwingung anheben. Schwingst du höher, als deine alte Umgebung, wirst du automatisch eine neue Umgebung, mit verfeinerter Schwingung zu dir heranziehen. Dies ist die Aussage eines der sieben universellen Gesetze. Das bedeutet also auch, dass du immer bewusster dein Leben leben wirst. Wenn du verletzt bist, weil dein Partner sich nicht so verhält, wie du es erwartest, dann frage dich: "Wieso kann er/sie mich so schlecht behandeln, dass ich so betroffen reagiere? Wo behandle ich mich selbst so schlecht, dass die Außenwelt es mir so dramatisch widerspiegelt?"

Nur das, was du selbst dir bewusst oder unbewusst antust, wird auch dein Partner oder ein anderer Mensch dir antun können. Bei deinem Gegenüber fällt es dir jedoch schneller auf. Darum hat dein Gegenüber sich auf höheren Ebenen bereit erklärt, dich auf dein Fehlverhalten - dir selbst gegenüber - hinzuweisen.

So wie jedes Gegenüber, meist besonders stark der Lebenspartner, der beste Spiegel für dich ist, so bist du es für jeden Menschen, der in dein Leben tritt. Du solltest also deinem Gegen-über eher dankbar sein für die Hinweise, was du selbst dir antust, anstatt dich auf einen Streit einzulassen, wer jetzt wen zuerst und am tiefsten verletzt oder beleidigt hat.

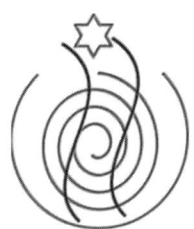

Partnerschaft und Beziehungen: Spiegelung und Lernchance

Wenn du dir aus tiefstem Herzen wünscht, dass dein Partner dir seine Liebe mehr zeigt als bisher, dann hast du zwei Möglichkeiten:

Du kannst Forderungen stellen, doch dein Partner wird sie wahrscheinlich nicht erfüllen. Das Ergebnis wird sein: Streit und vielleicht irgendwann letztlich die Trennung. Dies ist jedoch oft die schlechtere Lösung, denn du wirst dir wieder einen Partner anziehen, der dich vor die gleiche Situation stellt und dir die gleichen Muster spiegelt, wie der Vorherige. Meistens geschieht dies sogar in verstärkter Form. Vielleicht entscheidest du dann irgendwann enttäuscht, dass Frauen/Männer nun einmal nicht liebesfähig sind, und du beschließt allein zu leben.

Du kannst aber auch die zweite Möglichkeit der Selbstverantwortlichkeit nutzen. Frage dich, wo du dich selbst nicht genügend liebst, bzw. deine Liebe dir selbst gegenüber nicht zum Ausdruck bringst, nicht zeigst. Vielleicht gönnst du dir die gewünschte Kette oder den Urlaub nicht, weil dein Partner ein Auto braucht? Oder du gönnst dir das neue Auto nicht, weil deine Frau so anspruchsvoll ist? Der Wunsch des Anderen ist wichtiger, als dein eigener Wunsch. Der Möglichkeiten gibt es viele. Forsche tief in deiner eigenen Seele, bis du deinen eigenen wunden Punkt gefunden hast.

Wenn du jetzt beschließt, dich ab sofort selbst mehr zu lieben und dir selbst deine Liebe stärker und häufiger zu zeigen als bisher, dann wird automatisch dein Partner dein Verhalten widerspiegeln. Doch es ist ebenso gut möglich, dass dein Partner dich für egoistisch, plötzlich für völlig ausgeflippt hält, weil du etwas für dich selbst tust und ihr trennt euch. Dann wird in jedem Fall dein nächster Partner dir die Liebe entgegenbringen, die du dir wünscht, wenn du nicht in deinen altern Fehler zurückfällst, dem Anderen alles recht machen zu wollen und dich selbst zu vergessen. Hast du einmal eine Situation gelöst, wird sie dir in der gleichen Form nie wieder begegnen. Dieses Karma hast du gemeistert.

Hier habe ich eine große Bitte. Bitte lass keine Missverständnisse in dir entstehen. Diese Aussagen sind kein Freibrief für rücksichtslosen Egoismus, wie so viele esoterische Aussagen leider immer wieder fehlinterpretiert werden. Laufe nicht durch die Welt und propagieren: "Jeder ist für sich selbstverantwortlich, und wie es dir geht, ist dein Karma. Hauptsache mir geht's gut. Du hast selbst Schuld, wenn du nicht bei dir nachschaust," und so weiter. Leider gibt es immer wieder und immer noch so genannte Esoteriker, die ewige Weisheiten auf diese Weise für sich verwenden. Diese

Menschen lieben die Esoterik, weil sie für sie einen Freibrief darstellt. Sie agieren oft nach dem Motto: Wenn ich jemanden in meiner Wut umbringe, dann verzeihe ich mir dafür. Er hat diese Tat mit seinen Gedanken so angezogen. Ich bin lediglich das Opfer seiner Realitätserschaffung. Dies ist zugegebenermaßen ein Extremfall.

Jeder Mensch legt jedes Wissen so aus, wie sein Verständnis dafür ist. Diese Art zu denken, jegliches Mitgefühl für den Nächsten zu vergessen, alles was geschieht einem unbestimmten Karma zuzuschreiben usw. ist, Halbwahrheiten leben und verkünden. Dies hat die Esoterik bei allen Zweiflern in einen großen Verruf gebracht. So ist sie auch wirklich nicht zu verstehen. Esoterik ist ein völlig neutrales inneres Wissen, ewige Weisheit und somit weder gut noch schlecht. Nehmen wir z.B. das Thema Magie. Magie ist völlig neutrales Wirken mit Energien und unsichtbaren Kräften. Zwei Menschen mit unterschiedlicher Geisteshaltung arbeiten mit den gleichen Mitteln und schon haben wir die schwarze und die weiße Magie.

Was kannst du also tun, wenn dich ein anderer Mensch beschuldigt, ihn verletzt zu haben. Denke einfach darüber nach, entschuldige dich für das, was du in ihm ausgelöst hast und finde deine eigene Lösung.

Wenn du erkennst, dass du wirklich zu ungeduldig reagiert hast oder ähnliches, dann sage deinem Gegenüber, dass es dir leid tut. Bitte ihn oder sie dann darüber nachzudenken, wo er/sie vielleicht mit sich selbst zu ungeduldig ist. Erkläre ihm, dass er nur so empfinden kann, weil er es sich selbst antut, dass du der Spiegel seiner inneren Ungeduld bist. Du wirst jedoch darüber nachdenken und dein Verhalten korrigieren.

Der Eine oder Andere wird dich vielleicht für einen Spinner halten. Doch du erkennst, wie fein der Unterschied ist. Das Wichtigste im Zusammenleben mit anderen Menschen ist und wird immer bleiben: Verständnis, Liebe und Mitgefühl. Immer zuerst für dich selbst und dann für deinen Nächsten. Natürlich wirst auch du nicht in jeder Situation über den Dingen stehen können. Lasse dir ganz einfach Zeit und erwarte nicht, dass du perfekt sein musst. Auch hier gilt es üben, üben und noch mal üben.

Klopfe dir immer wieder selbst anerkennend auf die Schulter, wenn du es geschafft hast in einer Situation ruhig zu bleiben und den Überblick zu behalten. Ist es dir einmal nicht gelungen, dann liebe dich für dein spontanes Verhalten, lerne für das nächste Mal aus dem was dir noch gefehlt hat und freue dich daran, dass es dir bereits bewusst wird. Überlege dir, wie du überlegener hättest handeln können.

Wir haben doch alle schon als Kind gelernt, dass wir uns selbst strafen müssen. Aus diesem Kreis darfst du ausbrechen und beim nächsten Mal klappt es dann schon ein bisschen besser. Wenn du mehr und mehr so handelst, wirst du dich auch nicht unbedingt, um beim obigen Beispiel zu bleiben, von deinem Partner trennen wollen oder müssen. Ihr könnt gemeinsam an euch und eurer Verbindung arbeiten. Wenn Ihr euch liebevoll in jeder Situation gegenseitig unterstützt, könnt Ihr sehr viel schneller wachsen als allein. Der Spiegel steht immer vor euch.

Vor 2000 Jahren sagte ein kluger und weiser Mann: "Wo zwei oder drei in meinem Namen versammelt sind, da bin ich mitten unter euch!" Wenn also zwei Menschen in Liebe oder Freundschaft miteinander arbeiten, dann haben sie die Unterstützung des gesamten Universums. Eure Partnerschaft wird reich beschenkt werden. Du weißt, dass dein Partner freiwillig bei dir ist und dir seine Liebe schenkt. Einfach, weil er oder sie es will, dir seine Liebe in Achtung und Gemeinsamkeit schenkt, statt aus Pflichtgefühl bei dir zu bleiben. Diese Gefühle werden nur möglich, wenn ein jeder die Verantwortung für sich, sein Leben, seine Gefühle und Emotionen übernimmt.

Beginne damit, Probleme nicht mehr als Problem zu betrachten. Probleme sind Geschenke des Lebens an dich. Es sind Geschenke deiner liebenden Seele, die dir einen Hinweis gibt, dass sie dich nicht vergessen hat. Es ist der Hinweis darauf, dass sie dich auf deinem Weg begleitet. Deine Seele erinnert dich daran, dass du lernen willst auf deiner Reise, damit du bald wieder heimkehren kannst. Deine Seele möchte dich bald wieder in der Einheit zu Hause haben. Sie hat dich vor langer Zeit mit deiner Aufgabe ausgesandt und du warst fest überzeugt, dass du ganz schnell wieder zuhause bist. Doch wurden viele unterwegs zum Rotkäppchen. Auch du kamst viele Male vom Wege ab, weil du noch dieses oder jenes mit nach Hause nehmen wolltest, was du am Wegesrand sahst. Und genau hier lauerten auch die Gefahren. Im tiefen Wald haben wir uns verirrt und uns immer mehr von uns selbst - von unserem göttlichen Kern - getrennt. Endlich fanden wir mal hin und wieder ein Ziel, doch oft war es zu spät. Und statt der lieben Oma, die unsere Geschenke entgegennehmen konnte, wartete der Wolf, auf dessen Tricks wir wieder und wieder herein fielen.

Unsere Seele jedoch, haben wir lange nicht wieder finden können. Seit dieser Zeit begeben wir uns immer wieder auf den gleichen Weg, in den gleichen Wald, um dieses Mal auf dem Weg zu bleiben, den Rückweg in unsere Liebesfähigkeit und zur Quelle zu finden. Wir kommen zurück auf die Erde, werden dort abgesetzt, wo wir beim letzten Mal aufgehört haben und hoffen, endlich dieses eine und letzte Mal auf geradem Weg um Ziel zu gelangen. Zwischenzeitlich, weil wir nun schon gar zu lange Zeit von zu Hause sind und unsere multidimensionale Seele die gleiche Sehnsucht nach uns hat, wie wir tief innen nach ihr, hat sie an allen Umwegen in diesem großen Wald Hinweisschilder anbringen lassen. Diese Hinweisschilder sind unsere "Probleme". Darum ist jedes Problem, wenn wir es einmal aus dieser Perspektive betrachten, ein wunderbares Geschenk unseres Vaters und unserer Mutter, damit wir lernen können, auf die Hinweise zu achten. Denn Probleme im Leben sind immer Hinweise darauf, dass irgendetwas in unserer Entwicklung nicht stimmt, dass wir auf dem falschen Weg sind.

Die göttliche Urquelle hat uns zwar immer im Auge, denn ihre lichtvollen Helfer sind immer bei uns und erstatten Bericht. Sie wird jedoch niemals in deinen Weg eingreifen. Das ist das universelle Versprechen an uns. Der freie Wille ist heilig.

Wir werden irgendwann freiwillig und an Erfahrungen gereift nach Hause zurückkehren.

Bedanke dich für die Geschenke in deinem Leben. Nimm sie an, arbeite mit ihnen und du wirst es bald erreicht haben, dein glückliches und vollkommenes Leben in Liebe zu lieben und zu leben. Wenn du es dann aus deiner Seele heraus willst, dann kehre zurück nach Hause. Die Anderen, die dir sagten, du seiest schuldig an ihrem Unglück, haben dich immer wieder auf deine kleinen Umwege geführt, ebenso wie du es mit Anderen gemacht hast.

Wenn du erkennst, wie das Spiel gespielt wird, und du für dich beschlossen hast, nicht mehr zu mogeln und das Spiel nach fairen Spielregeln zu beenden, dann ist alles andere zwar nicht leicht aber um vieles einfacher als zuvor.

Realitätserschaffung: Beziehungen und Erwartungen

Erkenne, ob du einen Menschen akzeptierst, weil er sich so verhält, wie du es dir vorstellst, oder magst du ihn oder sie, weil er/sie ist wie er oder sie nun einmal ist. Versuche ebenfalls zu erkennen, welches Bild der Nächste von dir und sich selbst in sich trägt. Denkt vielleicht dein Partner, dass er sich so oder so verhalten muss, weil du es so erwarten könntest, obwohl du eine ganz andere Vorstellung hast? In Beziehungen zu unseren Mitmenschen verlaufen wir uns oft in einem riesigen Irrgarten. Erwache und erschaffe dir deine Realität. SEI, was und wie du wirklich bist. Menschen, die dich so wie du wirklich bist nicht akzeptieren, werden automatisch früher oder später sowieso deinen Kreis verlassen. Das bedeutet, dass du auch bereit sein solltest, diese Menschen loszulassen, wenn du deinen Weg gehen willst. Menschen, die dich wirklich lieben, werden deine Entwicklung - *immer* - unterstützen. Mache dir bewusst, dass Menschen, die dich verlassen, wenn du nicht ihrem Bild entsprichst, kein Verlust und deinem selbst bestimmten Weg nicht förderlich sind. Du willst schließlich nicht als Marionette geliebt werden, sondern als du selbst.

So wie Susanne und Fred. Sie zogen vor einigen Tagen in eine gemeinsame Wohnung. Beide haben den festen Willen, eine schöne, erfüllte Beziehung zu haben, weil ihre Liebe tief ist. Fred liebt seine Samstage im Fitnesscenter. Doch Susanne hat ihn nie begleitet. Fred nimmt daher an, dass Susanne Bodybuilding nicht mag. Er beschließt, sein Training aufzugeben und diese Zeit mit Susanne zu verbringen. So fährt er nun jeden Samstag mit Susanne zum Einkauf oder ins Grüne. Kurz sie unternehmen irgendetwas zusammen. Mit der Zeit jedoch wird er unzufrieden und bemerkt, dass Susanne gar nicht so perfekt ist, wie er anfangs glaubte.

Susanne weiß nicht, was mit Fred los ist. Er geht ihr mehr und mehr auf die Nerven. Sie geht in Verteidigungshaltung. Fred beginnt an ihr herum zu nörgeln und herum zu erziehen. Sie verteidigt sich und beschimpft ihn immer öfter. Eines Tages, es ist gerade wieder Samstag, hat Fred absolut keine Lust mit Susanne etwas zu unternehmen. Ein Wort ergibt das andere und aus nichtigem Anlass explodiert Fred. Er verlässt Türen knallend das Haus. Wo landet er? Natürlich in seinem Fitnessstudio bei seinen alten Freunden. Endlich hat er wieder seine Welt und seine alten Freunde nehmen ihn freudig auf. Fred genießt das Training und fühlt sich pudelwohl. Auf der Heimfahrt überdenkt er sein Verhalten. Er beschließt mit Susanne zu reden, denn er erkennt, dass es so nicht weitergehen kann. Er erkennt, dass er sie wirklich liebt und nicht verlieren will. Doch er will auch sich selbst und seinen Sport nicht verlieren. Er will mit ihr über sein Bedürfnis nach anderen Menschen und seinem Hobby reden, wo er sich einmal wöchentlich so richtig austoben kann. Doch er staunt nicht schlecht. Als er heimkommt, hat Susanne ihre Sachen gepackt und ist aus der Wohnung verschwunden. Seine Stimmung ist dahin und der Katzenjammer packt ihn. Er weiß einfach nicht, was ursprünglich geschehen ist. Wegen einem kleinen Streit kann sie doch die Beziehung nicht einfach hinschmeißen. Er hat doch immer alles für Susanne getan, ja sogar alles für sie aufgegeben. Jetzt war er nur ein einziges Mal beim Training und schon verschwindet sie. Er wird wütend und fühlt sich sehr ungerecht behandelt.

Und Susanne? Sie sitzt bei ihrer Freundin und weint sich die Augen aus dem Kopf. Ihr ist völlig unklar, warum Fred sich so sehr zu seinem "Nachteil" verändert hat. Doch sie kann die Streitigkeiten und die Zurechtweisungen von ihm nicht mehr ertragen. Die Freundin erfährt von Susanne nach langem Zuhören, dass Susanne Fred zwar noch liebt, aber unter den gegebenen Umständen auf keinen Fall zu ihm zurückkehren wird. Da tut die Freundin das einzig Vernünftige. Sie ruft Fred an, fragt ihn ob er Susanne wirklich liebt und als er das beteuert, bittet sie ihn zu einem Gespräch zu dritt. Nachdem Fred und Susanne eine Zeitlang mit Schuldzuweisungen und Vorwürfen verbracht haben, bittet die Freundin Fred zu erzählen, was denn aus seiner Sicht geschehen sei und offen über seine Empfindungen und Gefühle zu reden. Fred beginnt also über seine verdrängten Bedürfnisse und darüber, was er alles für Susanne getan und aufgegeben hat zu erzählen und wie sehr ihn das mehr und mehr belastet hat, weil er sie ja nicht verletzen wollte. Susanne staunt nicht schlecht. Sie wusste gar nicht, dass Fred ihr zuliebe sein Hobby aufgegeben hatte. Sicher zu Anfang war sie ein wenig verwundert, dass er nicht mehr zum Training ging. Doch er hatte nie darüber geredet und sie wollte nicht fragen, weil sie fürchtete er habe sich mit seinen Freunden zerstritten. Sie wollte nicht in seine Privatsphäre eindringen.

Susanne erzählte nun ihrerseits, dass ihr diese Fahrten ins Grüne und die gemeinsamen Unternehmungen jedes Wochenende zuwider sind. Sie ist lediglich mitgefahren um ihn nicht zu verletzen. Sie hätte Fred gern hin und wieder mal zum Training begleitet oder den einen oder anderen Samstagnachmittag mit einer Freundin oder ganz allein verbracht.

Die meisten Missverständnisse in Beziehungen laufen aus genau den gleichen Gründen in ähnlicher Form tagtäglich ab. Jeder meint zu wissen, was der Partner gern möchte und braucht; der Andere braucht aber meist etwas ganz anderes und spielt das Spiel mit, weil er/sie den Partner nicht verletzen möchte. Durch die Unterdrückung der eigenen Wünsche und Bedürfnisse ist das Scheitern einer solchen Beziehung vorprogrammiert. Der Teufelskreis kann durchbrochen werden, wenn jeder Partner dem Anderen offen seine Wünsche und Bedürfnisse vermittelt. Mit echten

Gefühlen und Botschaften finden Menschen immer einen Weg in Harmonie und gegenseitiger Rücksichtnahme im Mit-, statt Gegeneinander zu leben. Nur in einer solchen Beziehung ist es möglich, den Menschen und nicht dessen Rolle zu lieben.

Beginne damit, dich selbst zu lieben. Erkenne, dass du so, wie du bist, vollkommen bist. Du bist vollkommen für deinen heutigen Erkenntnisstand. Alles, was du heute als Wahrheit erkennst, konnte nur geschehen, weil du dich geöffnet hast. Du bist vollkommener Ausdruck der Göttlichkeit. Erkenne all dies auch immer wieder in deinem Nächsten. Verwende die Möglichkeit des positiven Denkens für dich selbst und andere. Sieh dich immer als vollkommen an und übermittle genau dieses gedankliche Bild von dir und deinem Nächsten. Wir unterhalten uns weitaus mehr auf telepathischen Wegen als über Worte. Dann kannst du bereits in einem Monat entscheidende freudige Veränderungen in deinem Umfeld erkennen. Wenn du all diese Dinge, die du bisher für dich persönlich in diesem Buch gefunden hast und für dich als wertvoll annehmen konntest, anwendest, dann wird in kürzester Zeit dein Leben vollkommener und glücklicher verlaufen, wahrscheinlich sogar besser, als du es dir jemals vorgestellt hast. Innerer und äußerer Reichtum kann dein Leben bestimmen.

Die Weisheit, dass wir alle eins sind, findet sich in vielen Büchern und Lehren. Doch erkennen wir, dass es immer wieder Menschen gibt, die wir nur schwer um uns ertragen können, selbst dann nicht, wenn wir die besten Absichten haben und all das anwenden wollen, was wir bisher gelernt haben. Es gibt Sympathien und Antipathien. Der Mensch ist heute einfach noch nicht so weit, in der übergeordneten Liebe zu leben, so dass wir wirklich jeden gleich bedingungslos lieben können. Wir können nur darauf hin arbeiten. Das ist erst möglich, wenn wir in uns selbst alle Schattenbereiche erkannt und bearbeitet haben. Die Realität gestaltet sich oftmals gerade dann scheinbar gegen dich, wenn du damit beginnst, dich auf dich selbst zu besinnen. Es geschieht plötzlich alles Mögliche, das dir scheinbar zeigt, dass die Lehren unrecht haben. Denn etwas zu lesen und als wahr und richtig zu erkennen, ist noch weit davon entfernt, die neu gewonnenen Erkenntnisse auch leben zu können. Auch die geistigen Helfer wissen um die Fallen der so genannten Wirklichkeit. Alle negativen Mächte erscheinen genau dann auf dem Plan, wenn du ausbrechen willst. Deine Gefühle werden verletzt, du erkennst deine mangelnde Kontrolle über deinen Gefühlsbereich, reagierst unangemessen in vielen Situationen und verstrickst dich wieder in neuen Schuldgefühlen, weil du dein Wissen nicht angewandt hast.

Das Wichtigste in diesen Fällen ist, dass du dir immer und immer wieder selbst verzeihst. Es gibt keine Fehler im negativen Sinne. Freue dich und liebe dich dafür, dass du erkennen konntest, wie sehr du dich wieder einmal von deinen Gefühlen, meist handelt es sich um Ersatzgefühle, hast überwältigen lassen. Du bist auf dem besten Weg, du selbst zu sein, wenn du erkennst, dass deine Gefühle der Rebellion nicht zu dir, sondern zu deinem Ego gehören und dir anerzogen sind. Dein universeller, göttlicher Wesenskern, dein Höheres-Selbst, ist göttlich. Es ist immer in und bei dir. Du kannst lernen deine Gefühle zu beherrschen oder besser gesagt zu transformieren. Zunächst einmal löse dich von der Vorstellung, wenn du gelernt hast, Gefühle sind gut und müssen ausgelebt werden. Es ist sicherlich schädlich Gefühle zu unterdrücken, doch sie sind nicht automatisch gut und förderlich nur weil sie da sind.

Ein Gefühl ist zunächst immer neutral. Ob es als gut oder schlecht eingestuft wird, darüber entscheidet dein Denken. Gefühle deines Ego werden meist automatisch als schlecht bewertet, die Gefühle der Seele dagegen als gut, denn sie sind ruhig und ausgeglichen. Das trifft nur insoweit zu, als sie dir weder Schmerz noch Leid bereiten, weil ein neuer Entwicklungsweg beginnt. Diese Pauschalierung stiftet oft mehr Verwirrung als Klarheit. Auch Gefühle deines Ego können gut und nützlich sein. Angst ein Gefühl, das aus dem Ego kommt, kann dein Leben retten. Sie kann dich aber auch lähmen.

Destruktive Gefühle sind immer ein Hilferuf deiner Seele. Wenn du zum Beispiel extrem ängstlich in Gegenwart anderer Menschen bist, dann kann das ein Zeichen sein, dass du Angst vor dem Urteil Gottes oder deines eigenen Hohen Selbst hast. Bist du eifersüchtig auf deinen Partner, so bedeutet das oft, dass du das Gefühl hast, von deinem Hohen Selbst oder der universalen Energie zu wenig zu erhalten, nicht berechtigt zu sein oder dein Hohes-Selbst gar zu verlieren. Mache dir die Gefühlsmaschinerie bewusst.

Bist du dir der Liebe anderer Menschen sicher und das kannst du nur dann sein, wenn du beginnst dich selbst zu lieben, dann weißt du, dass dein Hohes Selbst dich liebt und dich nie verlässt. Dann kannst du auch Dinge und Menschen loslassen. Denn nur das, was du wirklich loslassen kannst, wird bei dir bleiben. Alles, was du krampfhaft festhalten willst, wird dich früher oder später verlassen. Doch du musst dein Hohes Selbst nicht festhalten. Es ist immer untrennbar mit dir und deinem Leben verbunden. Dein Hohes Selbst bist du, und alle "Hohen Selbst-Anteile" sind ebenfalls untrennbar miteinander verbunden. Daraus resultiert, dass wir letztendlich eine Einheit sind. Doch trotz dieser übergeordneten Einheit, stehen wir auf unterschiedlichen Lern- und Entwicklungsstufen.

Das heißt allerdings nicht, dass der Eine besser, höher oder weiter wäre als ein Anderer. Jeder Mensch steht genau an dem Platz, an den er/sie den größten Lernerfolg für das Hohes-Selbst-Kollektiv erreichen kann. So ist ein jeder, mag er in den Augen eines Bewertenden noch so schlecht sein, genau so wie er oder sie ist, für seine Hohe-Selbst-Einheit der einzige Funke, welcher genau diese notwendige Erfahrung in diesem Augenblick einbringen kann. Dieser einzige Funke deines multidimensionalen Selbst bist DU!

Solange du noch nicht gelernt hast, jeden, unabhängig davon, welche Schwingung er aussendet, übergeordnet mit Liebe zu empfangen, solltest du dich nach Möglichkeit nur mit Menschen umgeben, in deren Gegenwart du dich wohl fühlst. Nur das sind die Menschen, die dich augenblicklich fördern, weil sie dich weder behindern noch mit ihrer schweren Schwingung auf ihre Schwingungsebene hinunterziehen können. Eines Tages wirst du gelernt haben, Schwingungen zu neutralisieren, mit Liebe angereichert an den Absender zurückzuleiten und damit das Maß der Liebe auf diesem Planeten zu verstärken.

Doch bis dahin sorge für dich. Sorge dafür, dass du keine negativen Energien auffängst, die nicht zu dir gehören. Du stellst es immer dann fest, wenn ein ungutes Gefühl in Gegenwart eines Anderen dich erreicht. Das sind Momente, die dich blockieren und lähmen können. Wenn du gelernt hast, durchlässig zu werden für die Sendungen anderer, dann kannst du mit jedem Menschen in Kontakt treten und jeden Menschen so annehmen und lassen, wie er ist.

Jeder einzelne trägt die alleinige Verantwortung für sich und seinen Weg in sich, für sein Lernen, sein Leben und seine Entwicklung. Das universelle Gesetz der Resonanz wirkt immer. Du wirst immer wieder genau die Menschen anziehen, die mit deiner Schwingung übereinstimmen und dir deinen Entwicklungsstand offenbaren. Wenn es dir nicht gefällt, was du siehst, dann bedenke, du hast dir deine Realität erschaffen. Nur du bist der einzige Mensch in deinem Leben, der dafür die Verantwortung trägt und sie ändern kann. Wenn du deine Schwingung verfeinerst, weil du die Liebe leben lernst, dann werden dich wahrscheinlich all die Menschen verlassen, die noch auf der alten Stufe weiterlernen wollen.

Du hast dir ein Spiel im Raum-Zeit-Gefüge ausgesucht. Das bedeutet, dass die Veränderung nicht sofort eintritt. Es kann also geschehen, dass du dich bereits weiterentwickelt hast, während zum Beispiel dein Partner noch auf der alten Schwingungsebene weiterlernt. Obwohl ihr miteinander verbunden seid, siehst du vielleicht keinen

Ausweg aus der festgefahrenen Situation. Du weißt nur noch eins: Ihr passt nicht mehr zueinander. Du kannst es jedoch aufgrund äußerer Umstände und Konventionen nicht ändern oder erlaubst es dir nicht, deinen Partner zu verletzen, indem du in Gesprächen deinen Gefühlen Ausdruck verleihst. Du weißt aber auch, dass sich alles fügen wird, denn Gleiches zieht Gleiches an. Vielleicht bist du zu ungeduldig? Vielleicht bist du doch noch nicht so weit wie du glaubst und in einer Phase der normalen spirituellen Arroganz - sie geht vorüber. Vielleicht ist es auch eure Vereinbarung, euch gegenseitig bei euren Lernschritten ein wenig behilflich zu sein. Oder du erwartest in Erinnerung an andere Dimensionen, dass sich hier alles sofort verwirklicht.

Dann hast du noch nicht gelernt, dass hier auf dieser Erde alles ein wenig Zeit benötigt. Ungeduld ist Ausdruck dessen, dass wir noch Erinnerungen haben an eine Zeit, in der jeder Gedanke, jedes Gefühl sich sofort verwirklichte. Jedoch käme das meist in unserem System einer Katastrophe gleich. Erinnere dich der vielen unbewussten Gedanken, die du hegst und arbeite an deiner Ungeduld. Geduld ist eine Tugend, die hier in diesem System von großem Nutzen ist. Im Falle der Ungeduld musst du also nur abwarten, bis sich alles von allein regelt und weiter an dir arbeiten. Nutze die Zeit, dir deinen Spiegel anzuschauen. Entweder dein Partner ändert sich selbst, weil er es so will, so dass eure Verbindung vielleicht dem Ende oder der Erfüllung entgegengeht, oder die Umstände ändern sich. Wenn du die in diesem Kapitel vorgeschlagenen Übungen des Aussendens und Aufrechterhaltens positiver Bilder konsequent durchführst, dann muss sich alles zum Positiven wenden. Deine Intuition und deine lichtvollen Begleiter werden dir immer wieder Lösungsmöglichkeiten anempfehlen.

Achte auf die Hinweise deiner weisen lichtvollen Helfer und handle danach. Wenn du zwar Weisungen erhältst, doch selbst nichts unternimmst, in Erwartung dessen, dass die Zeit alles regelt, dann wird sich kaum etwas verändern. Handle nie nach dem Motto. "Ich leg die Hände in den Schoss und lass den lieben Gott einen guten Mann sein"... sondern immer nach dem Motto ....."Ich helfe mir selbst, dann hilft mir Gott". Du musst immer deinen eigenen Anteil beisteuern, damit etwas geschehen kann.

Bist du vielleicht unzufrieden mit deinem Arbeitsplatz? Sagt dir deine innere Stimme immer und immer wieder, dass du dich umschauen und einen anderen Arbeitsplatz suchen solltest? Hast du es schon einmal ausprobiert, eine Stellung zu finden, die besser zu deiner neuen Energie passt oder sitzt du untätig herum, erledigst unzufrieden deine Arbeit und wartest darauf, dass ein Wunder geschieht? Es reicht meistens aus, deine inneren Hinweise zu befolgen und danach zu handeln. Doch wenn du nicht gleichzeitig aktiv wirst und etwas unternimmst, um deine Situation zu verbessern, dann kannst du nicht erwarten, dass dir die „gebratenen Tauben" von selbst in den

Mund fliegen. Deine lichtvollen Helfer legen sie dir gern in den Schoß, doch mit den Händen zugreifen und hinein beißen, dass musst du selbst erledigen.

Was bedeutet das nun im täglichen Leben? Wenn dir deine Intuition rät, einen bestimmten Weg einzuschlagen, du jedoch noch nicht bereit bist, den ersten Schritt zu wagen, dann kannst du auch nicht erwarten, dass sich für dich etwas Entscheidendes verändert. Die Frucht liegt vor dir, wenn du diesen Weg mit deinen lichtvollen Helfern oder Schutzengeln gehst. Du brauchst nur eines tun: das Alte loslassen und das Neue ergreifen. Die neue Chance wird sich dir bieten, doch sie gelangt niemals von allein in deine Hände. Die besten Ideen und Inspirationen nutzen gar nichts, wenn sie nicht weitergeführt und mit ihnen gearbeitet wird. Bemerkst du, dass ein anderer Mensch oder eine Situation dich lähmt, dann musst du bereit sein, die Nähe dessen, was dieses Gefühl in dir auslöst erst einmal zu meiden. Du bist vielleicht noch nicht so weit, dass du mit Energien spielen kannst. Du hast vielleicht einfach noch nicht gelernt, dichtere Energien durch Liebe zu dir selbst und zu deinem Nächsten auszugleichen. Sie werden dich immer wieder tangieren. Eines Tages hast du diese Lektion gelernt und dann kann jeder Mensch in deiner Nähe in seiner Schwingung verbleiben ohne dich belastend herunter zu ziehen. Du wirst dann, wenn du soweit bist, jedem Menschen helfen können, seine eigene Schwingung zu verfeinern oder auch die positive Seite einer vermeintlich negativen Situation erkennen.

Doch bis zu diesem Zeitpunkt ist es wichtig, dass du dich von belastenden Energiemustern distanzierst. Es ist ein wunderbarer Weg, deine Kräfte und Energien zu erforschen. Wenn du deine eigenen Energien kennen lernst und als deine eigenen identifizierst, dann bist du in der Lage zu unterscheiden. Du erkennst sodann, wenn die fremde Energie eines Anderen dich trifft und auf dich übergreifen will. Du übernimmst nicht mehr die Gefühle anderer Menschen in dem Glauben, es seien die deinen. Du kannst unterscheiden: Dieses Gefühl ist mein eigenes und jenes empfange ich von meinem Gegenüber. Dann kannst du auch entscheiden, ob du dich dieser Energie aussetzt. Du kannst dir ansehen, was sie in dir auslöst oder du kannst dich entziehen. Du kannst an einen anderen Ort gehen, selbst in deinen Gedanken, wenn es sich um Arbeitskollegen oder deinen Partner handelt. Du allein bist dann der Meister, die Meisterin deiner Entscheidungen. Das ist es, was Freiheit in Wahrheit ist.

Mit dem Lebenspartner ist dies ebenso gut möglich, wie mit jedem anderen Menschen. Verlasse den Raum oder die Wohnung. Gehe in die Natur und tanke neue Energie, wenn etwas dich zu erdrücken droht. Oder tue irgendetwas, was dir Spaß macht. Lebst du zum Beispiel mit deinem Partner in ständigem Kleinkrieg, sei es jetzt verbal oder nonverbal - die Form des Krieges spielt keine Rolle - dann sage ihm oder ihr was du fühlst. Dann gehe erst einmal raus aus der Situation in einen anderen Raum oder in die freie Natur oder zu anderen Menschen, die dich aufbauen können. Wenn du dann zurückkommst, habt ihr beide etwas Abstand gewonnen. Er/sie wird irgendwann beginnen, dich zu bewundern, weil du die Situation souverän beherrscht. Die Folge davon wird sein, dass die Streitigkeiten abnehmen. Wenn du bemerkst, dass deine Energie abnimmt, wenn ihr zusammen seid, dann gehe erst einmal in dich und frage dich, was du aus dieser Situation zu lernen hast. Befrage deinen inneren Ratgeber. Frage ihn oder sie, in welchen Situationen du dich selbst so schlecht behandelst, dass es dir im Außen gespiegelt wird. Wenn deine innere Stimme dir jedoch mitteilt, dass eure gemeinsame Zeit abgelaufen ist, dass dein Partner/in vielleicht deinen Weg blockiert und umgekehrt, dass ihr miteinander gelernt habt, was vereinbart war, dann wird es Zeit, dich zu entscheiden ob du gehen willst, oder ob du hier und jetzt beginnen willst, das bereits Erlernte in deine jetzigen Beziehung zu integrieren. Bitte um Hilfe und um das Aufzeigen eines Ausweges.

Vielleicht ist es dir aus bestimmten Gründen nicht möglich deinen Partner zu verlassen, zum Beispiel aus Pflichtgefühl, Angst vor einer ungewissen Zukunft, gemeinsame Ziele, oder Angst vor dem Alleinsein. Wenn ihr euch innerlich bereits sehr weit voneinander gelöst habt, dann ist vielleicht trotz allem die Trennung der bessere Ausweg. In diesem Fall werden deine lichtvollen Helfer dir mit Sicherheit mehrere Lösungswege anbieten. Erhältst du keine Vorschläge dieser Art, dann ist die Zeit noch nicht reif, oder ihr beide seid noch nicht bereit für eine Trennung. Dann habt ihr beide an- und miteinander noch etwas zu lernen. Bitte trotzdem immer wieder um Rat und lerne aus der Situation, die sich dir immer wieder stellt. Prüfe auch, ob du eine Trennung wünscht aus esoterischem Egoismus im Sinne von: "Jeder ist sich selbst der Nächste und verantwortlich für seine Realität, also muss er/sie selbst schauen wo er/sie bleibt." Diese Kälte ist in Esoterikerkreisen leider häufig anzutreffen. Wo die Liebe fehlt, kann Esoterik eine Falle auf dem Weg sein.

Du kannst deinem Partner und dir selbst helfen, indem du in ihm immer den göttlichen Kern siehst und dir immer wieder bewusst machst, dass du auch für deinen Nächsten die Verantwortung trägst. Jesus sagte: "Ein jeder trage des Anderen Last." Diese Wahrheit sagt nur eins: nämlich, dass wir auch für den Nächsten die Verantwortung tragen und ein entsprechendes Verantwortungsbewusstsein in Liebe entwickeln sollen. Dies darf jedoch nicht dahin führen, dass du dich selbst blockierst. Ich weiß, es ist nicht einfach. Auch Jesus wies seine Mutter ab, als sie ihn für sich zu Hause haben und damit von seiner Aufgabe ablenken wollte. Du kannst also deine Beziehung als Übungsplatz betrachten. Wird es für dich möglich, eine solcherart schwierige

Beziehung für beide Seiten fördernd zu gestalten, dann bist du auf deinem Weg als Lichtarbeiter, Wegweiser für die Menschheit zu sein.

Die Beziehung zu Lebensgefährten und Partnern ist und bleibt unser bester und intensivster Übungsplatz.

Wenn der Wunsch nach Trennung nicht unumstößlich, intensiv und sicher aus deinem Inneren aufsteigt, sondern immer noch die Hoffnung auf Besserung der Situation besteht, dann ist eure gemeinsame Zeit noch nicht vorbei. Nimm die Herausforderung an und beginne damit deine Umwelt zuerst in dieser Zweierbeziehung zu gestalten, und zwar: ohne Bewertung und Vorwürfe. Setzt euch miteinander oder jeder für sich selbst mit der Beziehung auseinander. Besucht miteinander Partnerschaftsseminare, Produktiv-Streiten lernen-Seminare (es ist wichtig sich richtig zu streiten) oder Selbstfindungskurse, wenn euch danach ist. Lasst euch von anderen Menschen helfen, wenn ihr eure Beziehung neu gestalten wollt. Andere Menschen mit Herzenswärme sehen meist sehr viel eher, in welchen Stricken ihr euch verfangen habt. Lernt, miteinander über eure echten Gefühle zu sprechen. Fällst du oder fällt dein Partner dann wieder zurück in altes Rollenverhalten, dann weise dich oder ihn liebevoll darauf hin und arbeite weiter an deinem höheren Ziel. Fragt euch, welches Ziel ihr anstrebt und wo ihr euch gegenseitig unterstützen könnt.

Ich weiß, dass meine inneren Ratgeber mich niemals verlassen haben. Meine Fragen wurden immer liebevoll beantwortet. Ebenso wurden mir immer Lösungswege vorgeschlagen. So wird es auch dir geschehen, wenn du dich an deine höhere Führung wendest. Doch wie oft haben wir alle diesen Weg nicht einmal ansatzweise beschritten. Vielleicht liegt hier die Ursache für sehr viel Schmerz in deinem Leben? Wir möchten dir gern helfen, diesen Schmerz in Zukunft zu vermeiden, ein Schmerz, der oftmals daraus resultiert, dass du zwar auf deine innere Stimme, jedoch auf die falsche Stimme reagiert hast.

Lerne, deine inneren Stimmen zu unterscheiden. Hier sind wir nun beim Thema channeln angelangt. Du fragst dich vielleicht, was das alles mit channeln zu tun hat. Meine geistigen Freunde sind Mitautoren dieses Buches. Darum gehe ich davon aus, dass der gesamte Aufbau in Bezug auf das Unterthema seine Richtigkeit hat. Die Entscheidung, niemals wieder in die geistige Welt vorzudringen, resultierend aus der Verfolgung in vergangenen Inkarnationen, schlummert noch in so manchem Unterbewusstsein. Nicht allein der Verstand kann diese Entscheidungen revidieren. Du kamst in diese Welt um Wegweiser für die Menschheit der Wendezeit zu sein und schleppst im Unterbewusstsein deine alten Entscheidungen durch dein Leben. Immer noch glaubt vielleicht dein Unterbewusstsein, dass es dich umbringen wird, wenn du den Kontakt mit der geistigen Welt ausbaust. Du hast vielleicht dein Leben lang deinen inneren Stimmen nicht richtig zugehört, hast sie vielleicht gar nicht wahrnehmen wollen. Wie ist es heute?

Heute ist dein Unterbewusstsein vielleicht ziemlich beleidigt. Wenn du jetzt beschlossen hast, deiner geistigen Führung zu lauschen, dann wird diese Stimme durch dein Unterbewusstsein gefiltert. Du hast es oft enttäuscht, indem du sagtest: "Oh, wenn ich jetzt nur wüsste, was zu tun ist, dann würde ich dies oder jenes tun!" Dein Unterbewusstsein lies die Stimmen durch und du hast sie vielleicht ignoriert. Oder du hast sie befolgt, aber dir dieses oder jene Gute nicht mehr gegönnt. Du hast dein dir selbst gegebenes Versprechen vergessen. Dein Unterbewusstsein ist wie ein trotziges kleines Kind mit starkem Verantwortungsbewusstsein geworden.

Zum Einen hast du oft dein Wort gebrochen und es verletzt. Zum Anderen glaubt es, dass du, wenn du dich zu sehr deinen lichtvollen Helfern öffnest, gefoltert und getötet wirst. Es kann nicht differenzieren. Es handelt emotional und unlogisch. Du hast den Mechanismus sicherlich verstanden. Erkenne es an als dein eigenes inneres Kind, als Teil von dir, den du lieben willst.

Begegne deinem Unterbewusstsein in der Meditation und stelle es dir vor als dein inneres kleines Mädchen oder Jungen. Bringe dich sanft, liebe- und verständnisvoll mit ihm in Verbindung. Behandle es wie ein Kind. Den Trotz eines Kindes kannst du nicht durch weitere Forderungen brechen. Nur mit Liebe und sehr viel Verständnis wird dieses Kind Vertrauen zu dir fassen. Rede mit ihm und erkläre ihm, dass du erkannt hast. Erzähle ihm, was euer gegeneinander arbeiten aus deinem oder besser aus eurem Leben gemacht hat. Lass auch dein inneres Kind dir erzählen, was es fühlt. Rede mit ihm solange, bis das trotzige Gesichtchen sich in ein Lächeln verwandelt.

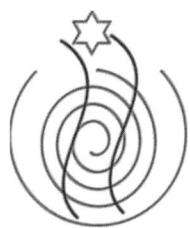

Inniger Kontakt mit deinen lichtvollen Helfern

Weil du und wir alle die Spielregeln nicht immer beherrschen, stehen uns die lichtvollen Helfer in der geistigen Welt bedingungslos zur Verfügung. Sie geben dir die Hilfen, die dir als „Teil des Universums" zustehen. Sie kamen aus der Quelle und aus anderen Universen um uns zur Seite zu stehen und zu helfen, wenn wir darum bitten. Diese unsichtbaren Gefährten lieben uns bedingungslos aus tiefster Seele in dem Wissen, dass wir der Quelle, von denen sie ebenso wie du und ich ein Tel sind, helfen sich selbst und dieses Universum zu erfahren.

Ich will dir hier eine ganz grobe Unterteilung geben, welche Helfer uns zur Seite stehen.

Da sind zum einem die Erzengel und Engel, leider durch die niedlich-kitschigen kleinen Putten, ein unglücklicher Begriff geworden. Engel sind Wesen, die nie in einem irdischen Körper inkarniert waren. Aufgestiegene Meister sind ehemals inkarnierte Seelen, die den Erdenkreislauf erlöst haben. Dazu zählen auch die Kontakte mit Außerirdischen, die auf einer Stufe leben, die wir einst erreichen werden. Spirituelle Begleiter sind sowohl ehemals inkarnierte, zeitweise inkarnierte als auch niemalsinkarnierte Seelen. Dein Schutzengel ist dir für sehr viele Inkarnationen verbunden, wohingegen die spirituellen Begleiter wechseln können. Je nach Bewusstwerdung entwächst dein Begleiter dir und umgekehrt. Channelings werden oft von aufgestiegenen Meistern durchgegeben, die mittlerweile in anderen Universen ihren Schöpfungs- und Aufstiegsprozess fortführen. Sie dienen unserer Dimension als Lehrerinnen und Lehrer. Diese Erklärung soll für den Anfang ausreichend sein.

Deine spirituellen Begleiter haben dir immer schon geholfen, selbst wenn du es nicht bemerkt haben solltest. Deine geistigen Weggefährten sind mit all deinen Inkarnationen verbunden. Sie raten immer zu dem direkten Weg. Sie warten nur darauf, dass du sie darum bittest mit dir in Kontakt zu treten. Sie sind nicht in der Lage zu dir in Kontakt zu treten, wenn du sie nicht einlädst. Warum das so ist? Die Schwingungen der geistigen Welt sind höher und sehr viel feiner als hier in der dichten Materie. Darum können Menschen sie mit den physischen Augen und Sinnen normalerweise nicht wahrnehmen. Allenfalls ein leichtes Frösteln oder Wärmegefühl lässt sie manchmal ahnen, dass noch jemand anwesend ist.

Hier eine Erklärung unserer geistigen Begleiter:

Wir können uns nicht hinunter begeben in die langsam schwingende Materie um dein Bewusstsein zu erhöhen, wenn du es nicht willst. Unser Eingreifen würde deinen eigenen Plan zunichte machen und deinen freien Willen außer Acht lassen. Du bist die einzige Seele, die entscheidet, wie schnell du wachsen möchtest. Unsere Aufgabe besteht darin, dich zu begleiten und nicht darin, dich vorzeitig nach vorn zu stoßen. Außerdem benötigen wir einen "Transformator", der unsere Schwingung in die irdische Atmosphäre integriert und umsetzt. Du musst, um es einmal technisch auszudrücken, zuerst eine Leitung legen, damit der Strom fließen kann. Ist diese Leitung gelegt, können wir jederzeit zu dir in Kontakt treten.

So mancher von euch hat bereits vor Eintritt in den Mutterleib mit uns ein solches Abkommen getroffen, dass der Körper jederzeit als Transformator genutzt werden kann. Aus diesem Grunde sind einige Menschen sehr viel schneller in direkten Kontakt getreten als andere. Wiederum fürchten andere sich und lehnen alles ab, was sie nicht physisch wahrnehmen können. Auch diese Entscheidung respektieren wir. Denn wir haben unendlich viel Zeit, da Zeit in der Quelle nicht zählt.

Viele von euch, liebten ihre unsichtbaren Spielgefährten in der Kindheit. Vielleicht hattest gerade du, die/der du diese Zeilen jetzt liest, eine innige Beziehung zu einem unsichtbaren Freund oder Freundin? Deine Eltern haben dich vielleicht verspottet. Vielleicht haben sie deinen Freund aber auch mit überlegenem Verständnis geduldet. In jedem Fall hast du irgendwann beschlossen, dass es besser ist, nicht mit unsichtbaren Freunden zu spielen und den Schmerz, der mit diesem Verlust verbunden war, hingenommen. Du hast auf jeden Fall bereits in diesem zarten Alter den Kanal oder die Leitung geöffnet, die es uns ermöglicht, jederzeit zu dir in Kontakt zu treten. Nur das hinhören, das hast du in vielen Fällen verlernt.

Wir bitten dich jetzt darum, den Kontakt mit uns wieder ganz bewusst aufzunehmen, wenn du dazu bereit bist. Wir akzeptieren deine Entscheidungen. Jede Entscheidung die du triffst, ist gut. Sie ist eine weitere Stufe in deiner Entwicklung. Du kannst unsere Hilfe in Anspruch nehmen, wann immer du willst und du kannst deinen Weg ohne diese gehen. Du kannst dich für die Treppe entscheiden. Du kannst jedoch ebenso gut den Aufzug benutzen. Du kannst jederzeit den Aufzug verlassen und einige Stufen zu Fuß gehen. Der Rückweg, und sei es der über die Feuerleiter, steht dir immer offen.

Du hast nicht nur jede Chance, nein: du hast das Recht, unsere Hilfen jederzeit in Anspruch zu nehmen. Viele von euch haben ebenfalls zwischen den Inkarnationen als Lehrer der geistigen Welt gearbeitet. Sehr viel mehr Menschen als euch bewusst ist, tun dies auch heute noch während ihren Inkarnationen. Nachts, wenn euer Körper schläft, die Seele in die Heimat zurückkehrt, beginnt für viele von euch die wirklich wichtige Arbeit. Ihr macht euch auf den Weg in die geistigen Sphären um Andere zu lehren, oder ihr dient in der geistigen Welt und lernt selbst eine neue Lektion. Dieser Vorgang ist euch am nächsten Tag oft nicht mehr bewusst.

Doch vielleicht ist es auch dir schon am Morgen so vorgekommen, als hättest du die ganze Nacht schwer gearbeitet? Diejenigen, die nicht dem Wohle Anderer direkt dienen, haben vielleicht an ihrer eigenen Entwicklung gearbeitet. Altes Karma erlöst ihr, indem ihr die euch karmisch verbunden Weggefährten oder bereits Verstorbenen aufsucht und alte Geschichten und Entscheidungen erlöst.

Liebe Schwestern und Brüder, wir sind immer in eurer unmittelbaren Nähe. Wir sind jederzeit für euch da, wenn ihr uns nur ruft. Der Weg ist einfach. Niemand von uns hat je einen Ruf überhört.

Wir lieben euch

Im Einklang mit dir und dem Universum

Hast du in den Zeilen die bedingungslose Liebe der lichtvollen Helfer gespürt? Egal was du tust, egal wie du bist. Sie lieben dich bedingungslos, weil sie Bedingungen nicht kennen. Sie sind immer für dich da. Vertraue auf deine Intuition und auf die Liebe der universellen Quelle. Bitte direkt an der Quelle um die Hilfe, die du auf deinem Lebensweg brauchst. Erinnere dich an das Gleichnis vom verlorenen Sohn.

Der Sohn bat seinen Vater um seinen Erbteil. Der Vater gab es ihm und er zog aus in die Welt um seinen eigenen Weg zu gehen. Irgendwann war sein Erbe vertan. Er arbeitet als Schweinehirt und ernährt sich von den Resten, welche die Schweine ihm übrig lassen. Eines Tages besann er sich darauf, dass es selbst den Bediensteten seines Vaters besser ergeht als ihm selbst. Er verwarf seinen Stolz, machte sich auf den Weg, um seinen Vater in Demut zu bitten, dass dieser ihn in seine Dienste nehmen möge. Der Vater hatte schon im ganzen Lande Späher ausgesandt, um seinem verloren geglaubten Sohn zu suchen. Diese sahen den Heimkehrer und eilten zu ihrem Herrn um ihm Bericht zu erstatten. Als der Vater dies hörte, war die Freude groß. Er sandte dem Sohn seine Bediensteten entgegen und bereitete ein großes Freudenfest vor. Der Bruder, welcher die gesamte Zeit über treu beim Vater geblieben war, fühlte sich vernachlässigt. "Ich war stets an deiner Seite und niemals hast du mir ein Festmahl bereitet", schmollte er. Der Vater aber sagte glücklich: "Dieser mein Sohn war tot und er ist zum Leben erwacht."

Erkenne: Wir sind symbolisch gesehen diese verlorene Söhne und Töchter unserer universellen Eltern. Wir sind vor Äonen freudig und voll spannender Erwartung in die Welten hinaus gezogen um hier auf dem Planeten zu erkennen, wie wunderbar unsere ursprüngliche Heimat ist. Wir können zurückkehren und unseren Schwestern und Brüdern, die wir selbst sind, unsere Erkenntnisse zum Geschenk machen. Die Söhne und Töchter, welche zuhause blieben, haben niemals das universelle Wissen vergessen oder infrage gestellt, wie wir es taten und immer wieder tun.

Unsere Schwestern und Brüder zu Hause kennen die Fremde nicht. Sie kennen nur die Heimat, die Einheit. Sie wissen diese zwar zu schätzen, doch nicht so sehr wie wir, wenn wir eines Tages zurückkehren. Denn sie haben niemals das Alles erlebt, wie wir es taten. Wir werden eines Tages heimkehren und unsere Brüder und Schwester lehren, was sie zu Hause nicht erfahren können. Dies ist unsere Aufgabe. Wir werden eines Tages die Lehrer der heutigen Engel sein. Wir werden unser Wissen der Allgemeinheit zur Verfügung stellen und es wird ein Freudenfest geben. Die größte Hilfe in dieser Welt erhältst du daher als Energieausgleich von deinen lichtvollen Helfern und deinen Schutzengeln, die dich immer wieder an deinen wahren Ursprung, an deine Verwandtschaft mit Gott und Göttin, an deine Schöpferkraft erinnern.

Es ist völlig egal, wie du dir deine Begleiter vorstellst. Vielleicht ist es für dich ein Engel, ein weiser alter Mann, eine weise alte Frau, Jesus, die Göttin oder Gott. Das Bild, welches für dich stimmig ist, ist in Ordnung. Warte nicht mehr auf die unsichtbare Hand bis du auf der Nase liegst. Erhebe selbst deine Hand jetzt, auch wenn es dir gut geht und du sie nicht vermisst. Ich denke, dass die Quelle es ziemlich langweilig findet, wenn alle Menschen immer dann anfangen zu beten, wenn sie sich wieder mal ins Unglück manövriert haben. Einfach mal Hallo sagen, auch wenn kein Anlass dazu besteht. Solche Zuwendungen erwarten wir doch auch von unseren irdischen Freunden.

Du wirst erkennen, die gesamte geistige Welt hat einen wundervollen Humor und ist voller Liebe. Bitte einfach um Hilfe, wenn du sie benötigst. Sie steht dir zu. Sei gewiss: die Hilfe wird dir zuteil. "Bitte und es wird dir gegeben. Klopfe an und dir wird aufgetan!" Die einzige Voraussetzung, die du benötigst ist: Vertrauen.

Vertrauen und den Wunsch wieder eins zu werden mit deiner Seele. Deine Sehnsucht, ein lichtvolles Leben zu erfahren, bereits hier auf dieser Erde, kannst du stillen, wenn du dir erlaubst die Nähe der Quelle des Lichtes, das in jedem und allem ist, und den All-Geist zu erfahren. Diese Nähe macht dich unabhängig von der abhängigen Liebe zu und von anderen Menschen. Deine Gewissheit, niemandem sonst verpflichtet zu sein als dir selbst und deiner Verbindung zum Universum, zur Göttlichkeit, macht dich zum Magneten für andere Menschen. In dieser Verbindung wirst du zu einem wahren Kraftquell der Liebe. Öffne deinen Kanal. Gehe nur einen Schritt auf das Heil zu und Heerscharen von geistigen Helfern eilen dir neun Schritte entgegen.

Du wirst geführt und geleitet, wenn dich nur der Hauch der Erkenntnis streift, dass da mehr sein muss, als du bisher hier erfahren und erhalten hast. Gehe einen Schritt auf deinen Ursprung, auf dich selbst, zu und die Hilfen werden dir zuteil. Dein fester Wunsch, dich selbst und damit dein Ziel zu erkennen, genügt. Dann stehen dir sämtliche Helfer in der physischen wie der nichtphysischen Welt zur Verfügung, derer du bedarfst. Deine Suche nimmt gleich ein Ende, wenn du auf deinem Seelenweg bist.

Sorge dich nicht, wenn der innere Wunsch noch nicht stark genug ist. Das Bedürfnis dich selbst zu finden ist völlig ausreichend. Stelle dir einfach vor, wie du Kontakt aufnimmst, wie du etwas erreichst. Dein Unterbewusstsein wird deine Vorstellung als Wirklichkeit ansehen und dir die Wege dorthin zeigen. Dein Unterbewusstsein kann nicht unterscheiden, ob deine Vorstellung Phantasie oder Tatsache ist. Es übernimmt und verwirklicht kritiklos; all deine Gedanken, Gefühle und Vorstellungen. Jesus sagte einst: "Kommet alle zu mir, die ihr mühselig und beladen seid. Ich will euch erquicken." Vergiss alles, was die Religionen dir jemals über diesen großartigsten aller Lehrer beigebracht hat. Du hast jederzeit die Möglichkeit dich mit dem Christusbewusstsein zu verbinden. Du bist nicht zu unbedeutend, zu klein und schon gar nicht unwürdig, denn er sagte auch: "Alles, was ich bin wirst auch du sein und noch viel mehr!"

Jesus, Göttin und Gott haben mit der Kirche und mit allen Religionen die existieren nichts bis sehr wenig gemeinsam. Das Bodenpersonal hat kläglich versagt indem sie Gott und Jesus zu Machtzwecken missbrauchten. Das Neue Testament wurde verfälscht, gekürzt und die Religionen melden den Anspruch an, dass der sündige Mensch nur durch ihre bezahlten Angestellten den Kontakt zu Gott, sprich zum Christus-Aspekt, finden könne. Dieser Christus-Aspekt ist reine, bedingungslose Liebe.

Vergiss die Lehren der Kirche. Durch reines Herunterleiern von Gebeten wurde noch niemand erleuchtet. Sprich zu ihm, so wie du mit deinen Freunden sprichst, denn er ist dein wahrer Freund, der dir gern den Weg zu dir selbst weist. Sananda wartet nur auf deinen ersten Schritt. Wenn du gegen den Verein Kirche eingestellt aber trotzdem hin und wieder das Verlangen hast an ihren Ritualen teilzunehmen, dann kannst du das tun, sooft du das willst, selbst dann, wenn du eine so genannte Todsünde begangen hast. So etwas gibt es nicht in der Quelle. Die Quelle allen Seins ist frei von Bewertung. Und wenn die Kirche dich aus welch unsinnigen Gründen auch immer verbannt, weil du z.B. geschieden bist oder ein Kind abgetrieben hast, dann ist auch das nur ein weltliches Gesetz. Gott und Göttin sind bedingungslose Liebe. Was soviel heißt, dass sie, er dich deinen Weg gehen lassen und dieser dein Weg ist heilig. Du selbst entscheidest, wie du deinen Aspekt der Göttlichkeit auf Erden erfahren willst.

Hast du aus alterlerntem Religionsunterricht Angstgefühle behalten, dass du in keine Kirche darfst, wenn du nicht zur Beichte gehst? Fühlst du dich nicht wohl, weil du zum Beispiel geschieden oder aus der Kirche ausgetreten bist? Dann vergiss diese Glaubenssätze. Das alles sind anerzogenen Schuldgefühle, die du nicht ablegen willst. Diese ziehen dann tatsächlich Karma nach sich aber nur, weil du in dem Bewusstsein bleiben willst, dass du schuldig bist. Doch du hast hier in diesem Buch einiges über Karma mitbekommen, sodass es für dich keine Gültigkeit mehr haben dürfte. Es sind überflüssige Gefühle, die deiner Göttlichkeit schaden. Du weißt jetzt schließlich, dass dies alles von Menschen erfundene Gesetze und Lehren sind. Du bist immer nur einem Rechenschaft schuldig, wenn du es so willst. Deiner eigenen Seele. Die Göttin oder Gott fordern keine Rechenschaft. Aus der Quelle geboren, gaben wir uns den freien Willen, damit wir erfahren, wer wir wirklich sind. Wie wir das erfahren, das liegt in unserem eigenen Ermessen. Und wenn irgendwann, irgendjemand über dich urteilt, dann wirst du das selbst sein.

Nun wirst du dich vielleicht fragen, woran du erkennst, ob Jesus, deine lichtvollen Helfer oder dein Hohes Selbst mit dir sprechen? Du erkennst es meistens nicht direkt. Hierzu ist es notwendig deine inneren Augen und Ohren zu schulen, auf die leisen Töne zu achten. Erst wenn du deinen ständig schwätzenden Verstand zur Ruhe bringen kannst, wirst du immer direkter die inneren Eingebungen verstehen. Der erste Schritt besteht also darin, deinen Verstand zur Ruhe zu bringen. Meditation ist ein guter Weg dazu.

Vielleicht hast du jedoch Widerstände gegen die Meditation? Du kannst dich vielleicht nicht hinsetzen und deinen Geist nicht zur Ruhe bringen, oder du kannst eine unbequeme Körperhaltung nicht länger als drei bis maximal fünf Minuten ertragen? Es ist in diesem Fall sehr gut möglich, dass du in einer anderen Inkarnation, während des Zustandes der inneren Konzentration angegriffen oder vielleicht getötet wurdest. Diese unbewusst erinnerte Gefahr, die noch in deinem Unterbewusstsein verankert ist, hindert dich heute eventuell daran, die Konzentration von der äußeren auf die innere Welt zu lenken. In diesem Fall kann es dir helfen, wenn du deine lichtvollen Helfer, deine Engel, Göttin oder Gott bittest, dich an den Ursprung dieser Erfahrung zu begleiten, damit du sie auflösen kannst. Vielleicht wirst du nachts im Traum diese Entscheidung neu fällen können.

Viele Menschen richten sich viel zu sehr nach den östlichen Lehren und fühlen sich verpflichtet diese in ihren Alltag zu integrieren. Doch diese Lehre weicht stellenweise sehr ab von dem, was uns westlichen Menschen möglich, angenehm und bestimmt ist. So geraten wir unweigerlich in Versagensängste, wenn es bei uns selbst nicht so funktioniert, wie es in den Meditationsschulen gelehrt oder in den Büchern beschrieben ist.

Wir wuchsen in unserer westlichen Kultur in einer hektischen Zeit auf, in der für Innenschau kein Raum war. Die östliche Kultur ist sehr viel gelassener und auf einem anderen Weg. Sie lehren bereits im Kindergarten Meditationstechniken und Sitzpositionen. Diese Menschen praktizieren diese Lehren seit mehr als 5.000 Jahren. Es ist sicherlich gut, wenn diese Lehren in unsere Kultur und Herzen Einzug halten; allerdings dürfen wir nicht erwarten, dass wir inmitten unseres hektischen Alltags sofort die altgeprobten Meditationen beherrschen. Diese innere Ruhe und Harmonie, die dort bereits den Kindern vermittelt werden, müssen wir erst lernen, wenn wir dies wollen. Vielleicht ist dies auch gar nicht dein Weg? Und vielleicht sind diese Sitzpositionen für dich auch gar nicht angebracht. Höre einfach immer auf dein Gefühl. Darum ist es vielleicht besser mit dem autogenen Training oder mit geführten Meditationen zu beginnen.

Für sehr viele Menschen in unserer westlichen Kultur sind aktive, geführte Meditationen oder Visualisierungen sehr viel sinnvoller und weiterführender als passives Sitzen. In diesen Meditationen kannst du deinen Widerständen begegnen, Blockaden auflösen und deine beiden Gehirnhälften in Einklang bringen. Mit der Zeit wird es dir dann mehr und mehr gelingen in die Stille zu gehen.

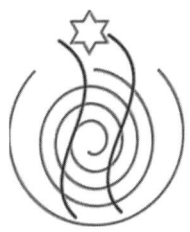

Wie meditiere ich richtig?

Wir sollten definieren, was Meditation eigentlich ist. Die meisten Menschen haben eine völlig falsche Vorstellung von Meditation. Du kannst immer und zu jeder Zeit in einen meditativen Zustand gelangen. Jeder Zustand, in dem du dich voll und ganz auf eine ganz bestimmte Sache oder Idee konzentrierst, selbst dieser Augenblick, während du dieses Buch liest und vielleicht deine Umgebung vergisst oder nur schemenhaft wahrnimmst, ist meditativ. Du kannst immer und überall meditieren. Wenn du dich während der Arbeit oder bei der Ausübung deines Hobbys voll und ganz auf das konzentrierst, was du im AUGENBLICK tust, dann bist du in Meditation. Du sitzt vielleicht auf deinem Stuhl, bist entspannt und lässt deine Gedanken vorbeiziehen, oder träumst vor dich hin, auch dann bist du in Meditation.

Du siehst also es ist gar nicht so schwierig zu meditieren. Jeder tut es immer wieder. Nur wenn du einen Krampf aus den Dingen machst, und alles perfekt nach Lehrbuch gestalten willst, dann wird es oft schwierig. Finde deine eigene Art in dein Innerstes zu gehen. So, wie es für dich persönlich gut ist, so ist es genau richtig.

Du hast nun bereits einige Übungen absolviert. Eventuell hat auch dein Intellekt dir in der zweiten Übung schon Zusammenarbeit versprochen. Dann frage dich, wie sehr du ihm jetzt bereits vertrauen kannst. Praktiziere diese Übung, so oft es notwendig ist, damit dein Intellekt begreift, dass nur in der Zusammenarbeit aller Teile in dir Wachstum möglich ist.

Um mit deinen lichtvollen Helfern oder Schutzengeln zusammen zu arbeiten, ist es notwendig, dass du deine intuitiven Gedanken wahrnimmst und ihnen vertrauen lernst. Du kannst dies üben, indem du mit den ganz kleinen Alltagsentscheidungen beginnst. Je mehr du hier im Kleinen Vertrauen gewinnst, desto eher bist du in der Lage Botschaften einfach nur zuzulassen und dann zu entschlüsseln. Entscheidend ist stets, dass du immer deinem ersten spontanen Gefühl folgst und nach und nach den Unterschied der Schwingungen und Energien wahrnimmst. Treibe dich nicht selbst und hege nicht all zu große Erwartungen an das, was deiner Meinung nach geschehen muss. Die Intuition ist immer spontan. Alles, worüber du erst lange nachdenken musst, ist weder spontan noch intuitiv. Wenn du gelernt hast "aus dem Bauch heraus" zu handeln, dann bist du ein Kanal des Universums.

So genanntes channeln ist nichts überwältigend Übernatürliches. Erst mit dem Dogma der Kirche und der Hexenverfolgung im Mittelalter wurde diese Fähigkeit zu einer außernatürlichen, magischen Praktik degradiert. Die verfolgten Hexen und Hexer waren meist sehr weise Frauen und Männer, die dem Dogma, dass nur die Kirche den Weg zu Gott ebnen kann, im Weg waren. Sie waren Menschen, die mit dem Universum und der Erde im Einklang lebten und darauf vertrauten, was die Göttin ihnen eingab. So waren ihnen auch Heilungen möglich, die Ärzte nicht vollbringen konnten.

In der damals beginnenden Phase der allumfassenden Macht des Patriarchats in der westlichen Welt konnten Ärzte allerdings nicht zulassen, dass „einfache" Männer und Frauen mehr ausrichten konnten als sie selbst. Ebenfalls war es für die Machtansprüche der Kirche undenkbar und bedrohlich, dass normale Menschen mit Gott sprechen, war dies doch den Kirchenoberhäuptern laut Kirchengesetz vorbehalten. Aus all diesen Gründen kam es zu der grauenhaften Verfolgung und Vernichtung so vieler Menschen auf qualvolle Art und Weise. Vielleicht warst du selbst ein "Opfer" jener Zeit, hast vielleicht unter der Folter und auf dem Scheiterhaufen deine Würde, deinen Stolz, dein Leben gelassen. Wenn es so war, dann hast du aller Wahrscheinlichkeit nach, damals geschworen, dass dir so etwas niemals wieder geschehen wird. Diese Erkenntnis nahmst du mit in den physischen Tod und brachtest sie mit jeder nachfolgenden Inkarnation wieder mit hierher. Du hast damals erfahren, dass alle geistigen Helfer und Gefährten dich nicht vor dieser Schmach beschützen konnten. Was nutzen dir also all deine Fähigkeiten, wenn diese innere Qual und Verfolgung in Außen das Ergebnis ist?

Viele Menschen, die sich heute, mit dem Auftrag zu lehren und der Erde beim Aufstieg zu helfen, wieder inkarniert haben, leiden oft noch an unbewussten Erfahrungen von Verfolgung und Ablehnung, Schmerzen und qualvollen Sterbeerinnerungen in alten Inkarnationen. Die Meisten haben sich damals geschworen, nie wieder durch ihr "Anderssein" aufzufallen und nie wieder der geistigen Welt zu folgen. Diese Entscheidungen tragen sie heute noch unbewusst durchs Leben. Im Unterbewusstsein steckt immer noch die Angst und lässt den Menschen nicht agieren. Der Mensch will und soll eigentlich seiner selbst gewählten Aufgabe nachkommen, soll lehren, lernen und führen, doch die unbewusste Angst blockiert seinen Weg.

Vielleicht erkennst du lange schon, dass du all diese alten gottgegebenen Fähigkeiten auch heute noch besitzt. Sie gehen nicht verloren mit dem Ablegen des physischen Körpers. Du weißt alles, was du wissen musst. Du hast es nur vergessen oder willst es heute nicht mehr wahrhaben - es ist verdrängt aus alter Todesangst. Die Entscheidung, die du damals getroffen hast, blockiert deine Möglichkeit in diesem Leben. Was kannst du tun, damit deine Fähigkeiten wieder ans Licht kommen?

Reinkarnation und Rückführungen

Eine sehr gute Hilfe bietet in hartnäckigen Fällen die Reinkarnationsanalyse mit Unterstützung eines guten Begleiters. Du solltest dich also vorher genau erkundigen, wie ein Reinkarnationstherapeut/in arbeitet. Stelle einfach alle Fragen, die du beantwortet haben möchtest, bevor du dich zu einem Termin entschließt. Letztlich bist du auf deine Intuition angewiesen.

Führt er/sie dich zurück zu deinem Todeserlebnis, befragt er dich nach deinen getroffenen letzten Entscheidungen und begleitet er/sie dich auch hindurch?

Führt er/sie dich vorher auf jeden Fall zu deinem spirituellen Begleiter, der dir hilft, deine Entscheidungen und Absprachen vor und nach Deinem erinnerten Leben zu erkennen?

Hilft er/sie dir, deine Grundsatzentscheidungen in deiner Todesminute zu erfahren und löst sie danach mit dir auf.

Bringt er dich an den Punkt der Klärung in der du erkennst, dass alles, was du erfahren hast frei von Schuld ist? Usw.

Diese Punkte sind sehr, sehr wichtig, weil ohne diese Erfahrung und Lösung jede Rückführung völliger Unsinn und unethisch ist, die dir abgesehen von einen bisschen „Kino in der Vergangenheit gucken" nichts bringen wird.

Prüfe genau, was du innerlich empfindest, wenn du mit einem Reinkarnationsbegleiter Kontakt aufnimmst, sei es telefonisch oder persönlich. Spüre nach, was du fühlst, Was löst diese Stimme, die dich ja in Trance begleiten soll, in dir aus? Hast du das Gefühl, dass du der Person am anderen Ende der Leitung voll vertrauen kannst? Beantwortet er/sie deine Fragen liebevoll und geduldig? Wie hoch ist der Preis für die Rückführung. Hier lohnt sich zwar ein Vergleich, doch deine letztliche Entscheidung sollte davon nicht abhängig sein.

Wenn diese Fragen mit einem guten Gefühl geklärt sind, dann vereinbare einen Termin. Wenn dein/e Therapeut/in dir dann gegenüber tritt, dann achte wiederum auf dein Gefühl. Wenn es sich nicht gut anfühlt, dann besitze den Mut dies zu äußern. Stimmen können täuschen. Diese Stimme hat dich vielleicht getäuscht und im Gegenüberstehen sieht die Sache ganz anders aus. Wenn es eine Therapeutin ist, die ihre

Arbeit wirklich ernst nimmt, dann wird sie dich verstehen. Wenn sie dich nicht versteht, dann sei gewiss, noch mal Glück gehabt zu haben. Nicht jeder Begleiter, das gilt für alle Therapeuten, mag er/sie noch so gut sein ist für dich der Beste. Hier spielen auch karmische Abneigungen auf beiden Seiten eine große Rolle auf beiden Seiten.

Ezechiel spricht: *Du darfst dein Wissen und deine Erkenntnis, sowie deine Fähigkeiten nicht verkümmern lassen. Du darfst weitergehen und weitermachen, wohin deine Seele dich drängt. Frage nicht lange nach dem Wie - gehe deinen Weg in Liebe und Zuversicht.*

Die Glut des Wissens deiner Weisheit liegt unter der Asche deiner Ängste verborgen. Du kannst sie neu entfachen - ja genau dazu bist du hier inkarniert; all die alten Ängste zu überwinden und die Quelle in dir auf dieser Erde manifest werden zu lassen trotz aller Widrigkeiten. Suche dir die Menschen, die dich brauchen, Menschen, denen du helfen kannst, die wiederum dir helfen dich selbst zu finden.

Die Zeit des Zweifelns und der Lethargie liegt endgültig hinter dir, jetzt wo wieder vermehrt das Licht auf diese Erde kommt. Die Puppe der Raupe der Unwissenheit kann sich öffnen und den Schmetterling der Liebe der Göttin und Gottes in diese Welt entlassen.

Die Zeit ist reif - werde aktiv. Deine Ruhephase ist beendet. Beginne, aus den Erfahrungen der letzten Monate und Wochen zu lernen. Jahre der Transformation liegen hinter dir. Jetzt ist die Zeit, in der du diese Transformation nach außen leben kannst. Folge deiner inneren Unruhe, die dich längst befallen hat und werde zum Lehrer für die Menschen, die dir begegnen. Denke niemals, dass du noch nicht genug gelernt hast, dass du erst perfekt sein musst, bevor du anderen Menschen etwas vermitteln kannst. Es gibt unzählig viele Menschen, die weitaus weniger wissen als du ebenso, wie es Menschen gibt, welche die Quelle tiefer in sich integriert haben. Das ist völlig nebensächlich, Denn: Was nutzt dir dein gesamtes Wissen, wenn du es nicht anwendest, nicht weitergibst an die, die weniger wissen - oder besser formuliert - weniger erinnern - als du? Weisheit und Wissen, nicht oder unethisch angewandt, geht unweigerlich verloren.

Du kannst auch lernen von Menschen die vermeintlich weniger wissen als du. Lehre und lerne dabei. Gib und Nimm. Das ist das Gesetz des Austausches, das Gesetz von Geben und Nehmen.

Und vergiss über alldem niemals, dass du nicht fertig sein wirst, solange du auf dem Planeten Erde weilst. Denke immer an deine eigene Entwicklung und an deine Aufgabe, das Licht nicht nur in die Welt, sondern in erster Linie in dein eigenes Herz zu bringen. Vergiss niemals deine eigene Weiterentwicklung über deiner Aufgabe für die Menschheit.

Nutze die Zeiten des Schaffens so wie die Zeiten der Ruhe. Arbeite an dir und mit den Menschen mit Hilfe deiner geistigen Begleiter. Bleibe wachsam. Vergeude nicht deine Energien mit Nichtigkeiten. Für dein leibliches Wohl wird immer gesorgt, solange du auf deinem Weg bist und an deinem seelischen Wohl entscheidend mitwirkst.

Betrachte Meditationen gelassen. Finde deine eigene Methode, wie du in dir selbst ruhen kannst. Werde zum Pol der Selbsterkenntnis und des Selbstbewusstseins. Ruhe in der Erkenntnis, dass dein Selbst GÖTTLICH ist und nichts diesem Gott, dieser Göttin in dir schaden kann. Wir deine Brüder und Schwestern im Licht sind immer bei dir und lieben dich. Ich segne ich dich mit der Liebe der Quelle.

Damit du die Reinkarnation besser verstehst, ist ein kurzes Eingehen auf den Sinn der Rückführungen notwendig. Eine Rückführung in "vergangene Leben" sollte niemals aus Neugier oder Sensationslust durchgeführt werden. Wir sind nicht auf diese Erde gekommen, um unsere Zeit damit zu verplempern, Videofilme aus anderen Zeitdimensionen vor unserem geistigen Auge ablaufen zu lassen. Ich bin absolut kein Gegner der Reinkarnationstherapie, bin ich doch selbst Reinkarnationsbegleiter, doch ich möchte aufmerksam machen, dass es ein Eingriff in den Weg einer Seele ist, wenn du in einem anderen Leben etwas veränderst.

Wenn andere Möglichkeiten in diesem Leben versagt haben die Ursache zu finden, kann eine Rückführung in andere Leben, wenn sie sinnvoll durchgeführt wird, eine schnelle und sehr gute Möglichkeit sein im Jetzt auftretende Probleme zu erlösen. Aus diesem Grund ist es auch wichtig eine ethisch arbeitende Therapeutin zu finden, die verantwortungsvoll, mit Demut und Respekt an diese Aufgabe herangeht. Wir leben seit einigen Jahren in einer Zeit, in der spirituelle Praktiken und Seminare wichtig sind. Jeder ist sich heute dieser Tatsache bewusst.

Doch hat sich hier auch ein nicht zu unterschätzender finanzieller Markt erschlossen. Viele geschäftstüchtige Zeitgenossen sind in das Geschäft mit der Seele eingestiegen, zum Wohle ihres Bankkontos. Dass hier sehr oft das Wohl der jeweiligen suchenden Seele vergessen wird, muss nicht extra betont werden. Leider haben solche Leute die

Esoterik auch sehr stark in Misskredit gebracht; somit dem wahrhaft Suchenden einen Dschungel von Angeboten beschert und dem wahrhaften Helfer zusätzlich die Aufgabe gegen Vorurteile bestehen zu müssen. Daher ist eine gründliche Suche nach einem Berater mit ethischen Motiven viel wichtiger als der schnelle Erhalt einer Therapie. Manchmal müssen wir einfach warten, bis die Zeit reif ist. Wenn du wirklich aus reiner Seele deine/n Lehrer/in suchst, dann wirst du ihn oder sie auch finden. Vielleicht nicht heute oder morgen aber in kurzer Zeit. Bis dahin sei bereit zu warten und an dir zu arbeiten. Stürze dich nicht in das nächstbeste Seminar, das dir per Zeitungsannonce oder Werbeprospekt ins Haus flattert. Warte bis dein Herz JA sagt.

Das Thema Reinkarnation in Gruppenseminaren darf wirklich nur von großen und reifen Seelen behandelt werden. Viele Seminarleiter lassen wahllos viele Suchende in ihre Seminare, doch der Anfänger auf diesem Gebiet ist den sich entwickelnden Kräften oft hilflos ausgeliefert. Ich selbst habe Seminare erlebt, in den Menschen hilflos schluchzend am Boden lagen, die Aura war zerfasert, die Nerven spielten nicht mehr mit und der Therapeut verließ den Raum, weil er nicht mehr weiter wusste oder gerade eben Mittagspause war. Es ist klar, dass ein Mensch, der ein solches Seminar inmitten eines aufwühlenden unbearbeiteten Erlebnisses ohne Hilfe verlassen muss, vielleicht für den Rest dieses Lebens starke seelische Schäden mit sich trägt, wenn er nicht einen verantwortungsvollen Experten trifft, der ihm daraus helfen kann.

Wenn du bereits Seminare besucht hast (es handelt sich nicht nur um Themen wie Reinkarnation, sondern um alle Seminare die mit der Psyche und der Seele arbeiten) und danach in tiefe Depressionen gestürzt bist, Selbstmordgedanken hegtest oder extrem aggressiv oder egozentrisch reagiertest, dann hast du vielleicht einen Prozess nicht unter fachkundiger Anleitung abschließen können. Du solltest dich daher umgehend darum bemühen, einen Menschen zu finden, der dir hilft, dich selbst zu erlösen. Ich bin mir sicher, dass viele meiner Kollegen empört aufschreien werden, wenn sie dies hier lesen. Doch ich rate trotzdem auf jeden Fall von einer Gruppenrückführung ab.

Es gibt heute sehr viele gutmeinende und spirituelle Therapeuten die in der Lage sind, Menschen zur Selbsthilfe anzuleiten. Doch leider gibt es ebenso viele, denen die Führung von oben fehlt, weil sie nicht darum bitten, den Klienten dahin zu begleiten, dass er sein Erlebnis zum göttlichen Ende führt. Einen tief greifenden seelischen Prozess, dazu gehört ganz besonders auch die Rückführung in "vergangene Leben", in einer großen Gruppe durchzuführen ist immer ein Risiko für jeden Beteiligten, sowohl für den Therapeuten als auch für den einzelnen Teilnehmer und besonders auch für den Teil deiner Seele in den du rein schaust. Wenn du trotzdem Seminare dieser Art besuchst, dann erinnere dich deiner Eigenverantwortlichkeit. Achte in höchstem Maße auf dich selbst und darauf, was mit dir geschieht. Wenn du bemerkst, dass dein Seminarleiter/in sich nicht vergewissert, dass es jedem einzelnen gut geht, dass die Aura stabil und geschlossen ist, dann sorge selbst für dich. Fühle dich ebenfalls verantwortlich für die anderen Gruppenmitglieder, wenn du Störungen wahrnimmst.

Nun kommen wir zurück auf den eigentlichen Sinn einer Reinkarnationstherapie. Du weißt, dass viele Probleme (Geschenke) in diesem Leben herrühren aus alten Inkarnationen. Darum ist die Rückführung ein schneller Weg, dein Karma und deine mitgebrachten Entscheidungen zu erkennen und zu verändern. Verändern aber bitte nur in deiner jetzigen Inkarnation. Wenn wir an die Reinkarnation glauben, dann setzen wir voraus, dass Zeit existiert und, dass wir Leben an Leben reihen. Dies ist jedoch nicht der Fall. Reinkarnation ist nichts anderes als das gleichzeitig verlaufende Leben aller Teile deiner Gesamtseele. (Parallelleben) Ich weiß, dass für unser Verständnis diese Theorie in vielen Fällen ein unverständliches Geschehen ist. Auf der höchsten Ebene des Seins sind wir alle eine Einheit. Wie können wir uns das vorstellen? Am besten wieder mit einer kleinen Geschichte

Eines Tages beschlossen Gott und Göttin - das Universum war bereits erschaffen - den Menschen zu machen. Sie teilten sich und entließen viele Bewusstseinsfunken aus der Einheit. Jeder Funke erhielt die Aufgabe alles zu erlernen, was möglich ist, damit ein jeder beiträgt zum großen Erfahrungsschatz der Quelle. Erst dann, wenn das größtmögliche Lernpensum erreicht ist, können die Funken zurückkehren in das Eins-Sein. So entstanden sehr viele Bewusstseine neben dem höchsten Quellebewusstsein. Die Freude war groß, endlich zu einem Individuum mit sehr viel mehr Möglichkeiten geworden zu sein. Doch auch die Liebe zu Mutter-Vater-Gott war groß und der Wunsch, die Trennung so schnell wie möglich überwunden zu haben. So schlossen sich die Bewusstseinseinheiten zu Zielgruppen zusammen. Jede Gruppe wählte einen "Oberboss". Diese Monade sollte für den Zeitraum der Trennung die Seelen führen und leiten und sie setzten gemeinsam ein Ziel der jeweiligen Gruppe fest. Die multidimensionale Seele war entstanden. Jede Gruppe von Seelen hatte sich ihr eigenes, ganz spezielles Ziel gesetzt. Die anderen Bewusstseinsfunken, die Hohen Selbste, teilten sich abermals unendliche Male und entsandten ihre Funken in alle Dimensionen des Universums. Über allem steht und wacht dein göttliches ICH-BIN!

Jede Inkarnation also, in die du hineinsiehst, ist das Leben eines Funken, deines multidimensionalen Selbst, von dem du ebenfalls ein individualisierter Funken, ein Teil bist. Jeder Bewusstseinsfunke, der aus deinem multidimensionalen Selbst ausging ist untrennbar mit dir verbunden. Denn du bist dein Hohes Selbst, so quasi als Oberaufseher über alle deine Gedanken, von denen jeder einzelne ein eigenständiges Leben lebt. Aus diesem Grunde ist auch jedes Leben eines anderen Funken oder Gedankens für dich zugänglich. Du erlebst es jedoch so, als wäre es dein eigenes vergangenes Leben, weil es ja auch dein jetziges Leben mit beeinflusst. Alle diese Leben verlaufen parallel und zwar nur Hier und Jetzt. Du verfügst in deinem multidimensionalen Selbst automatisch über jedes Wissen und alle Erfahrungen sämtlicher Funken, deiner Gruppenseele und zwar nur JETZT - es gibt nichts anderes.

In unserer Dimension verlaufen die Geschehnisse scheinbar nacheinander. Es gibt hier, außer der Gegenwart, auch eine Vergangenheit und eine Zukunft. Und das ist unsere große Falle, denn beides existiert letztlich nur in unserem linearen Denken und unserer Vorstellung, weil wir es uns so gewählt haben und immer wieder an gestern und morgen denken. Wir wollten genau diese Erfahrung machen und haben unser Wissen hierüber vergessen müssen.

Vielleicht kannst du dich schon langsam mit solchen Gedanken vertraut machen, denn es wird nicht mehr lange dauern und wir verlassen das begrenzte Denken der dritten Dimension. Im Zeitalter des Wassermanns werden wir uns die vierte und fünfte Dimension erschließen. Das Erleben eines jeden Seelenanteils beeinflusst dein Erleben so, wie du das Erleben deiner Seelenanteile als deines erfahren kannst und es dein Leben beeinflusst. Jede Entscheidung, die du fällst, ist oft mit beeinflusst von den Erfahrungen der Anderen und umgekehrt.

Wenn du jetzt in einer Rückführung eine Entscheidung in einem „vergangenen" Leben veränderst, dann veränderst du damit das gesamte Gruppenbewusstsein und darüber hinaus das universale Bewusstsein. Vor allem veränderst du die Erfahrung und das Lebens eines deiner Seelenanteile. Aus diesem Grunde ist Reinkarnationstherapie aus Sensationsgier ein Frevel und ein Einbruch in die Privatsphäre des Seelenteiles, in den du ungefragt Einblick nimmst. Durch deine Neugier und Korrekturen im Leben, könntest du zum Beispiel diesen Funken in seiner Entwicklung behindern oder gar zurück werfen. Damit allerdings auch dich selbst in deiner eigenen Entwicklung. Es ist dir klar, dass du damit nicht nur einem anderen Leben schaden kannst, sondern auch dir, der multidimensionalen Seele und dem universellen Bewusstsein. Das laienhafte herum pfuschen in Inkarnationen beeinflusst die Welt und das gesamte Universum. Dass hierbei wieder Karma entstehen kann, besonders für die Reinkarnations-Begleiter, muss nicht gesondert betont werden.

Also noch einmal: Ich bin absolut nicht gegen die Reinkarnationstherapie, wenn sie denn wirklich notwendig ist.

Reinkarnationstherapie ethisch einwandfrei durchgeführt, indem der Berater sich als Kanal für die universellen Führung zur Verfügung stellt und im anderen Leben die Seele um Erlaubnis bittet, kann vielen Menschen eine wertvolle Hilfe sein. Auch hier werden Entscheidungen revidiert, jedoch unter der fachkundigen Anleitung des eigenen Hohen Selbst und der spirituellen Begleiter und vor allem in deinem realen Leben. Dies kann Vorteile für jeden Teil der Hohen-Selbst-Seele bringen. Der Grad ist schmal, auf dem wir uns bewegen. Zum Schaden oder zum Nutzen aller, das ist meist nur ein Millimeterbruchteil auf dem Pfad der Seele. Darum sei wachsam bei all deinen tiefer gehenden Wünschen, damit du, wenn du vom schmalen Grad fallen solltest, auf jeden Fall auf die richtige Seite fällst.

Stelle dir vor, dass dein gesamtes Leben zwischen zwei Ozeanen verläuft. Du bewegst dich auf einem Damm, der gerade so breit ist, dass du sicheren Fußes durch die Meere wandern kannst. Erinnerungen und alles Unbewusste schwimmen im Meer rechts neben dir. Du musst also jedes Mal einen Sprung ins Wasser wagen, wenn du Unbewusstes an die Oberfläche holen willst. Meistens gelingt es dir auch, auf der richtigen Seite ins Meer zu springen. Doch wenn du zu krampfhaft und möglichst sofort eine Lösung willst, dann erfasst dich der Sturm der Ungeduld und wirft dich willkürlich ins Meer. Oft landest du auf der falschen Seite und bringst vielleicht Dinge mit, die dich belasten und mit dir nicht das Geringste zu tun haben. Wieder auf deinem Lebenspfade angelangt schwanken deine Füße. Du hast Mühe, nicht ständig wieder ins Wasser zu fallen. Nur ein freundlicher Helfer kann deinen Gleichgewichtssinn wieder heilen, wenn du darum bittest, weil du deinen schwankenden Gang selbst bemerkst.

Du bist traurig ohne Grund, Du bist unglücklich und weißt nicht warum? Du hast das Gefühl auf dem falschen Weg zu sein oder ähnliche undefinierbare Gefühle belasten dich? Du bittest um Hilfe, weil oft die Tränen in deinen Augen oder in deiner Seele deinen Weg versperren und du erhältst deine Hilfe, sei es in Form eines Lehrers, der in dein Leben tritt, einer Erkenntnis, eines Buches, einer Idee, oder in welcher Form auch immer. Die Wege deines Hohen Selbst und deiner geistigen Begleiter sind zahlreich und manchmal etwas ungewöhnlich. Erkennst du in deinem Umfeld Menschen, die ihren Sturz nicht bemerkt haben und immer öfter freiwillig in die falsche Seite des Meeres stürzen, dann bitte auch für diese Menschen um Hilfe. Nimm Kontakt auf zu deren Hohen Selbst und Begleiter. Erbitte stellvertretend Hilfe für Menschen, die es selbst nicht tun können. Du wirst in den Visualisierungen Möglichkeiten erfahren, auch mit dem hohen Selbst deines Nächsten, und deines eigenen Hohes Selbst, in Kontakt zu treten.

Die Reinkarnation ist eine wunderbare Erfahrung unter fachkundiger Begleitung, denn kein Mensch kann dich zurückführen. Das kannst nur du allein mit Hilfe deines Schutzengels und/oder deines spirituellen Begleiters. Doch ist es für viele Menschen sehr hilfreich einen liebevollen menschlichen Begleiter zur Seite zu haben, der die Verbindung in andere Dimensionsebenen für dich herstellt und den Kontakt während deines Besuches in diesen Paralleluniversen für dich offen hält, einen Begleiter, der deine Arbeit als Kanal unterstützt und deinen Körper bewacht, während du auf die Reise gehst.

Dieser Begleiter/in wird dich liebevoll, verständnisvoll und vor allem ohne eigenes Urteil lenken und leiten in Situationen, in denen du selbst vielleicht den Überblick verlierst, weil deine Gefühle eine klare Sicht der Dinge erschweren. Er oder sie wird jedoch niemals für dich irgendwelche Entscheidungen treffen, oder dich zu irgend- welchen Entscheidungen drängen.

Nach deiner Rückkehr ins Tagesbewusstsein sollte unbedingt die Reise noch einmal besprochen werden und Verbindungen zu deinen heutigen Problemen gezogen wer- den, die auf diese Weise aufgelöst werden können. Eine solche Rückführung geht normalerweise nicht unter mindestens zwei Stunden vonstatten - mit Vor- und Nach- gespräch solltest du etwa 4 Stunden einkalkulieren. Danach solltest du frisch, fröhlich und gestärkt mit gesunder Aura und vor allem ohne nicht eingeladenen Besuch im Körper zurück in deinen Alltag gehen können, in dem du die neuen Erkenntnisse ein- sichtsvoll anwenden kannst.

Bedenke wirklich, nichts hast du tatsächlich mitgebracht. Alles ist dir anerzogen. Dar- um solltest du die Rückführung erst dann in Anspruch nehmen, wenn du in diesem Leben, in deiner Kindheit, keine Lösung finden kannst. Auflösen musst du es auf jeden Fall in diesem deinem Leben.

Die universelle Schöpferkraft in dir

Wir wollen uns nun dem Vorgang der Realitätserschaffung durch Gedankenkraft näher anschauen. Jeder Gedanke, den du denkst, trägt in sich die Schöpferkraft. Er besitzt die Kraft seiner eigenen Verwirklichung. Die Macht des Denkens, ist Ausdruck deiner Göttlichkeit zur Erschaffung und Handhabung der Materie.

Die Quelle erschafft durch Klang, Gedanken und Gefühl und zwar genau so, wie auch du dein Leben mit deinen Gedanken und Gefühlen gestaltest. Jeder Gedanke, ob bewusst oder unbewusst gedacht, trägt in sich die Energie sich zu verwirklichen und zu seinem Schöpfer zurückzukehren. Daher ist es sehr wichtig, dass du beginnst und lernst dein Denken zu disziplinieren. Jeder Mensch erntet immer nur die Früchte seiner eigenen Saat und die einzige Saat wiederum sind die Gedanken. Wichtig ist zu wissen, dass jeder kraftvolle Gedanke sofort ein selbständiges Wesen annimmt und durch den Äther wandert. Dieses Wesen lebt durch die Kraft, die ihm mitgegeben wird. Hin und wieder kehrt das Gedankenwesen zu seinem Schöpfer zurück, damit es neue Kraft tanken kann. Der Gedanke steigt aus dem Unterbewusstsein in das Bewusstsein auf. Du überdenkst ihn erneut, fühlst die entsprechenden Gefühle dabei, gibst vielleicht noch Klang hinzu und er verschwindet wieder ins Unsichtbare. Dort trifft er auf verwandte Gedankenformen und verbindet sich mit diesen. So wird dieser Gedanke immer stärker und stärker bis er sich eines Tages verwirklichen kann.

Beispiel: Du siehst irgendwo ein Auto, welches dir zwar bisher nie auffiel, doch dir plötzlich sehr gut gefällt. Dein erster Gedanke: "Oh, solch ein Auto möchte ich auch gern haben. Nennen wir die Marke Olympia! Du vergisst deinen Wunsch wieder. Irgendwann fährt wieder ein Olympia an dir vorbei und der ehemals flüchtige Gedanke kehrt zurück. Der Olympia gefällt dir noch besser als beim letzten Mal. Der Gedanke verstärkt sich. Dadurch, dass du ihm nachgehst, stärkst und kräftigst du dieses Gedankenwesen um es dann mit verstärkter Kraft wieder zu entlassen.

Doch bereits jetzt hat dieses Gedankenwesen derart viel Macht über dich, dass es immer öfter und immer wieder vor deinem geistigen Auge erscheint. Du beginnst das Auto bereits vor deinem geistigen Auge zu sehen und davon zu träumen, wie es wäre, wenn du einen solchen Olympia besitzen und ihn fahren würdest. Dieses Gedankenwesen hat zu diesem Zeitpunkt in dir bereits die bildhafte Vorstellung geschaffen, und je öfter es solcherart erscheint, desto stärker wird seine Kraft sich zu verwirklichen. Zu deinem ehemaligen Wunschdenken gesellt sich die Vorstellungskraft.

Schließlich wirst du eines Tages von diesem Wunsch, nämlich genau dieses Auto zu besitzen so besessen sein, dass du es erhältst.

Selbst wenn du dich in diesem Stadium an das andere Ende der Erde begibst, du wirst dieses Auto immer wieder vor deinem geistigen Auge entstehen lassen können, auch dann, wenn es dort, wo du dich gerade aufhältst, überhaupt keine Autos gibt. Du besitzt dieses Auto und es besitzt dich, weil es in dir lebt, in deinem Inneren.

Jetzt stelle dir vor, du bist nun stolze/r Besitzer/in des Autos Olympia. Was bedeutet es, wenn du es nicht benutzt? Du hast vielleicht Angst, dieses teure und kostbare Stück könne im Straßenverkehr beschädigt werden. Daher lässt du das gute Stück in einer gesicherten Garage stehen. Dir gehört jetzt zwar das Auto, doch letztlich hast du nichts erreicht, da du ja nicht ständig in der Garage sein und das Auto anschauen kannst. Du kannst dir jedoch nach wie vor immer wieder dein tolles Auto vor dein geistiges Auge holen. Du weißt im Inneren, dass du dieses seltene Prachtstück besitzt. Es ist nicht notwendig, in die Garage zu gehen um dich an deinem kostbaren Besitz zu erfreuen, denn du wusstest ja bereits vorher schon ganz genau, wie dieses Auto aussieht. Du hast die Vorstellung deines Autos in tatsächlich vorhandenen Besitz materialisiert, damit deine materiellen Sinne Befriedigung empfinden. Du kannst das Auto jetzt endlich auch anfassen. Die irdischen Augen, der Tastsinn, der Stolz und der Wunsch nach materiellem Besitztum, damit auch andere Leute deine Schöpferkraft im Außen erkennen, wurden zufrieden gestellt.

Du besitzt also jeden Gegenstand bereits, bevor du ihn in deinem Leben manifestierst, also erwirbst, in deinem Inneren und zwar als eigenständiges Gedankenwesen. Würdest du dich nicht immer wieder daran erinnern, dass dort in deiner Garage ein wunderschönes Auto steht, oder deine Traumprinzessin/Traumprinz im anderen Raum ist, du würdest alles schlicht und einfach vergessen. Also müssen wir uns immer erst wieder an den jeweiligen Menschen oder Gegenstand erinnern, bevor wir uns damit befassen können. Wenn du aus irgendeinem Grund dein Gedächtnis verlieren würdest, dann wüsstest du nicht einmal, dass in deiner Garage ein wunderschönes Auto steht, welches dir gehört. Du würdest dieses Auto nicht mehr besitzen, weil es in deinem Inneren nicht mehr existiert und du keinen Bezug mehr dazu hast.

Natürlich kannst du diesen Vorgang steuern, denn je mehr Kraft du einem Gedankenwesen gibst, desto schneller kann es sich in der Materie verwirklichen. Somit kannst du dir jeden Wunsch erfüllen durch Disziplinierung der Gedankenkraft. Du weißt sicherlich bereits von der Wunscherfüllungsmöglichkeit durch Nutzbarmachung von Gedanken-, Gefühls- und Imaginationskraft.

Mache dir den Vorgang bewusst, dass du nicht nur einen Wunsch hegst. Du erschaffst ein lebendiges Wesen, welches vielleicht irgendwann dich beherrschen wird. Du kannst nichts erschaffen, was nicht bereits in deinem Inneren vorhanden ist. Hier an diesem Ort in deinem Inneren, besitzt du bereits alles. Du kannst dir nämlich immer nur vorstellen und materialisieren, was du bereits kennst. Es wird in der heutigen Zeit so viel mit der Bewusst- und Sichtbarmachung von Gedankenkräften gearbeitet in Ausbildungen, Schulungen, Managementtrainings, Seminaren und Büchern. Sicherlich haben viele Menschen auf diese Art und Weise sich ihre materielle Umwelt ein wenig gestalten können. Doch die Gefahr, die in dieser Art der Arbeit liegt, wird oft unterschätzt, bzw. nicht richtig erkannt. Du hörst vielleicht nur von den Erfolgen, die Wunschvorstellung und Manifestation nach sich ziehen. Die Menschen jedoch, die daran zerbrechen und vielleicht ich psychiatrischen Kliniken enden, können keine Bücher schreiben und andere Menschen über das, was sich in ihrem Inneren abspielt informieren.

Wie wir bereits schilderten erschaffst du mit jedem Gedanken ein Wesen, das sich verselbständigen kann. Diese Wesen werden auch Elementale genannt. Du kannst über deine Gedankenform die Kontrolle verlieren. Sie verlässt deinen Körper und dein Denken. Doch sie kehrt zurück, wenn ihre Kraft verbraucht ist um neue Energie zu tanken. Du erinnerst dich automatisch immer öfter und stärker an diesen Wunsch und gibst ihm damit neue Kraft.

Du wirst diese Vorgänge in deinem Körper nicht bemerken. Doch du kannst besessen werden von deinem Wunsch oder Gedanken. Du verlierst dann die Kontrolle über dein Gedankenwesen und es kann dich beherrschen. Die Erfüllung deines Wunsches geschieht dann letztlich dadurch, dass du deine eigene Lebenskraft zur Verfügung stellst. Je mehr du dir nehmen lässt, desto mehr Kraft erhält dein Gedanke. Nur dadurch kann er sich letztlich materialisieren.

Handelt es sich nur um einen kleinen Wunsch, dann kann jeder gewöhnliche Mensch den Kraftverlust wieder ausgleichen. Doch der normal Sterbliche neigt dazu, diesen Erfolg immer und immer wieder erzielen zu wollen und verstrickt sich leicht in dem Spiel der Wunscherfüllung. Viele Lehrgänge, die sich in der heutigen Zeit mit Wunscherfüllung befassen sind ausgebucht. Nur ist leider nur wenigen bewusst, welcher Preis für unethisches Wünschen zu zahlen ist. Denn manchmal kommen deine

Gedankenwesen gerade dann zu dir zurück, wenn du sie am wenigsten erwartest oder sie dich sogar von deinem wirklichen Ziel abbringen können.

Bei solchen Dingen wie Haus, Auto oder ähnlichem wird das natürlich nicht so tragische Folgen haben wie in den anderen Fällen wenn es um Wut-, Hass- und Rachegedanken geht. Denn nur, weil wir uns unserer Macht durch unser Denken nicht bewusst sind, wurde es möglich, unsere Welt derart zu ruinieren, wie es heute an vielen Orten und bei vielen Menschen der Fall ist. Du erschaffst mit jedem - aber auch wirklich mit jedem - Gedanken ein eigenständiges Wesen. Dieses Wesen benötigt Kraft zum Wachstum. Wenn du dich weigerst, dieses Wesen zu nähren und den Gedanken zurückweist, dann wird es zu einem anderen denkenden Wesen geleitet, das ähnliche Gedanken hegt. Vielleicht benötigt es mehrere Inkarnationen, um zu dir zurückzukehren. Doch sei gewiss, es kehrt zurück, und zwar letztlich zu dir - zu seinem Schöpfer.

Ich möchte hier nicht den Eindruck entstehen lassen, dass Seminare oder Bücher zur Wunscherfüllung unethisch sind. Das sind sie nicht. Sie sind meist nur unvollständig. Wenn sie dich darin schulen, deine Gedanken zu pflegen, zu disziplinieren und die Verantwortung dafür zu übernehmen, dann ist das eine tolle Angelegenheit. Würde dir in einem solchen Seminar klar gemacht, wie Gedanken wirklich wirken und die Disziplinierung der bewussten ebenso wie der unbewussten Gedanken geschult, dann könnte aus dieser Welt allein durch geleitete Gedanken- und Vorstellungskraft innerhalb kürzester Zeit wieder ein wundervoller Ort werden. Denn alles was ist, ist reine, verdichtete Gedankenkraft.

Gedankenkräfte richtig, verantwortungsbewusst eingesetzt und angewandt, sind unser größtes Potential. Sie sind unsere Schöpferkraft zur Reinigung und Heilung unseres eigenen Lebens und des Planeten Erde. Das schicksalhafte an der gesamten Situation ist nur, dem Materiellen einen solchen Überwert beizumessen, wie es seit vielen, vielen Jahren hier auf der Erde geschieht. Dies lässt so viele vergessen, dass wir niemals materiellen Mangel erleiden werden, wenn wir die Gedanken nur noch auf göttliches Denken ausrichten. Nach dem Motto-„das haste das biste" versuchen viele sich lediglich ihre Umgebung und ihre materiellen Erfolge zu formen.

Um ein wahrhaft erfülltes Leben zu leben ist die Disziplinierung der Gedanken unerlässlich. Das Streben nach immer mehr Geld, Macht, Ruhm und Ansehen führt für sehr viele Menschen zum Leiden. Denn, wir denken ja nicht nur an ein neues Auto, Haus oder ähnliches. Unser Gehirn produziert ständig Gedanken, ohne dass du dir auch nur eines Bruchteils davon gewahr wirst. Das Gehirn empfängt von anderen

Menschen Gedanken und produziert selbst ca. 50.000 Gedanken pro Tag. Versuche nur einmal, dich abends an zehn Prozent deiner Gedanken des Tages zu erinnern. Es wird nicht möglich sein. Dein Gehirn ist wie die Hardware eines Computers. Es nimmt jede Software an, die du einspeist. Dein Gehirn empfängt, ordnet zu und produziert ständig neue, vermischte Gedanken ohne, dass du dir auch nur eines Bruchteils dessen bewusst bist. Dein Gehirn als Schaltzentrale fängt die Schwingungen deiner Umgebung durch deinen Mentalkörper auf, ohne zu sortieren, zu bewerten oder zu beurteilen. In der riesigen Schaltzentrale wird alles verarbeitet was rein kommt und zu eigenen Gedanken umfunktioniert. So kann es geschehen, dass du unbewusst die Gedanken anderer Menschen empfängst, sie für deine eigenen hältst und sie nährst.

Beobachte nur einmal 5 Minuten lang, was dir so alles durch deinen Kopf wandert. Du wirst dich wundern, welches Geplapper dort oben ständig stattfindet. Dann wirst du vielleicht auch erkennen, dass es dein höchstes Ziel sein sollte, deinen Computer zu beherrschen, statt dich von ihm beherrschen zu lassen. Nutze deinen freien Willen dazu, dir auszuwählen, was dein Verstand denken darf und kann und was er besser draußen lässt.

Gerade die unbewussten Gedanken sind es, die dich oft in Situationen bringen, von denen du behauptest: "So etwas kann ich gar nicht angezogen haben. So etwas habe ich niemals haben wollen und schon gar nicht gedacht." Wir haben bereits erwähnt, dass manche Gedankenwesen mehrere Inkarnationen abwarten, bis sie genügend Kraft gesammelt haben zu dir zurückzukehren oder in jeder Inkarnation wieder deinen Weg begleiten, bis ihre Aufgabe erfüllt ist oder du sie erlöst hast. Diese Wesen müssen ihre Aufgabe erfüllen, damit sie eigenständig und frei wieder zu ihrem einstmals göttlichen Ursprung zurückkehren können, genau wie wir dies tun. Das können sie jedoch erst dann, wenn sie wieder, wie der kosmische Ursprung, neutral geworden sind. Wir werden später darüber sprechen, wie solche Gedankenwesen erlöst werden können. Denn du kannst sie nicht vernichten. Jedes Wesen muss erlöst werden oder sich selbst erlösen.

Jetzt fragst du dich vielleicht, was das helfen soll, wenn du weißt, wie ein solches Wesen entsteht. Vielleicht denkst du ja auch, dass es ein wundervoller Vorteil sein kann, wenn ein solches, von dir geschaffenes Wesen, deine Wünsche erfüllt. Doch bedenke, du kennst größtenteils deine Gedanken nicht. Wie oft schon hast du in Wut oder Zorn Anderer oder gar deiner selbst gedacht? Auch diese negativen Gedanken verwirklichen sich. Erkenne, dass du mit deinen Gedanken oft unkontrollierbare Kräfte entlässt, und gerade die so genannten negativen Gedanken werden schnell unkontrollierbar. Sie sind es, die das Elend in das Leben jedes einzelnen Menschen bringen.

Versuche einmal dir bewusst zu machen, von welchen Gedankenformen du beherrscht wirst. Bist du vielleicht extrem egoistisch, oder selbstlos, hegst du Hass- oder Rachegedanken gegen einen Mitmenschen? Diese Gedankenformen sind ebenfalls von dir erschaffen und/oder du stehst zu ähnlichen Gedanken anderer in Resonanz.

Gerade die Gedankenform des Egoismus ist überaus empfindsam. Sie reagiert auf die kleinste Erschütterung des Egos. Hegst du Gedanken der Rache, des Zornes oder der Wut gegen einen anderen Menschen, dann erschaffst du damit ein ebensolches Geschöpf mit ungeheurer Kraft und Gewalt. Es geht von dir zu dem jeweiligen Menschen, hängst sich an dessen Aura und diesem Menschen kann es eine Zeitlang ziemlich schlecht gehen, ohne dass er/sie weiß warum und sich keiner Ursache bewusst ist. Eines Tages kehrt dieses Wesen zu dir zurück, denn es benötigt neue Lebensenergie. Du gibst ihm deine Kraft (unbewusst, gefühlsmäßig) indem du weitere Wut- oder Rachgedanken denkst und es kehrt zurück zu seinem "Opfer".

Doch jedes Mal, wenn es dich wieder verlässt, dann hat sich auch dein eigenes Herz ein wenig mehr verhärtet. Du denkst immer öfter deine Wutgedanken in Bezug auf diesen einen Menschen, dein Wesen benötigt noch mehr Kraft und irgendwann kannst du nicht mehr ohne dieses Wesen und dieses Wesen nicht mehr ohne dich existieren. Es bleibt bei dir und ihr seid untrennbar miteinander verbunden bis zu dem Tag, an dem du erkennst unter welchem Einfluss du stehst. Nicht umsonst sagt der Volksmund: Wer hasst wird hässlich. Ich bin mir jedoch sicher, dass es bei dir, der/die du dieses Buch liest, einen solchen Zustand kaum geben dürfte. Trotzdem kann dieses Wissen dir helfen Mitgefühl mit einem anderen Menschen zu entwickeln, der solcherart gefangen ist und ihm oder ihr vielleicht helfen.

Doch es kann eben so gut möglich sein, dass sich in deiner Aura ein solches Wesen festgesetzt hat. Du reagierst vielleicht anders als früher. Vielleicht hegte ein anderer Mensch ungute Gedanken gegen dich, oder du hast auf einer nächtlichen Astralreise eine solche Gedankenform aufgefangen. Auch wenn eben von Opfern der Gedankenwesen die Sprache war, dann sei gewiss: auch hier gilt. es gibt keine Opfer im übergeordneten Sinne. Du kannst ein solches Wesen nur auffangen, wenn du in Affinität zu ihm stehst, das heißt, du bist empfänglich für diese Energien. In deiner Aura ist ein Platz, an dem sich dieses Wesen festmachen kann. So ist ein jeder Gedanke, den du einem anderen Menschen schenkst, gleich einer unsichtbaren Schnur, die euch miteinander verbindet und zwar solange, bis der andere Mensch oder du diese Schnur durchtrennt.

Wie kannst du dich oder jemanden, der mit dir solcherart verbunden ist, von diesen negativen Bindungen lösen? Du kannst jedes Gedankenwesen neutralisieren, indem du ihm keine Beachtung mehr schenkst, sprich: Es nicht mehr fütterst.

Wenn du erkennst, dass ein unerwünschtes Gedanken-Wesen zu dir zurückkehrt, dann entziehe ihm deine Aufmerksamkeit. Sei ihm gegenüber gleichgültig, konzentriere dich auf den positiven Gegenpol. So kann es keine Kraft mehr tanken. Nur indem du ihm Aufmerksamkeit widmest, erhält es neue Lebenskraft. Beachte es einfach nicht mehr. Denke Liebe.

Kehrt zum Beispiel ein Hassgedanke zu dir zurück, dann erinnere dich daran, dass der Gedanke von dir selbst erzeugt wurde und übernimm die Verantwortung für dein geistiges Kind. Schenke deinem Geschöpf Liebe und Verständnis. Überschütte es nicht mit positiven Affirmationen, denn das wäre nur Verdrängung. Sei dir einfach bewusst, dass dein "missratenes Kind" zu dir zurückkehrt, weil es Futter braucht. Schließe ein wenig die Augen und rede mit diesem Kind. Sage ihm, dass du ihm dankbar bist für seinen Fleiß, dass du es liebst und es verstehst. Doch sage ihm ebenfalls, dass du jetzt einiges an dir verändern willst, dass seine Handlungen nicht mehr zu deinen neuen Überzeugungen passen und, dass du keinerlei Gedanken dieser Art mehr nähren willst. Gib ihm eine Gestalt, verzeihe dir und deinem Geschöpf, bitte deine Engel zu dir und lass diese Gestalt in das Licht des Universums eingehen.

Werde gleichgültig gegen jede Form von Hartnäckigkeit, rufe immer wieder deine Engel, wenn es nicht gleich gehen will. Irgendwann wird es nicht mehr zu dir zurückkehren, sondern sich im Licht integrieren. Begib dich auf den anderen, den positiven Pol der Polaritätswaage. Anfangs erscheint es dir vielleicht schwierig, die neuen ungewohnten Ebenen zu erreichen. Lenke dich zum Beispiel mit Musik, Einkäufen, schöner Lektüre, Spazieren gehen, kurz, mit irgendetwas das dir Freude macht, ab. Vielleicht löst es sich auf, weil du ihm keine Aufmerksamkeit schenkst. Wenn du es nicht ins Licht der Quelle entsendest, wird es verhungern und sich einen anderen Wirt suchen, der es von neuem nährt, denn seine eigene Affinität zu dir ist entschwunden. Es wird immer nur auf jemanden treffen, dessen Schwingung seiner eigenen entspricht. Nur in dieser Schwingung oder Affinität kann es durch die Aura eines anderen Menschen dringen. Gelingt das nicht, dann wird es an der Aura abprallen und zu dir zurückgeschleudert. werden.

Du kennst jetzt den Weg, wie du jedes Gedankenwesen neutralisieren kannst, wenn es zurückkehrt. Auf diese Weise wird seine Kraft sich auflösen und es wird zurückkehren ins Licht. Es gehört sehr viel Liebe, Weisheit, Selbstachtung und Selbstbewusstheit dazu die alten Energiekinder zu erlösen. Ohne den festen Wunsch, altes Karma und damit alte Gedankenformen zu befreien, ist es ein sinnloses Unterfangen.

Du solltest das starke Verlangen besitzen, alle negativen Verhaltensmuster in positives Verhalten umzuwandeln und keine neuen negativen Gedankenwesen mehr zu erzeugen. Das bedeutet jedoch, dass du dich unter Kontrolle halten solltest und zwar ebenso im Wachen, wie im Schlafen. Es gibt kein Ziel, das schöner, mehr in deinem eigenen Interesse und erstrebenswerter wäre. Du weißt ja mittlerweile, dass alles was du denkst, sagst, fühlst und tust in 10-fach verstärkter Form zu dir zurückkehrt. Diese Kontrolle kannst du nicht in drei bis fünf Tagen erreichen. Du kannst jedoch täglich kleine Fortschritte verzeichnen und dann lobe dich dafür. Beginne also jetzt damit, nur noch positive Gedanken, Gedanken der Liebe und der Freude zu denken. Dann wird auch nur noch diese Gedankenform zu dir zurückkehren. Das Zehn-Fach-Prinzip funktioniert in beide Richtungen. Darum gilt es ab sofort schöpferische Gedanken denken. Wenn Rückfälle auftreten, dann sorge dich nicht, das ist anfangs völlig normal. Doch du wirst innerhalb kürzester Zeit dein Leben entscheidend verbessert haben.

Eines ist sicher. Ein positiver Gedanke neutralisiert zehn negative Gedanken. Es ist zwar nicht leicht aber ganz einfach. Innerhalb kurzer Zeit wird dir die neue Art zu denken und zu Fühlen in Fleisch und Blut übergehen. Du erhältst immer das, was du erwartest. Erwarte nur noch das Beste, dann wird in einiger Zeit, schon während du alte Gedankenformen erlöst, auch viel mehr von dem Besten auf dich zukommen.

Wie kannst du lernen, deine nächtlichen Gedanken unter Kontrolle zu bringen? Zuerst einmal vermeide am Abend jede Art von Streitgesprächen, aufregende Fernsehsendungen und vor allem Horror- oder Gewaltfilme vor dem Zubettgehen. Du kannst lernen bewusst zu träumen. Lege ein Traum-Tagebuch an, in welches du direkt nach dem Aufwachen deine Träume niederschreibst. Bitte abends vor dem Einschlafen deinen spirituellen Begleiter und dein ICH BIN dich zu begleiten, dich zu schützen und dir zu zeigen, was du während der Nacht tust. Bitte darum, dich am nächsten Morgen erinnern zu dürfen. Es gibt viele gute Bücher, aus denen du auch Traumtechniken erlernen kannst. Ich habe jedoch oft festgestellt, dass es ausreichend ist, wenn du abends vor dem Schlafengehen ehrlich darum bittest, dich am nächsten Morgen erinnern zu dürfen und mit diesem Gedanken einschläfst. Fünfundachtzig Prozent meiner Seminarteilnehmer erzielten bereits am ersten Abend beachtliche Erfolge.

Wenn du Fortschritte erzielt hast, dann kannst du darum bitten, dass du, während dein Körper schläft, bewusst bleiben darfst. Diese Bitte wird dir mit der Zeit mehr und mehr erfüllt werden. Es ist ganz einfach mit Hilfe des Hohen Selbst und deiner lichtvollen Helfer Kontrolle zu erlangen über dich selbst und über deine vermeintlich unbewussten Phasen.

Wenn wir jetzt noch einmal zurückkehren zum Zehnfachprinzip, dann ist dir vielleicht bewusst, dass alles, was du denkst in zehnfacher Form zu dir zurückkehrt. Du hast bisher unbewusst deine Gedanken schweifen lassen. Leider haben wir alle gelernt negativ zu urteilen. Auch du redest dir vielleicht ständig ein: "Das kann ich nicht, dazu bin ich zu dumm, das alles braucht ganz viel Zeit, die Menschen sind schlecht, ich muss mich ständig verteidigen, die Anderen sind viel gescheiter, klüger und besser als ich" und vieles andere. Diese unbewussten Glaubenssätze die du NUR gelernt hast, sind dir anerzogen. Sie entstammen nicht der Wahrheit deiner Seele. Sie stammen oft auch aus alten Inkarnationen und erschaffen dir wieder neues Karma. Aus dieser Tretmühle gilt es aussteigen. Wenn du nun beginnst, alte Gedankenformen zu erlösen und den Kreislauf durchbrichst dir neue zu schaffen, dann hast du das Beste erreicht. Der Sinn dieses Buches besteht jedoch auch darin dich zu lehren das Rad des Karma zu verlassen.

Wie kannst du das erreichen? Du kannst es schaffen Kraft deiner Gedanken. Du hast gelernt, deine Gedanken zu kontrollieren, mit deinen Teilpersönlichkeiten Freundschaft zu schließen und den Kontakt zu deinen spirituellen Begleitern und zu deinem Hohen Selbst aufrecht zu erhalten. Dies alles brauchst du dir jetzt nur noch wünschen und gedanklich aufrechterhalten. Neues Karma kannst du verhindern, indem du dir die Kontrolle deiner Gedanken zunutze machst. Was hindert dich daran, wenn du bisher überwiegend unbewusste oder negative Gedanken hegtest, ab sofort damit zu beginnen positiv zu denken?

Hierbei sind positive und richtige Anwendung von Affirmation sehr gut. Du solltest jedoch nicht den negativen Müll mit so genanntem positiven Denken und entsprechenden Affirmationen zudecken. Das hieße, den Schmutz unter den Teppich zu kehren. Damit ist nichts erreicht. Es wurde vieles geschrieben über das positive Denken. Doch leider gibt es kaum jemanden, bei dem es funktioniert, weil die meisten Menschen nicht an ihre Affirmationen glauben. Die Diskussionen nehmen kein Ende, ob es jetzt gut, schlecht oder vielleicht weltfremd ist, positives Denken zu praktizieren. Es gibt hier die Befürworter ebenso wie die absoluten Gegner.

Nun, beide sind teilweise im Recht. Es handelt sich weder um positiv thinking, noch um positiv stinking. Positiver zu werden bedeutet nur eines, nämlich ursprünglich, göttlicher zu werden. Unser Ursprung ist nur positiv. Affirmationen auf negative Denkmuster zu stülpen und weiterhin im alten Trott zu denken, gibt natürlich den Gegnern des positiven Denkens recht. Die meisten Gegner des positiven Denkens haben selbst eine Zeitlang vergeblich versucht ihr Leben dadurch zu verbessern. Eine Zeitlang bist du "ganz glücklich"? und dann kommt der Fall auf die andere Seite der Polarität. Sicherlich, wir leben in der Dualität und müssen mit ihr klarkommen, aber selbst wenn du ein Anhänger des positiven Denkens bist, dann wirst du auch oft festgestellt haben, dass du immer und immer wieder in ein tiefes Trauerloch gefallen bist, ohne dir den Grund erklären zu können, denn du hast dich doch an alle Regeln gehalten. Also hast auch du vielleicht irgendwann beschlossen, dass positives Denken überhaupt nichts nutzt und hast es dann gelassen. Die negativen Denkmuster haben sich ja wieder einmal betätigt. Scheinbar funktioniert es einfach nicht.

Aus genau diesem Grund haben wir dich so ausführlich über den Weg der Gedankenwesen informiert. Du kannst nicht mit ihnen leben und dir einreden, die Welt sei ein wundervoller Ort, voller wundervoller Menschen und alles sei gut und wunderschön, wenn du täglich etwas anderes zu sehen bekommst. Du hast ja tagtäglich vor Augen, dass dies nicht der Fall ist. Du kannst überhaupt nicht an deine positiven Affirmationen glauben, wenn du ständig das Gegenteil vor Augen hast. Diszipliniertes Verhalten und der Glaube an die Affirmation jedoch sind das Wichtigste überhaupt. Selbst wenn du überzeugt bist, dass du fest daran glaubst, dein Unterbewusstsein hat vielleicht nicht so sehr daran geglaubt wie du und dagegen programmiert. Du affirmierst „ich bin reich", doch dein Konto ist leer. Dein Unterbewusstsein wird immer sagen, „alles Blödsinn, guck doch aufs Konto".

Wie also kannst du vorgehen? Erkenne, wann ein altes Gedankenwesen dich bedrängt und sich bei dir meldet. Du weißt, dass du nur das siehst, was in dir vorhanden ist. Siehst du also die Hässlichkeit um dich herum, dann begrüße sie freundlich und liebevoll, mache dir bewusst, dass du sie siehst und liebe dich für dein bewusstes Wahrnehmen. Dann ignoriere die Hässlichkeit, denn sie existiert nur in deinem Denken und Bewerten. Wenn du nicht wüsstest, dass Schönheit existiert, dann könntest du Hässlichkeit gar nicht erkennen. Es ist immer beides in dir vorhanden. Hier auf Erden lernen wir von Anfang an das Ver- und Beurteilen. Es ist also lediglich eines deiner Gedankenwesen, ein Gedankenwesen, das du bzw. das gesamte Kollektiv geschaffen hat. Sage diesem Gedankenwesen, dass du dich von im verabschiedest und es nicht weiter unterstützt. Schicke es ins Licht und begib dich auf die andere Seite der Polaritätsskala. Erkenne, dass es nichts Hässliches und Gemeines auf der

Erde gibt, was nicht irgendwann von irgendjemandem so genannt wurde. Suche dir das Schöne in deinem Umfeld. Es ist real irgendwo vorhanden. Alles, was wir als hässlich und böse erkennen, existiert letztlich nur durch unsere Trennung von der göttlichen Einheit und ist nur hier in unserem Raum-Zeit-Gefüge vorhanden. Nur im physikalischen Universum sind Plus und Minus, These und Antithese scheinbar real. Wir können jetzt damit beginnen uns eine göttliche, kosmische Synthese zu kreieren.

Begib dich auf den Beobachterposten und versuche die Gegebenheiten neutral zu sehen. Lösche die Bewertung aus deinem Denken und Bewusstsein, indem du ihr deine Aufmerksamkeit entziehst. Sage dir, wenn du das eine oder andere als hässlich empfindest: OK, ich empfinde es so, weil ich es so gelernt habe. Doch nur, weil es in dieser Form existiert, bin ich in der Lage, auch die schönen Dinge wahrzunehmen. Ab sofort möchte ich nicht mehr den Gedanken der Hässlichkeit denken, sondern diesen Umweg vermeiden. Alles ist gut, so wie es ist. Ich sehe ab sofort nur noch das Schöne, denn die Dinge sind nicht so wie sie scheinen. Das Hässliche, den Hass, den Zorn oder was auch immer, brauche ich jetzt nicht mehr. So erschaffst du dir deine vollkommene Synthese.

Wenn du das immer und immer wieder praktizierst, indem du alles neutralisierst und mit positiver Sichtweise ersetzt, gelangst du automatisch auf die andere, bessere und schönere Seite der Polarität zum wahren und wirklichen einfach nur SEIN. Dies ist der Punkt, der sich genau zwischen den beiden Polen befindet. Dazu mehr in den universellen Gesetzen. Erschaffe dir keine neuen Gedankenwesen durch negatives Denken. Wenn ein Mensch dich ärgert, dann wende die obige Übung an. Frage dich, was in dir abläuft, dass ein Anderer das alles in dir auslösen kann. Mache dich dir selbst bewusst und urteile nicht über anderer Menschen Verhalten. Bedenke: Dein Urteil kommt zu dir und nur zu dir zurück. Finde deine Wertigkeit, das passt für mich, jenes nicht und dann lass die Situation, den Menschen los.

Es ist leicht Menschen zu lieben und zu akzeptieren, die dich lieben und akzeptieren. Doch diese Liebe anderen Menschen zukommen zu lassen, die dich vielleicht ablehnen oder verletzen, ist eine göttliche Eigenschaft. Entziehe diesen Menschen oder der Situation deine Aufmerksamkeit, sende ihnen einen liebevollen Gedanken und entlasse ihn oder sie aus deinem Leben. Du musst nicht deine Zeit mit einem solchen Menschen oder einer solchen Sache verbringen. Sende lediglich keine negativen Gedanken hinterher, egal was es ist. Wende dich den schönen Dingen des Lebens zu und entziehe solchen Situationen deine Aufmerksamkeit.

Damit ist das Rad des Karma unterbrochen. Du hast genügend Zeit, die alten Gedankenwesen zu neutralisieren. Erst dann, wenn du es erreicht hast, über niemanden mehr zu urteilen auch und besonders nicht über dich selbst, dann wird positives Denken ehrlich und wahrhaftig. Du kannst nach jeder Neutralisierung beginnen positive Gedanken zu hegen und Affirmationen nutzen. Wenn jeder Mensch sich so verhalten könnte, dann würde das positive Sein und Denken endlich den Stellenwert erhalten, der ihm gebührt und Argumenten gegen Positivität würde der Boden entzogen. Du musst jetzt nicht warten, bis du perfekt bist. ☺ Du kannst diesen Vorgang parallel gestalten. Warte nicht ab bis du vollkommen neutralisieren kannst. Dein Unterbewusstsein wird sich daran gewöhnen, dass sich etwas ändert. So wird positive Denkweise ebenso zum Automatismus wie das alte unbewusste oder gar negative Denken.

Die Polarität gerät auch nicht durcheinander, wenn du dich auf die andere Seite einschwingst. Im Gegenteil: Jahrtausendelang überwog die Waagschale auf der Minusseite. Jetzt ist die Zeit, dass die Plusseite bedient wird, bevor die Waage umkippt. Alle alten Prophezeiungen bezeugen die Endzeit innerhalb der nächsten Jahre. Das bedeutet jedoch nur eines: Die Endzeit der Polarität ist angebrochen. Wenn du beginnst, die Waagschale mit Liebe zu füllen, dann trägst du entscheidend dazu bei, dass das kollektive Bewusstsein ein anderes Gesicht erhält. Jeder Einzelne ist aufgerufen, dieses kollektive Unbewusste umzuwandeln, denn ein positiver Gedanken hat die Kraft zehn andere zu transformieren. Je mehr Menschen jetzt damit beginnen, desto eher wird der Rest der Menschheit automatisch folgen. Alle Katastrophen, die uns vorausgesagt wurden, werden hinfällig, wenn wir zu unserer Verantwortung stehen.

Liebe ist ein Selbstläufer. Sie ist das einzige auf dieser Welt, das sich mehr und mehr verstärkt und nicht neutralisierten lässt, je mehr wir sie verschwenden. Finden wir unsere Fähigkeit zur Liebe wieder.

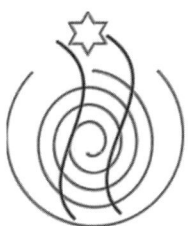

Eine wundervolle Realität erschaffen und erfahren

Wie erschaffst du dir deine Realität? Dein Denken ist dein größter Helfer in der Erschaffung deiner Wunschwelt. Dein Denken, beeinflusst vom Unterbewusstsein, in Liebe verbunden, ist deine eigene und stärkste Macht. Dass du dein Drehbuch in unserem Spiel selbst schreibst, dass du Autor, Regisseur und Schauspieler in einer Person bist, hast du bereits erfahren. Doch wie ist es möglich, dass trotzdem immer wieder, anscheinend andere Menschen, dich von deinen Plänen und Zielen abbringen können? Warum ärgerst du dich so oft und erfährst sogar tiefe seelische Wunden durch den Beitrag eines anderen Menschen?

Wir wollen dir hier keinen Entschuldigungsgrund liefern, dass du deine Freude und Liebe nicht leben kannst, weil andere dich blockieren. Doch in vielen Fällen des Lebens ist es leider so, dass andere Menschen dich blockieren und du selbst wiederum andere Menschen blockierst. Sehr oft blockieren wir genau die Menschen, die wir am innigsten lieben mehr als Menschen, die uns gleichgültig sind. Du bist jetzt vielleicht der Meinung, dass wir uns widersprechen, weil wir bereits mehrfach sagten, dass du verantwortlich bist, für das, was du erlebst. Diese Aussage hat auch jetzt noch absolute Gültigkeit. Diese Verantwortung kann dir niemand abnehmen. Und doch: solange du nicht erwachst, beeinflussen andere Menschen deinen Weg, deine Meinungen und deine Ansichten, weil du deren Energien nicht von deinen eigenen unterscheiden kannst. Du wirst gelebt und lebst den Anderen. Endziel muss sein, vollverantwortlich dich selbst zu leben. Ich möchte dir dies mit der folgenden Visualisierung so einfach wie möglich nahe bringen.

Visualisierung zur neutralen Wahrnehmung

Anleitung: Am besten lässt du dich von einem Menschen deines Vertrauens bei der Visualisierung begleiten. Lege Entspannungsmusik auf und lass dich mit sanfter Stimme leiten. Gib ein Handzeichen, wenn du einen Punkt erreicht hast, an dem du weiter zu gehen bereit bist. Setze dich zurück, oder lege dich auf den Rücken. Schließe deine Augen und atme ruhig und gleichmäßig. Bitte deinen Lichtvollen Helfer zu dir, damit er/sie dich begleitet und unterstützt. Atme solange weiter tief ein und aus, bis du den dir bereits bekannten Entspannungszustand erreicht hast.

Begib dich an deinen neutralen Ort der Kraft in deinem Herzen. Das kann ein Park sein, ein schöner Garten, eine wunderschöne Landschaft, ein Raum oder irgendein Ort, an dem du dich wohl und geschützt fühlst. Visualisiere an diesem himmlischen

Ort einen großen, runden gemütlich einladenden Tisch. Stelle Blumen und Kerzen darauf und arrangiere alles so, wie es dir am besten gefällt. Wenn du fertig bist, dann nimm Platz an diesem Tisch, bitte die Menschen aus deiner Kindheit, die dir nahe stehen, zu dir und lass sie mit dir gemeinsam am gleichen Tisch Platz nehmen. Visualisiere jeden einzelnen. Schaue dir die Menschen an deinem Tisch genau an. Deine Mutter, deinen Vater, Oma, Opa, deine Tanten, Onkel, Lehrer und Freunde, wer immer auch erschienen ist.

Suche dir bestimmte Situationen in der Vergangenheit aus, die du dir jetzt genau anschauen möchtest, eine Situation mit einem Menschen, der dir sehr wichtig ist oder war. Du möchtest dein Verhalten und das Verhalten dieser Menschen jetzt ganz neutral betrachten.

Wie schauen die Menschen, die jetzt bei dir sind dich an? Welches Bild haben sie sich von dir gemacht? Wie reagierst du auf diese Bilder? Halten dich deine Eltern immer noch für das kleine unmündige Kind wie in deinen Kindheitstagen? Machen sie dir auch heute noch Vorschriften, Vorwürfe oder geben dir unerwünschte Ratschläge? Wissen sie auch heute noch ganz genau, was das Beste für dich sein soll? Überdenke das Verhalten deiner Eltern dir gegenüber ganz genau und intensiv. Nimm dir hierfür ungefähr 3 - 5 Minuten Zeit.

Wenn du deine Eltern genau beobachtet hast, dann weißt du jetzt, welches Bild deine Eltern von dir in sich tragen. Sie wollen das Beste für dich - jederzeit - doch wissen sie wirklich, was für dich das Beste ist? Erwarten Sie auch heute noch von dir, dass du das Leben lebst, das sie dir vorgelebt haben, oder dass du ihre Vorstellung davon lebst, wie es für dich gut und sein soll? Erwarten sie von dir, dass du das Leben lebst, dass sie sich selbst nie leisten wollten - konnten?

Dann schaue jetzt dich selbst an. Nimm dir genügend Zeit dein eigenes Verhalten, deine Gefühle, deine Reaktionen zu beobachten. Wie regierst du in der Nähe deiner Eltern? Wenn du sie besuchst, fällst du dann wieder zurück in die Rolle des kleinen Kindes? Bist du immer wieder bestrebt deine Eltern glücklich zu machen, indem du wieder brav und angepasst - einfach nicht du selbst bist? Fühlst du dich vielleicht verpflichtet z.B. das Geschirr abzuwaschen, auch wenn du gar keine Lust dazu hast, wenn deine Eltern dich einladen?

Es sind viele kleine Dinge. Denke genau darüber nach und spüre in dich hinein. Wo in deinem Leben handelst du genau so, wie deine Eltern es von dir erwarten. Oder viel-

leicht bist du das genaue Gegenteil dessen? Du willst deinen Eltern zeigen, dass sie im Unrecht sind, hast vielleicht gar keinen oder wenig Kontakt zu ihnen oder zeigst ihnen, dass du alles viel besser kannst, weißt und lebst? Nimm dir deine Zeit und beobachte dein eigenes Fühlen und Verhalten. Wo lebst du wirklich dich, wo und wann lebst du das Bild deiner Eltern oder dessen Gegenteil?

Und nun gehe weiter zu Oma und Opa, zu deinen Freunden, Lehrern, Nachbarn zu deinen Kindern und deinem jetzigen Partner.

Lasse dir genügend Zeit für jeden einzelnen um ihr Verhalten dir gegenüber zu betrachten und zwar ganz neutral und ohne Urteil. gib dir auch jeweils genügend Zeit dein eigenes Verhalten zu beobachten, ebenfalls ganz neutral und ohne Urteil. Du willst nichts beurteilen. Du weißt, dass alle Menschen, die dich lieben immer dein Bestes wollen und du immer deren Bestes willst. Es gibt nichts zu bewerten nur zu betrachten.

Nimm dir Zeit für jeden und alle. Betrachte dir alle Menschen die dein Leben begleiten oder noch begleiten. Schaue sie dir und dich selbst ganz genau an.

Wenn du diese Übung beenden möchtest, dann kehre zurück in den Tag und öffne die Augen (Dauer ca. 45 Minuten). Du kannst diese Übung zu jeder Zeit noch einmal mit anderen Menschen machen.

Vielleicht bist du jetzt vorbereitet auf die Dinge, die wir dir zum Abschluss dieses ersten Teiles mit auf den Weg geben möchten. Du hast eventuell bemerkt, wie sehr du deine Realität von anderen Menschen gestalten lässt. Wie war es mit deinen Eltern? Wenn du heute mit diesen ersten und wichtigsten Menschen in deinem Leben in Kontakt trittst, bist du dann du selbst? Wie leben deine Eltern ihre geschlechtsspezifischen Rollen? Wie weit hast du die Rolle deines gleichgeschlechtlichen Elternteils übernommen, oder lebst das genaue Gegenteil? Wann und wie oft schon lebtest du die gleichen Ansichten und Gewohnheiten wie deine Mutter oder dein Vater?

Wir neigen alle dazu, unser erstes Vorbild im Leben für den Rest unseres Lebens unbewusst nachzuleben oder abzulehnen. Auch wenn es meist gar nicht den Anschein hat. Denke genau darüber nach. Du wirst viele Parallelen entdecken. Du arbeitest nur für dich allein, darum sei ehrlich dir selbst gegenüber und belüge dich nicht, indem du Dinge beschönigst.

Selbst dann, wenn du keinerlei Übereinstimmung findest bedenke, dass du möglicherweise ein Antiprogramm lebst. Tust du viele Dinge im Leben nicht, weil deine Eltern sie immer getan haben? Dann spielst du das gleiche Spiel. Du willst deinen Eltern damit immer noch beweisen, dass sie im Unrecht waren und sind mit ihren Ansichten und Lebenseinstellungen. Auch wenn es auf den ersten Blick so scheinen mag, als hättest du dich von deiner Erziehung völlig befreit, beraubst du dich vielleicht der Möglichkeit dein eigenes Leben zu leben. Du gestattest dir nicht mehr vieles für dich in Anspruch zu nehmen, weil deine Eltern bereits dies und jenes gesagt, getan, befürchtet oder befürwortet haben. Das bedeutet aber letztlich nur, dass du dir nicht erlaubst deine eigenen Erfahrungen zu machen und daraus deine eigenen Schlüsse zu ziehen.

Ebenso ist es mit allen anderen Menschen, die deinen Weg gekreuzt und beeinflusst haben. Diese Einflüsse können dich fördern oder blockieren. Was mit dir und deinem Leben geschieht, ist abhängig von dem Bild, das andere Menschen sich von dir gemacht haben. Doch bedenke immer, bevor du jetzt eine Schuldzuweisung verteilst, dass auch du das gleiche Spiel mit allen Menschen, mit deinem Partner, mit deinen Kindern, mit deinem gesamten näheren Umfeld und mit dir selbst spielst. Wir alle beeinflussen uns gegenseitig. Andere schreiben mit an deinem Drehbuch und du bist Mitautor anderer Drehbücher. Je mehr du einen anderen Menschen liebst, auch im negativen Sinne, desto mehr übernimmst du Autorenstelle für den anderen.

Wie kannst du dieses Spiel unterbrechen? Erkenne einfach, dass dieses Spiel nur solange gespielt werden kann, bis du bereit bist aufzuwachen und auszusteigen. Wenn du zu deinem Leben für dich selbst erwachst, dann kannst du dir aussuchen ob du dein Drehbuch allein schreibst, oder ob du andere Mitautoren einladen willst, dein Drehbuch mit dir gemeinsam zu gestalten. Du wirst dann jedoch immer die Regie führen in deinem eigenen Lebensspiel.

Du weißt von der Kraft der Gedanken. Gedanken sind nichts, was sich isoliert in deinem Kopf abspielt. Dein Gehirn ist lediglich die Schaltzentrale, welche die Bilder deines Unterbewusstseins, deines Emotionalkörpers, deines Mentalkörpers und deines Umfeldes zu Worten und Gedanken umformuliert. Du denkst in Bildern außerhalb deines physischen Körpers. Diese unsichtbaren Körper sind jeder einzeln für sich selbst in der Lage Schwingungen zu erzeugen. Über deinen Gedankenkörper werden Bilder in den Speicher deines Gehirns geladen und umformuliert. Alle Menschen sind telepathisch auf diesen unsichtbaren Ebenen miteinander verbunden. Darum empfängst du immer wieder Bilder von anderen Resonanzen in deinen unsichtbaren Körpern. Dein Denkapparat, der nie gelernt hat zu unterscheiden, übermittelt dir oft fremde Bilder und hält sie für die eigenen Gedanken und Gefühle. Wenn du erkennst, dass jeder Gedanke, der dir bewusst wird, nichts anderes als Energie ist, dass du deine eigene Energieform besitzt, dann lernst du zu unterscheiden welche Energieform deine eigene oder die eines anderen Menschen darstellt. Du bist ein sich ständig in Bereitschaft befindlicher Sender und Empfänger.

Also noch mal: Du denkst nicht in deinem Kopf. Wenn du eines Tages deinen Körper verlassen hast, dann wirst du immer noch denken, obwohl du kein physisches Gehirn mehr besitzt. Dein Verstand und deine Gefühle entscheiden heute noch darüber, welche Form der Energie du empfängst. Mit unseren Gedanken können wir viel Gutes erschaffen für uns und unseren Nächsten. Wir können jedoch auch einen Menschen mit unserem Denken vernichten, ja, wir können ihn sogar töten. Darum muss unser ganzes Bestreben dahin gehen, fremde Energieformen von unseren eigenen unterscheiden zu lernen. Aus diesem Grunde ist die letzte Übung wichtig, um deinen Blick zu schulen für die Bilder, die ein anderer Mensch von dir hat. Wenn du einem Menschen gegenüber trittst, der eine sehr hohe und positive Meinung und Einstellung zu dir hat, dann wirst du dich automatisch in dessen Gegenwart wohl fühlen.

Mache dir deutlich bewusst, welches Bild du von dir selbst mit dir herumträgst. Du sendest jedem anderen Menschen dein Bild, welches du von dir selbst in dir trägst. Dein Gegenüber, selbst wenn es auch noch so unsensibel ist, empfängt unbewusst dein eigenes Bild über dich. Wenn du also Bilder des Unvermögens und des Mangels von dir selbst aussendest, dann kann dein Gegenüber dich kaum für großartig halten. Du bestimmst mit deinem über dich selbst denken und empfinden, was dein Gegenüber von dir denkt. Denn er oder sie wird immer das von dir denken, was du selbst von dir denkst. Ebenso ist es umgekehrt. Kennst du einen Menschen, der dir ständig auf die Nerven geht, weil er umständlich, tollpatschig, dumm, faul oder was auch immer ist? Dann überdenke einmal, welche Bilder du in seiner Gegenwart an ihn übermittelst. Erst wenn du beginnst, sein Verhalten nicht mehr zu beurteilen, wenn du in diesem Menschen den Gottesfunken erkennst, dann kann dieser Mensch anders reagieren als bisher.

Beginne damit, anderen Menschen die Bilder zu zeigen, die sie so sein lassen, wie sie sein sollten. Das funktioniert besonders gut bei deinen Kindern. Wohlgemerkt es geht hier nicht um Manipulation sondern um Liebe und positives Denken. Ist ein Mensch besonders umständlich in seinen Arbeitsleistungen, dann nimm dieses Denken und damit dieses Bild aus dir. Stelle ihn dir vor als liebevollen praktisch zupackenden Menschen, der andere Qualitäten besitzt. Stelle ihn dir als göttlich vor und behandle ihn auch so. Durch deine Kritik am Verhalten anderer verstärkst du im Gegenüber die

Angst zu versagen. Erst dein Vertrauen in seine Fähigkeiten ermöglicht dem anderen Menschen inneres und äußeres Wachstum. Lobe ihn für seine Fortschritte und erlaube dir niemals wieder ein negatives Bild. Erkennst du, dass du dich in Gegenwart anderer schlecht oder geschwächt fühlst, dann sende ihnen dein positives Bild von dir. Stelle dir vor, wie wunderbar du bist: selbstbewusst, spirituell und liebenswert. Halte fest an diesem Bild von dir. Dein Gegenüber wird mit der Zeit dieses Bild von dir in sich verankert haben und dich ebenfalls so erkennen.

Du kennst vielleicht ein Gefühl in der Nähe deines Partners, das eigentlich nicht deine Art wiedergibt. Er trägt möglicherweise ein ganz bestimmtes Bild von dir in sich, und du weißt gar nicht, warum du immer anders reagierst, als es normalerweise deine Art ist. Vielleicht sieht dein Partner in dir das kleine Mädchen oder du in ihm den großen starken Beschützer. Du übernimmst automatisch dieses Bild und versuchst ihm gerecht zu werden, obwohl du im Berufsleben eine selbstbewusste starke Frau bist, oder du als Mann dich auch einmal schwach fühlst und dich anlehnen möchtest. Es funktioniert natürlich auch umgekehrt, wenn z.B. der Mann eine starke Mutter in dir sieht oder deine Partnerin den kleinen Jungen, auch wenn du der Generaldirektor eines Imperiums bist. Solange du verliebt bist, ordnest du dich willig der neuen Rolle in deinem Drehbuch unter. Doch wenn der Rausch verflogen ist, dann kehrt die Unzufriedenheit in die Beziehung ein. Irgendwann erkennst du, dass du in deiner Partnerschaft eine Rolle spielst, die deinem Naturell nicht gerecht wird. Du wischt dir dann den Sand aus den Augen, wirfst die rosarote Brille auf den Müll und machst dich aus dem Staub.

Aus genau diesen Gründen scheitern sehr viele aussichtsreiche Beziehungen. Die Partner wollen sich nicht mit Änderungen befassen, weil sie gar nicht daran glauben, dass diese möglich sind. Lange Diskussionen führen zu keinem Ergebnis. Der Partner erkennt nicht, dass auch er/sie nur eine Rolle spielt. Die Herausforderung zu einem Neubeginn in der richtigen, nämlich der eigenen Rolle wird nicht anerkannt. So gibst du dir selbst und deinem Partner keine Chance euer gemeinsames Drehbuch umzuschreiben in ein Drehbuch, in dem berücksichtigt wird, dass jeder den anderen so liebt und akzeptiert, wie seine Rolle wirklich ist in diesem Lebensspiel.

Wenn jeder Mensch einen anderen darin unterstützt sich selbst zu finden und das liebt, was der Andere in sich gefunden hat, dann würden Menschen oftmals nicht so sorglos Liebesbeziehungen hinter sich lassen. Viele würden erst gar nicht beginnen, wenn wir selbst uns genügend lieben. Wir würden erkennen, dass wir niemals wieder diese Wachstumsmöglichkeit finden, wie mit diesem einen Partner, in einer vermeintlich schwierigen Beziehung. Viele Menschen haben in unserer westlichen Welt verlernt Herausforderungen anzunehmen. Aus diesem Grund werfen sie hin und wieder Beziehungen über Bord wie alte Kleider und suchen sich einen neuen Spiegel - oder Spielgefährten. Ex und hopp gelten nicht nur für Bierdosen sondern in der Jetzt-Zeit leider vermehrt für Beziehungen.

Immer vorausgesetzt, dass du deinen Partner liebst, er/sie dich ebenfalls und das Schicksal euch diesen Weg vorzeichnet, schaue in den Spiegel hinein. Wo Liebe ist, kann jede Schwierigkeit durch Erkenntnis überwunden werden. Der nächste Partner wird sowieso der gleiche Spiegel mit einem anderen Gesicht sein. In vielen Fällen lieben wir jedoch nicht den Partner, sondern das Bild, das wir uns von ihm/ihr gemacht haben. Wenn dieses Bild sich als Fälschung erweist, dann suchen wir nach einer neuen Leinwand auf die wir unser Bild malen können. Wenn du zurück schaust in deine vergangenen Beziehungen, dann erkennst du vielleicht den roten Faden, der sich immer und immer wieder durch dein Leben mit Partnern gezogen hat. Dieser rote Faden ließ dich vielleicht zu dem Schluss kommen, dass Männer und Frauen nun einmal so sind, wie du sie erfahren hast. Doch sie sind nicht so. Sie sind nur solange so, bis du erkennst. Wenn du erkannt hast, dann wirst du einen anderen Partner/in anziehen, bzw. dein Partner/in wird dir dein eigenes Bild nicht mehr negativ widerspiegeln. Das ist das universelle Gesetz der Resonanz.

Eine Beziehung kann und wird niemals ohne Spiegelung verlaufen. Ein Mensch ist insoweit vergleichbar mit einem Eisberg. Auch bei Menschen schaut nur "die Spitze heraus". Sechs-siebtel befindet sich unter der Oberfläche. Jeder Mensch, dem du begegnest, zeigt dir mindestens einen deiner "unter Wasser" befindlichen Schichten oder besser gesagt, Schatten. Dein jeweiliger Lebens-Partner spiegelt dir allerdings dein gesamtes Schattenspektrum. Es sind immer die Schatten, die du jetzt bearbeiten kannst. Das Universum, deine multidimensionale Seele sendet dir immer das und immer nur soviel, wie du gerade im Augenblick bearbeiten kannst. Ein universelles Gesetzt besagt, dass du eine Situation solange vorgesetzt bekommst, bis du sie gelernt hast. Das Universum hat alle Zeiten der Welt und du hast die Chance zu lernen so oft und solange du willst.

Was kannst du also tun, wenn du erkennst, dass du so reagierst, wie andere es erwarten? Zunächst einmal rebelliere nicht. Alles, was du ablehnst, wird sich unweigerlich an dich heften. Nimm deine Phantasie zu Hilfe und übertreibe zum Beispiel dein Verhalten. Übertreibe so sehr, dass dein Unterbewusstsein sich unbehaglich fühlt. Spiele in deiner Phantasie und vielleicht auch einmal in der Realität das brave Kind, die süße kleine Kuschelmaus, den starken Beschützer oder was auch immer dir gerade - als nicht dein Spiel - in den Sinn kommt. Dieses Vorgehen bewirkt, dass du nicht länger angstvoll vor deinem Verhalten davonläufst. Du stellst dich ihm, und wenn du es richtig anstellst, es richtig übertreibst, kannst du darüber nur noch lachen. Es kann tatsächlich Spaß machen. Dein Humor ermöglicht dir, deine angepassten Verhaltensmuster liebe- und verständnisvoll zu betrachten und damit zu erlösen.

Vor allen Dingen erwarte nicht mehr, dass andere so reagieren, wie du es erwartest. Erst die erwartungslose Haltung anderen Menschen gegenüber ermöglicht dir freudevoll deinen Weg mit anderen Menschen zu gehen. Selbst wenn ein Mensch dich ungerecht behandelt, dich verletzt oder beleidigt hat, dann mache dir immer bewusst, dass dieser Mensch letztlich nur von dir beachtet und geliebt werden möchte.

Du selbst wirst auch niemals gegen einen Menschen rebellieren, den du nicht liebst oder der dir nicht wichtig ist. Liebe wirkt immer auf beiden Polen. Auch völlige Ablehnung ist eine Form von Liebe. Andere Menschen würdest du stehen lassen, wenn sie dich nicht verstehen. Du würdet dich abwenden, die Schultern zucken und denken: " Na dann eben nicht. Es ist nicht mein Problem."

Darum wird es Zeit zu erkennen, dass ein Mensch, den du liebst nicht verändert werden möchte. Auch dieser Mensch ist verletzt, wenn du ihn so zurechtbiegen willst, wie du meinst, dass es für ihn oder dich das Beste sei. Wenn du deine Partnerin, deinen Partner verändern möchtest, oder drängst, dass er/sie sich ändert, zeigt dies lediglich, dass du nur ein Bild liebst, welches du selbst malst oder gemalt hast.

Jeder Mensch ist einzigartig. Es gilt die Einzigartigkeit zu erkennen und ans Licht zu bringen. Beginne damit, deine Bilder von anderen Menschen zu übermalen mit reinem Licht. Erlaube und ermuntere sie, sie selbst zu sein. Verändere zuerst einmal dich selbst, dann verändert sich die Welt.

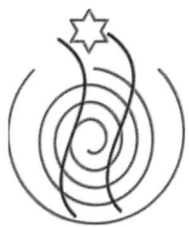

Meditation zur Öffnung des Herzens

Begib dich in einen entspannten Zustand. Finde deinen ganz persönlichen Ort in dir, an *dem deine Göttlichkeit ruht. Lege dich auf dein Ruhebett und visualisiere violettes Licht über deinem Kronenchakra. Lass dieses Licht sanft in* dein Kronenchakra ein-strömen und fühle, wie dieses reinigende Licht deinen Lichtkanal durchströmt.

Fühle, wie dieses reinigende, transformierende, violette Licht deinen gesamten Stirn-bereich ausfüllt. Nimm wahr, wie es spiralförmig kreisend von deiner Stirn in Wellen weiter wandert in deinen Körper hinein. Fühle, wie es durch deine Augenpartie, die Nasen-, Wangen, Mund- und Kinnregion durchfließt und nun deinen gesamten Kopf, einschließlich Hals und Nacken ausfüllt. Lege deine Zunge an deinen Gaumen und wende deinen inneren Blick auf den Punkt zwischen deinen Augenbrauen.

Lass das violette Licht weiter fließen, durch dein Thymuszentrum bis in dein Herz-zentrum hinein. Spüre die Klärung, während es deinen Brustraum weitet und klärt.

Lass nun das violette, kreisende Licht über die Außenseite deiner Arme in deine Handoberfläche fließen. Fühle den warmen, reinigenden Strom. Es fließt weiter über die Fingerspitzen, die Arme an den Innenseiten wieder hinauf und zurück in deinen Brustraum.

Fühle nun wie das Licht, durch deinen Kopf und deine Arme kreisend, sich in deinem Brustkorb im Herzchakra zusammenfließend vereint. Gestatte nun diesem reinigen-den, violetten Licht dein Herz zu erreichen. Sende dieses Licht nun durch deinen ge-samten Körper, so dass dein *ganzer Körper von dem reinigenden, heilenden violetten Licht völlig ausgefüllt ist.*

Konzentriere deine Aufmerksamkeit auf dein Herzchakra. Stelle dir hierbei dein physi-sches Herz vor, im Herzchakra eingebettet und sieh, wie es erfüllt ist von braunem und grauem Nebel. Dieser Nebel ist es, der dein Herz verschließt. Der Nebel ist wie zähflüs-siger Schleim. Lass das violette, vereinigende Licht langsam von allen Seiten in diesen braunen Nebel eindringen und erkenne, wie sich das Licht darin verliert. Lass immer mehr Licht von oben nachfließen und verstärke den Strom. Lass das Licht schneller und intensiver in deinen braunen, grauen Herznebel fließen.
Du kannst jetzt erkennen, wie der braune Nebel ein wenig heller wird. Die Ränder sind bereits leicht violett. Hole mehr Licht durch dein Kronenchakra und sende es auf

direktem Weg in dein Herz. Sieh, wie das Licht in deinem Herzen immer schneller und schneller rotiert und das Braun immer heller und heller wird.

Lass das reinigende, violette Licht so lange in dein Herz strömen, bis das Braun nur noch eine kleine Kugel in der Mitte des violetten Lichts ist. Lass das violette Licht um die braune Kugel kreisen und diese immer kleiner und kleiner werden. Das violette Licht konzentriert sich jetzt völlig auf die braune Mitte. Die Ränder ziehen sich zusammen. Dein Herz ist jetzt erfüllt von dieser winzig kleinen Kugel. Sie ist nur noch Nagelkopfgroß. Um diese Kugel herum wirbelt das violette Licht. Das Licht umhüllt die Kugel schneller und schneller. Jetzt löst die kleine Kugel sich auf im Licht.

Rund um das violette Licht erstrahlt jetzt ein leuchtend weißes, reines Licht und Du erkennst, dass jetzt ein Großteil deines Herzens gereinigt ist.
Lasse jetzt blau-grünes Licht durch das weiße Licht in dein Herz einfließen. Das weiße Licht wird durchdrungen von blaugrünem Licht, dem ein wenig Rosa beigemischt ist.

Der Kern deines Herzens ist jetzt violett, umgeben von weißem Licht, in das sich das grünlich-rosa Licht hineingießt. Das Violett verschwindet mehr und mehr. Dein gesamtes Herzzentrum erstrahlt jetzt in blau-grün-rosa Licht.
Dein Herz ist gereinigt. Dein Herz ist weit und frei. Konzentriere dich auf das wundervolle Gefühl der Freiheit und Liebe. Brenne dieses Gefühl in dein Bewusstsein ein.

Jetzt konzentriere dich auf die violetten Lichtstränge, die immer noch durch deinen Körper kreisen. Lasse dieses Licht sich langsam zurückziehen. Vom Ausgangspunkt der Füße kreist das Licht hinauf durch deinen Bauch, die Innenseiten der Arme hinunter, zu den Außenseiten über die Schultern, durch den Hals in den Kopf und sammelt es sich hinter deiner Stirn.

Bedanke dich bei dem transformierenden, violetten Licht für die Reinigung und Öffnung deines Herzens. Entsende nun dieses Licht mit deinem Dank durch dein Kronenchakra zurück in das Universum.

Schaue noch einmal in Dein Herzzentrum. Es ist jetzt erfüllt von dem wundervollen blau-grün-rosa Licht. Genieße das Gefühl des reinen Herzens und fühle, wie es weit, weiter wird und sich nach außen öffnet. Fühle, wie dein Herzchakra in deinem Ätherkörper immer weiter wird und rotierend das grüne Leuchten versprüht.

Du bist frei. Dein Herz ist frei und offen. Genieße dieses Glücksgefühl solange du magst.

Dann komme langsam zurück in die Gegenwart. Bewahre dir das Gefühl des gereinigten Herzens und versuche, diesen Zustand zu halten. Bringe eben diesen glückseligen Zustand mit zurück in die Gegenwart, wenn du jetzt aus deiner Trance herauskommst.

Verlasse deinen inneren Ruheraum. Bewege deine Glieder und nimm deine wahre Umgebung zuerst mit geschlossenen Augen wahr.

Bewege zuerst deine Arme, dann die Beine, recke und strecke dich und dann öffne deine Augen. Du bist ganz wach, erfrischt und energievoll.

Stehe jetzt auf. Dann gehe ins Bad und schaue in den Spiegel. Schaue in deine Augen. Sieh das Strahlen deines weit geöffneten, gereinigten Herzens aus deinen Augen leuchten. Aus deinen Augen strahlt Liebe. Du bist schöner, sanfter, weicher geworden. Erfreue dich an deiner neuen, strahlenden Schönheit und lass diese Energie im Alltag aus dir heraus strahlen.

Diese Übung ist sehr wirkungsvoll, um jedes deiner Chakren zu reinigen und zu öffnen. Du kannst immer in der gleichen Weise vorgehen. Jedes Chakra wird zuerst mit dem violetten Licht der Transformation gereinigt, dann mit dem weißen Licht ausgefüllt und schließlich mit universellem Licht gereinigt. Am Ende sammle immer wieder das Licht hinter deiner Stirn und sende es mit einem Dank an das Universum zurück.

Wiederhole diese Übung so oft und solange, bis du sicher bist, dass dein Herz sich geöffnet hat. Wiederhole sie ebenfalls immer dann, wenn du negative Gedanken oder Erwartungen hegst oder Depressionen dich quälen. Erhebe dich über deine Stimmungsschwankungen, indem du aktiv etwas unternimmst. Du wirst bemerken, dass sich deine Stimmung augenblicklich hebt. Die dunklen Schatten verschwinden aus deiner Aura und du fühlst dich wie neu geboren.

Meditation zur Erforschung deines Unterbewusstseins

Begib dich wieder in deinen Ruheraum an dem Ort in dir, an dem deine Göttlichkeit ihren Sitz hat. Durchschreite eine Tür am anderen Ende des Raumes. Du siehst eine Nebelwand. Durchschreite den Nebel und betrete einen wunderschönen Strand.

Setze dich an den Strand und betrachte das Spiel der Wellen. Schau, wie am Horizont langsam die Sonne im Meer versinkt und die rote Scheibe immer mehr und mehr verschwindet.

Jetzt erkennst du nur noch einen kleinen roten schmalen Rand der Sonne. Lass die Wärme sich in dir ausbreiten, ob des wunderbaren Sonnenuntergangs.

Du erhebst dich, hältst deinen Blick auf die Reste der Sonnenscheibe gerichtet und gehst langsam Schritt für Schritt in das Meer tiefer und tiefer hinein. Das Wasser fühlt sich weich und angenehm warm an. Das Meer ist energiegeladen von einem warmen, langen, sonnigen Tag.

Schritt für Schritt gehst du langsam weiter. Du spürst das warme sanfte Wasser an deinem Körper höher steigen. Spüre die Kraft und die Energie des Wassers, das bereits deine Hüften umspielt. Gehe langsam weiter. Schaue dabei ständig auf den Sonnenrand am Horizont, der immer schmaler wird.
Spüre wie die sanften Wellen immer mehr von deinem Körper erfassen. Du gehst, sehr langsam, immer tiefer hinein und schaust dabei auf den Rand der Sonne. Das Wasser erreicht dein Kinn. Du gleitest immer tiefer in den Ozean. Du fühlst wie das Wasser deine Augenpartie erreicht. Du bist angenehm erfrischt und die Sonne verschwindet am Horizont.

Jetzt bist du völlig unter dem Wasserspiegel. Du bist erstaunt, denn hier unter Wasser kannst du frei atmen. Die Strömung trägt dich sanft auf den Meeresboden hinab. Du siehst in der Ferne eine Grotte die nur spärlich beleuchtet ist. Gehe auf die Grotte zu. Tritt ein. Du bist in einen herrlichen runden Raum. In der Mitte dieser kugelförmigen Grotte steht einladend ein gemütlicher Sessel. Du nimmst Platz und siehst auf die große Leinwand vor dir. In den mächtigen Regalen stehen unzählige Filmrollen.

Du weißt plötzlich, auf diesen Filmen sind deine gesamten Lebenserfahrungen aufgezeichnet. Nimm einen beliebigen Film aus dem Regal, lege ihn ein und drücke den Startknopf.

Auf der Leinwand erscheint eine Szene aus deinem jetzigen oder einem früheren Leben. Du erkennst dich selbst auf dem Bildschirm. Wie siehst du aus? Welche Kleidung trägst du? Wo befindest du dich? Wie alt bist du?

Schau genau hin und erkenne, welche Situation du dir zur Klärung gewählt hast. Erlebe die Situation erneut, während der Film dich in deine Vergangenheit führt. Du lebst immer mehr auf dieser Leinwand und begibst dich mitten in die gezeigte Situation. Lasse dir viel Zeit, das alles noch einmal zu erfahren.

Jetzt bitte deine Seele, dir zu zeigen, welche Erfahrungen du dir gewählt hast und welche Entscheidungen du getroffen hast. Was war es, was du so tief verdrängt und völlig vergessen hast ? Fühle, was du damals fühltest. Du bist damit erst fertig, wenn der Film sein Ende erreicht.

Bleibe auf deinem Platz sitzen und überdenke das Geschehen. Überdenke, wann und wo du immer noch auf diese eben erlebte Situation reagierst, egal in welcher Verkleidung sie sich dir zeigt. Versuche, dein Muster dahinter zu erkennen.

Jetzt stehe in deiner Vorstellung von deinem Platz auf. Verlasse die Grotte. Nimm dein neues Wissen mit dir, wenn du JETZT das Meer verlässt.

Kehre durch den warmen, weichen Sand wieder zurück in die Gegenwart in deinen Ruheraum. Du fühlst dich erfrischt und lebendig.

Je öfter du diese Übung praktizierst, desto besser wirst du deine unbewussten Handlungen und Reaktionen verstehen können.

Teil 2

Der menschliche Körper und

Spiritualität

Die 7 Stufen des Lebens: Die 7 Körper des Menschen

Wir stehen am Beginn eines neuen Zeitalters. Viele Propheten und Visionäre haben Katastrophen riesigen Ausmaßes bis spätestens 2012 vorhergesagt. Und doch: der Polsprung, die Apokalypse muss nicht diese dramatischen Auswirkungen haben, wenn wir beginnen uns selbst zu verwandeln. Alles wird im Geist erschaffen, somit wird auch die Umwandlung zuerst im Geist stattfinden, die Seele durchdringen und sich dann materialisieren. Wenn du dieses Prinzip anerkennst, dann kann jeder einzelne Mensch die materielle Katastrophe verhindern. Jeder Einzelne hier auf diesem Planeten ist für die Erde mitverantwortlich. Wer, wenn nicht du in deinem Leben? Je mehr Menschen sich entschließen, freiwillig die Forderungen des Wassermann-Zeitalters, des Erwachens, zu erfüllen, desto unwahrscheinlicher wird der Untergang der bestehenden Materie, der bestehenden Erde.

Alle Katastrophen, die bereits stattfinden und noch vorausgesagt sind, sind letztlich nichts anderes als ein Symbol, eine Auswirkung für die stattfindenden inneren Wandlungen. Gedanken, Gefühle, Verhaltensweisen und Einstellungen der alten, niederen Art. Diese wollen transformiert und durch Höhere ersetzt werden. Für uns ist in dieser Zeit angesagt, dass wir uns wieder mit den höheren Ebenen, mit der Natur und mit Mutter Erde in Einklang bringen, damit wir auf diesen Gebieten wachsen. Wenn wir uns den natürlichen Rhythmen hingeben, gelangen wir mehr und mehr in Einklang mit den höheren Energien, die auf Erden sich festigen.

Nichts anderes ist gefordert für das kommende Zeitalter des Lichtes als unsere Grobstofflichkeit zu überwinden, zurück zu finden zu unseren Lichtkörpern mit denen wir einst hierher kamen. Diese feineren Körper werden uns die Rückkehr nach Hause, die Rückbindung zu unserer Heimat-Dimension ermöglichen.

Du hast dich freiwillig für diese Inkarnation entschieden um altes Versagen zu tilgen, doch vor allem um die Materie in höhere Schwingung zu verwandeln. Das ist das Ziel des neuen Zeitalters. "Macht euch die Erde untertan." Bringt das Licht und die Liebe in die Welt - in deine Welt -.

Der gottgleiche Teil in dir ist ausgestattet mit dem göttlichen Attribut des Erschaffens. Du erschaffst dir deine Realität Kraft deiner Gedanken. Doch wo und wie findet unser Denken und Fühlen statt? Dazu ist wichtig zu wissen, dass es mehr gibt, als das, was deine physischen Sinne wahrnehmen. Das Auge nimmt in der Regel nur den physischen Körper wahr. Doch der Mensch besteht aus mehreren Körper.

Wir haben sieben Körper, auch wenn die meisten Menschen sich in der Regel nur ihres physischen Körpers bewusst sind. Jede dieser Ebenen beinhaltet wieder sieben Unterebenen. Ich möchte mich hier auf die sieben Hauptebenen beschränken, die für dein Verständnis über die Zusammenhänge völlig ausreichend sind.

Als ersten wenden wir uns dem physischen Körper zu.

Das ist der Körper, den du selbst und andere Menschen sehen, fühlen und anfassen können. Er ist das Instrument unser Geist-Seele-Kausal-Essenz und ermöglicht die Bewegung, die Aktion und Erfahrung im physikalischen Universum. Weil unsere Dreiheit nicht in der Lage ist hier in der Materie ohne materiellen Körper irgendetwas zu bewirken, erschufen wir uns diesen Raumanzug. Und tatsächlich, er ist zu vergleichen mit dem Raumanzug eines Astronauten im Weltall. Werde dir deines Raumanzuges bewusst.

Der Ätherkörper ist das Energiefeld, das den physischen Körper aufrecht und am Leben erhält. Ohne diese Energiestütze, Körperstütze, ist der physische Körper nicht lebensfähig. Er würde ohne den Ätherkörper wie eine schlaffe Stoffpuppe zusammensinken. Der Ätherkörper besteht aus einem feinen Netz von Energielinien, die den physischen Körper vollständig durchdringen und diesen mit Lebensenergie, auch Prana oder Chi genannt, versorgen. Gleichzeitig wird hier Erdenergie aufgenommen und dem physischen Körper zugeführt. Der Ätherleib ist folglich ganz eng mit den Lebensprozessen des physischen Körpers verknüpft. Hier in dieser Ebene sind die Chakras, die in den physischen Körper hineinragen, angeordnet als Träger, Transformatoren und Übermittler der Lebensenergie und Wahrnehmung für die physische Ebene.

Störungen, Stauungen und Blockaden im Ätherbereich führen unweigerlich zu einer Unterversorgung des Körpers und damit zu Krankheiten und Verlusten der Lebensqualität. Aus diesem Grunde ist es wichtig den Ätherkörper gesund zu erhalten. Diese Gesunderhaltung oder Reinigung kannst du u.a. erreichen, wenn du deine Ernährung derart gestaltest, dass du negative Schwingung in der Nahrung ausschließt oder reduzierst. Doch zum Thema Ernährung werden wir später gelangen.

Ein ganz wichtiger Bereich, den du bereits kennen gelernt hast, liegt ebenfalls im Ätherkörper, nämlich das Unterbewusstsein. Du hast erfahren, dass alle Eindrücke, alle Erlebnisse usw. alles was du bisher in sämtlichen Inkarnationen erfahren und erlebt hast, im Unterbewusstsein gespeichert ist. Natürlich hat sich hier auch sehr viel

Überflüssiges angesammelt was dein Erleben heute mehr behindert als fördert. Es ist unsere Lebensaufgabe diesen Körper immer mehr zu erfahren, unser Unterbewusstsein zu erforschen und von unnötigem Ballast zu befreien. Nicht aus dem Grunde, weil wir so gern in der Vergangenheit herumwühlen, sondern um aus der Bewertung herauszutreten und im Hier und Jetzt leben zu lernen.

Wichtig zu wissen ist: jeder der drei niederen Körper, über dem physischen Körper, ist die Durchgangsstation für den nächst höheren Körper. Jede Verunreinigung in einem der ätherischen Körper verunreinigt die klare Wahrnehmung der Geist-, Seele- und Kausalebene. Krankheiten, Unwohlsein, Unglücklich sein, Verspannungen usw. resultieren immer daraus, dass die Körperformen, die über dem physisch, sichtbaren Bereich liegen, verstopft, verschmutzt oder blockiert sind.

Der Begriff der unterschiedlichen Körper kann dich eventuell verwirren, weil wir bisher immer nur den physischen Körper aus Fleisch und Blut erkannt haben. Doch hat alles auf dieser Erde seine Entsprechung in den unsichtbaren Welten. Wenn du die Funktionen der physischen Welt verstanden hast, dann kannst du Rückschlüsse ziehen auf die höheren Ebenen, auf andere Welten. Es ist immer wie im Kleinen so im Großen, wie innen so außen, wie oben so unten. Darauf werden wir in dieser Selbsterfahrungs-Reise ausführlicher eingehen, wenn wir die universellen Gesetzmäßigkeiten behandeln.

Auf der nächsten Ebene liegt der Astral- oder Emotionalkörper. Auch der Emotionalkörper ist für sensitive und hellsichtige Menschen noch sicht- und fühlbar.

Hier in dieser Ebene liegen unsere stärksten Verletzungen. Daher bedarf diese Ebene einer ganz intensiven Heilung. Denn genau hier sind alle Wünsche, Begierden, Bedürfnisse, Triebe und Emotionen angesiedelt. Ich unterscheide immer ganz bewusst zwischen den Begriffen Gefühl und Emotion, weil wir letztendlich nur fünf Grundgefühle haben. Liebe, Freude, Angst, Wut und Schmerz. Diese bringt jeder Säugling mit zur Erde. Alles andere was wir denken zu wollen oder zu fühlen sind Emotionen, weil hier die wirklichen Gefühle durch Gedanken, Erfahrungen, Bewertungen und Glaubenssätze verfälscht werden. Auf der Astralebene, im Emotionalkörper finden unsere Entscheidungen statt über das Leben, Situationen und andere Menschen im Allgemeinen.

Der Emotionalkörper war ursprünglich dazu geschaffen, die reinen Gefühle der Seele in die Materie zu verstofflichen. Zu seiner Aufgabe gehört, durch die Entwicklung unserer Liebesfähigkeit, die selbstlose Seelenliebe, urteilsfreie Liebe im Alltag zu leben. Je reiner und klarer die Seelen-Gefühle ein- und durchdringen können, desto mehr sind wir in der Lage selbstlose, bedingungslose Liebe zu leben und zu erfahren.

Da jeder Mensch sich nach Nähe, Liebe, Wärme, Erfüllung und Geborgenheit sehnt ist erkennbar, dass der Emotionalkörper intensiver Reinigung bedarf, wenn wir diese Wünsche der Seele befriedigen wollen. Denn er reagiert nur allzu oft aufgrund alter Erfahrungen, die er in vergangenen Inkarnationen gelernt und in diese Inkarnation mitgebracht hat. Er reagiert viel zu oft mit Gefühlen, die zwar bekannt, jedoch völlig unzeitgemäß und unserem Wachstum eher hinderlich als förderlich sind. In den häufigsten Fällen ist eine starke Sympathie, eine hochgradige Verliebtheit oder eine unerklärliche Abneigung gegen Dinge oder Menschen zurückzuführen auf eine alte Erinnerung des Emotionalkörpers. Hinzu kommt, dass Emotionalkörper und Unterbewusstsein immer gemeinsam auftreten.

Oft fühlen wir uns zu den Menschen hingezogen, die wir aus alten Inkarnationen kennen, weil unser Emotionalkörper sie wieder erkennt. Leider sind dies häufig die Menschen, die uns, oder denen wir unbewusst aus alten Rachegedanken, die größten Verletzungen zufügen. Schau dir einfach einmal deine verflossenen Beziehungen an. Wie viel Hoffnungen hast du in manche Begegnung gelegt, wie groß war deine/eure Verliebtheit. Und mit wie viel Schmerz und Tränen haben sich viele dieser Verbindungen wieder gelöst.

Es ist an der Zeit, dass wir unseren Emotionalkörper umziehen. Dann werden wir Menschen anziehen und annehmen, die unserem Wachstum dienlich sind, anstatt unsere Zeit und damit unser Wachstum auf Nostalgietrips zu vertun.

Ein unklarer Emotionalkörper beschert dir hochfliegende Emotionen von überschäumender Verliebtheit, Furcht, unklaren Ängsten, Rachegelüsten, usw. deren Ausleben sich immer und ausschließlich gegen dich selbst richten. Wenn der Astralkörper verschmutzt, beschädigt ist - ich nenne das jetzt ganz einfach mal so - dann kann die kosmische Energie nicht frei zum Ätherkörper fließen. Die Emotionen überfluten dich. Du hörst und empfindest nicht mehr die feinen, subtilen Energien deines Seelenkörpers. Diese Unruhen der Emotionen sind es, die den Menschen letztendlich krank machen. Sie machen uns krank, weil wir nicht glücklich sind. Abwesenheit von Glück bedeutet immer Unglück.

Gerade die sphärischen Körper mögen für deinen Alltag unwichtig erscheinen. Aus diesem Grunde beschränken wir uns hier auch auf die so genannten niederen Körper, die für uns auf diesem Planeten der Ausgangspunkt sind für die Rückkehr in die All-einheit. Auch, wenn du dir dieser Körper noch nicht bewusst bist, ist es dennoch wichtig von ihrer Existenz zu wissen. Wenn du manchmal das Gefühl hast, dass du allein bist, dass dir etwas wirklich Essenzielles fehlt, dann ist es möglicherweise die Verbindung zu deinen höheren Körpern. Wenn du also in Zukunft nur daran denkst, dann wird es dir bereits helfen. Da die höheren Körper nur durch die niederen Körper erreichbar sind, müssen diese zuerst rein und klar werden.

Wenn Lebewesen sterben, stirbt nur der physische Körper. Alle anderen Körper blei-ben erhalten. Die drei niederen Körper lösen sich am Ende der Inkarnationszyklen auf bzw. werden von der Kausalebene absorbiert und in die Erfahrung des Alles integ-riert. Dadurch, dass die niederen Körper wieder mit dir inkarnieren, bleiben alle Nei-gungen, Abneigungen und deine Gefühle aller Inkarnationen im Emotionalkörper erhalten. Sie werden als Karma in die nächste Inkarnation mitgebracht. Genau dort, wo du mit deinem physischen Körper aufgehört hast, in der Stunde deines physischen Todes, machst du in den geistigen Bereichen weiter. Was wir hier zu lösen haben, steht dann in den geistigen Bereichen ebenso zur Lösung an wie hier in der Materie.

Ein Mensch, der durch Selbstmord davon zu laufen versucht, wird sich auf der ande-ren Seite mit genau denselben Problemen konfrontiert sehen, nur viel dramatischer. Dort auf dieser Ebene ist der Emotionalkörper viel aktiver als hier. Daher werden sie von diesen Gefühlen ohne Schutz durch die materielle Welt getroffen. Dies trifft jedoch nicht zu, wenn ein Mensch frei von Emotionen beschließt, dass es auf Erden genug ist. Hinzu kommt, dass eine Lösung im geistigen Bereich viel länger dauert, da es Zeit im eigentlichen Sinne dort nicht gibt. Es herrscht ewiges Jetzt. Aus genau die-sem Grunde entscheiden sich Seelen wieder in die irdische Inkarnation zu gehen, um die Dinge in einem physischen Körper zu lösen. Dies ist sehr viel leichter und einfa-cher, obwohl es so manchem in einer ausweglosen Situation so nicht erscheint.

Wir leben heute in einer Zeit, in der persönliche, geistige Entwicklung sehr schnell stattfinden kann. Darum machen sich auch immer mehr Menschen auf den Weg, auf die Suche nach Wahrheit und Klarheit. Niemals zuvor hat es so viele Möglichkeiten der persönlichen Weiterentwicklung gegeben wie heute. Kein Mensch muss mehr durch Leiden lernen, wenn wir die uns gegebenen Möglichkeiten ausschöpfen. Ja, wir können hier und jetzt in diesem Leben all das erlernen und erfahren, wozu wir vor-mals viele Inkarnationen benötigt haben.

Das Universum ist Schwingung, das ist ein kosmisches Prinzip. Darum ziehst du alle Hilfen, die du benötigst, an, wenn du den Wunsch nach Vervollständigung des Lebens in dir trägst. Die einzige Notwendigkeit besteht darin, dass du die schwere Schwingung in der Materie verfeinerst und damit die Energie des Planeten erhöhst.

Vor jeder neuen Inkarnation, wird das Wesen über die wesentlichen Dinge, die ihm in der kommenden Inkarnation bevorstehen belehrt. Es kann frei wählen, ob es diesen Weg gehen will. Doch da es in der westlichen Welt immer schwieriger wird zu inkarnieren, entscheiden sich sehr viele Seelen für eine Inkarnation in der so genannten dritten Welt um in einem physischen Körper all das zu erlösen, was in den geistigen Bereichen sehr lange dauern würde. Sobald dieses Wesen die erforderlichen Erfahrungen integriert, erlöst und diesen Körper wieder verlassen hat, kann es sich der nächsten Aufgabe der Weiterentwicklung zuwenden.

Heute beschäftigen wir uns daher mit den ersten drei Stufen. Mit dem physischen Körper, dem Ätherkörper und dem Emotionalkörper. Der Ätherkörper und der Emotionalkörper treten während des Tiefschlafs aus dem physischen Körper aus. Du hast sicher schon einmal von Astralreisen gehört und kennst Berichte von Schwerverletzten, die über dem Unfallort schwebten und genau wahrnahmen, wie mit einer Videokamera, was mit ihrem physischen Körper geschah. In solchen Situationen wird dem Menschen die Trennung zwischen den Körpern bewusst.

Bei geistig unentwickelten Menschen, bleiben der Äther- und der Emotionalkörper während des Schlafes einige Zentimeter oberhalb des physischen Körpers schwebend. Bei geistig weiterentwickelten, feiner schwingenden Menschen, sind diese Körper für sich selbst wach und in den Astralbereichen tätig. Es ist diesen Körpern möglich, an jeden Punkt der Erde und des Sonnensystems zu gehen. Meist wird jedoch die Zeit genutzt, um in höheren Ebenen zu lernen und zu lehren. Hier findet während der Nacht auch Karmaerlösung statt. Dazu ist jedoch notwendig, dass der Mensch bereits an und mit sich arbeitet. Die feinstoffliche Ebene kann nur von ebenso feinstofflichen Körpern durchdrungen werden. Vielleicht bist auch du schon morgens aufgewacht und hattest das Gefühl, die ganze Nacht hart gearbeitet zu habe? Dann warst du möglicherweise in einem schwierigen Unterricht oder hast anderen Wesen geholfen, was wiederum deine Schwingungsfrequenz anhebt

Der Äther und der Astralkörper sind über die so genannte Silberschnur mit dem physischen Körper verbunden. Sobald dieser in seinem Tiefschlaf gestört wird, fallen die feinstofflichen Körper augenblicklich in den physischen Körper zurück. Falls du schon einmal durch einen Falltraum aufgewacht bist, dann hast du das Zurückprallen der energetischen Körper gespürt. Der geistig höher entwickelte Mensch erlangt mit einer gewissen Übung die volle Herrschaft über seinen Äther- und Emotionalkörper und geht mit diesen bewusst in die Astralwelten um dort zu helfen. Sein Bewusstsein erleidet durch den Tiefschlaf keine Unterbrechung mehr.

Für uns Menschen ist der Tiefschlaf so wichtig, weil der Äther- und der Emotionalkörper nicht ständig im physischen Leib gefangen sein können. Sie müssen zum Kraftauftanken in die feinstofflichen Ebenen heraustreten. Daher ist es ganz besonders wichtig, Schlafstörungen zu beheben ohne Medikamente.

Wenn du die vorgezeigte Tatsache anerkennst, dann ist klar, dass jedes Wesen zugleich ein Energiewesen ist. Diese Energiekörper, die sich wiederum aus einem System von Energiefeldern zusammensetzen, beeinflussen sich gegenseitig. Sie stehen miteinander in Wechselwirkung. Da die unsichtbaren Körper keinen Raum beanspruchen, durchdringen sie sich gegenseitig, den eigenen physischen Körper und die feinstofflichen und festen Körper anderer Menschen. Jeder Gedanke, jedes Gefühl, jede Handlung ist eine Energieentladung, die vom Energiefeld eines jeden Menschen ausgeht und das aller anderen Menschen durchdringt.

Unser physischer Körper ist getreu dem universellen Prinzip - Wie oben so unten - aus vielen Teilfeldern erschaffen, die einander wechselseitig beeinflussen. Diese Teilfelder des Körpers werden durch die Organe des feinstofflichen Energiesystems ernährt und gesteuert, vor allem durch die Kraftzentren, die allgemein als Chakras bezeichnet werden.

Die Ausbalancierung der Körper kann durch bewusste Arbeit an der eigenen Persönlichkeit, an den vermeintlichen Gefühlen und den Glaubenssätzen erheblich gesteigert werden. Meist löst bereits die bewusste Beschäftigung mit deinen eigenen seelischen Knoten, mit dem Mangel in deinem Leben vorhandene Blockaden auf. Der Wunsch nach Ganzheit erhöht die Bereitschaft in die eigenen seelischen Tiefen einzutauchen. Wenn ein Mensch sich erwählt hat, gerade jetzt seelisch in sein Gleichgewicht zu gelangen und damit Symptome und Krankheiten zu lindern oder zu heilen, wenn der Zeitpunkt stimmt, die seelische Bereitschaft, Medizin und evtl. Therapie zusammenkommen, dann kann Heilung stattfinden.

Die Energieversorgung des Körpers durch die Chakren

Damit deine Fähigkeit der Kontaktaufnahme mit der geistigen Welt ungehindert wirken kann, ist es notwendig, dir die Wichtigkeit der Energieversorgung des Körpers zu erklären. Denn: "Der Mensch lebt nicht vom Brot allein" Vielleicht hast du bereits etwas gelesen über die Chakras. Du solltest dann trotzdem dieses Kapitel nicht überspringen, sondern es nutzen um dein Gedächtnis aufzufrischen. Ganz besonders im Übungsteil für die Chakren.

Ein gutes Funktionieren dieser Energiezentren ist wichtig, wenn du deinen Zugang zum Universum erweitern und ausbauen willst. Nur dann ist gewährleistet, dass deine lichtvollen Helfer den RICHTIGEN, KLAREN Kontakt zu dir herstellen können und du die Botschaften entschlüsseln kannst. Du kannst mit den geistigen Welten in Verbindung bleiben und darüber hinaus wertvolle Hinweise nicht nur für dich selbst, sondern auch für andere Menschen empfangen und weitergeben.

Sei dir klar darüber, dass alles im physikalischen Universum zugleich eine Energieform darstellt. Diese setzt sich aus mehreren Energiefeldern zusammen, die wiederum andere Energieformen beeinflussen. Jedes Energiefeld wirkt in ein anderes hinein und darüber hinaus. Jeder Gedanke, jedes Gefühl und jede Handlung ist eine Energieentladung, die von einem Menschen ausgeht, das Energiefeld eines anderen erreicht und durchdringt. Alle Menschen sind an demselben universellen Energiefeld angeschlossen. Wir können uns nur dann selbst verstehen, wenn wir uns als Einheit, als Teil des Universums aus dem wir unsere Lebensenergie, - Chi, Prana - erhalten, anerkennen.

Wenn wir diese Einheit erkennen, dann können wir uns nicht mehr als Einzelgänger betrachten. Obwohl jeder physische Körper seinen Raum benötigt, sind unsere wichtigeren Körper feinstofflicher Natur und daher an keinen materiellen Ort gebunden. Wenn wir uns von anderen Menschen oder Dingen isolieren, dann trennen wir uns vom universellen Energiestrom ab. Die Organe des Lebens funktionieren universell. So werden die Organe des physischen Körpers durch die Organe der feinstofflichen Energiekörper gesteuert, vor allem durch die Kraftfelder, die wir als Chakras bezeichnen.

Chakra ist ein Sanskritwort. Es bedeutet in etwa: etwas sich drehendes, drehendes Rad. Chakras sind farbige, rotierende Energiescheiben im feinstofflichen Körper. Sie sind entlang der Körperachse angeordnet. Obwohl sie nicht stofflich sind, kannst du ihr Vorhandensein spüren und fühlen. Sie sind die lebensnotwendigen Energieversorger des physischen Körpers, den sie mit universeller Lebensenergie versorgen.

Die meisten Menschen unterliegen dem Irrglauben, dass sie und ihr Körper absolut identisch sind. Sie identifizieren sich mit ihrem Vehikel. Der Mensch ist ein universelles Wesen. Du besitzt einen Körper, damit du hier auf diesem Planeten etwas ausrichten kannst. In Wirklichkeit jedoch besitzt jeder Mensch mehrere Körper. Da viele Menschen in der Welt der physischen Sinnesorgane gefangen sind, erkennen sie nur noch das als vorhanden an, was sie hören, riechen, sehen, schmecken und anfassen können. Der physische Körper ist jedoch dazu bestimmt, dass der Geist und die Seele in der stofflichen Welt aktionsfähig sind.

Bei der Besprechung der Chakras ist der nichtsichtbare Ätherkörper von größter Wichtigkeit. Denn auch dieser Ätherkörper ist, wie du im letzten Kapitel erfahren hast, Teil der Materie auf feiner- oder schneller schwingender Ebene. Durch diesen Ätherkörper wird der menschliche Körper mit Energie versorgt und das Leben in einem Körper ermöglicht. Der Ätherkörper ist nicht zu verwechseln, mit dem Astralkörper. In diesem Bereich werden die Gedanken und Gefühle, die auf der Astralebene entstehen in den physischen Körper geleitet.

Auf dieser ätherischen Ebene, an der "Oberfläche" des Ätherkörpers, sind die Chakras angeordnet. Diese Kraftzentren sind die Verbindungspunkte zum Universum, durch welche die universellen, lebenswichtigen Energien in den physischen Körper fließen. Es gibt anerkannt sieben Haupt- und drei Nebenchakren. Vielleicht wunderst du dich daher, dass wir von acht Chakras sprechen? Es gibt sehr viel mehr Chakren. Das achte Chakra befindet sich oberhalb deines Kopfes, im Ätherbereich, und darüber hinaus drei weitere, die unter anderem das Kommunikationsgebiet unserer geistigen Freunde und der Erde sind. Ebenso gibt es Chakren unterhalb des physischen Körpers. Wir behandeln hier jedoch nur die sieben Hauptchakren, die den physischen Körper ernähren.

Auch wenn ich Eingangs von Scheiben sprach, kannst du dir die Chakras wie kelchförmige Blüten vorstellen. Sie werden auch Lotosblüten genannt. Die größere Öffnung der Kelche weist nach vorn, der sich verjüngende Teil ragt in den Körper hinein. Nur beim Wurzelchakra ist es umgekehrt. Auf der nördlichen Halbkugel der Erde sind die Chakras rechtsdrehende, farbige Gebilde. Sie reagieren äußerst sensibel auf unser Denken und unsere Gefühle. Eine gleichmäßige Öffnung und Rotation der Chakras ist Grundvoraussetzung für eine gleichmäßige Energieversorgung des Menschen, damit er gesund und kraftvoll ist, zu sich selbst findet und eine kraftvolle Ausstrahlung besitzt. Jede Blockade in einem der Chakras verhindert einen ungehinderten Energiefluss durch das gesamte Chakrensystem.

Die genaue Erklärung zu den Chakren findest du auf unserer Website www.omkara.de. Einige Übungen, welche die Chakren aktivieren und klären.

Stelle dich breitbeinig, barfuß auf den Boden. Hebe deine Arme V-förmig neben und über deinen Kopf. Die geöffneten Handflächen weisen nach oben. Versuche zu erfühlen, wie die kosmische Energie durch deine Handflächen und dein Kronenchakra in deinen Körper hinein strömt. Danach versuche zu erfühlen, wie Erdenergie von unten durch deine Fußsohlen in deinen Körper einströmt. Lass diese beiden Energien sich innerhalb deines Herzzentrums miteinander vermischen. So bist du verbunden mit der universellen Energie und gleichzeitig gut geerdet. Versuche den Unterschied zwischen diesen beiden Energien zu erspüren.

Wenn eines der Chakras gestört oder geschädigt ist, dann wird die Verbindung zu einem bestimmten Teilfeld unterbrochen. Die Energie wird blockiert und die anderen Chakren ziehen sich zusammen. Nur indem du diese Blockaden beseitigst, und die freiwerdende Energie in das feinstoffliche System einfließen kann, gewinnst du Teile deiner Selbst zurück.

Nachdem dir die Wichtigkeit und Funktion der Chakras deutlich wurde, kannst du dir vorstellen, dass jede negative Energie die Funktion der Chakren ganz erheblich stören kann. Bereits der negative Gedanke eines Menschen an dich kann eine sofortige Schließung der Chakras in deinem Ätherkörper bewirken. Ebenso wird eine extrem materielle Lebenseinstellung die geistige Entwicklung ganz konkret behindern. Es ist daher wichtig für eine ausgewogene Balance der Chakras zu sorgen.

Eine Ausgewogenheit der Chakras kann mit recht einfachen Mitteln erreicht werden. Zum Beispiel Reiki-Behandlungen. Eine ethisch einwandfreie Energieübertragung, bringen die Chakren in harmonische Ausgewogenheit. Wenn deine Chakren blockiert sind, solltest du eine gute Reiki-Behandlerin finden und dich mit Reiki behandeln lassen. Oder noch besser, du besuchst selbst ein Reiki-Seminar und lässt dich in den ersten Grad einweihen. Dann kannst du dich selbst und deine Freunde und Verwandten jederzeit mit dieser Energie behandeln. Besuche jedoch unbedingt ein Seminar. Ferneinweihungen in Reiki funktionieren nicht.

Eine gute Lebenshilfe ist, jedem Morgen die Fünf Tibeter Übungen zu praktizieren. Wenn du gleichzeitig eine morgendliche Vokalmeditation anschließt, dann sind deine Chakren optimal versorgt.

1. Chakra 2. Chakra 3. Chakra 4. Chakra 5. Chakra 6. Chakra 7. Chakra

---U------------O------------A-------------A-------------E---------------I---------------I----

I-E-A-O-U- und rückwärts U-O-A-E-I

Du musst hierbei deinen ganz eigenen Ton finden. Du machst es richtig, wenn der ganze Körper mit dem Ton vibriert und schwingt. Das Singen der Vokale verbunden mit der Tibeter-Übung bewirkt, dass du dich völlig fit und ausgeglichen fühlen wirst. Die beste Methode ist das Singen im Freien, oder unter der Dusche, wenn du dir dabei vorstellst, wie deine Aura gereinigt wird und alles Negative im Abfluss verschwindet.

Wir müssen immer beachten, dass die Zentren extrem empfindsam auf die Schwingungen anderer Menschen reagieren. Du kannst dir die Chakras wie eine Seeanemone vorstellen. Bei der leisesten Berührung schnappt sie zu und verschließt sich. Negatives Denken und Fühlen in deiner Umgebung oder von Menschen, mit denen du durch deine Schicksalsschnur verbunden bist, teilen sich dir unmittelbar mit. Sie bewirken daraufhin ein Verschließen deiner Chakren. Darum ist es so wichtig, dass du lernst, deine eigene Energie von der Energie Anderer zu unterscheiden. Sicherlich kennst du Situationen, in denen Menschen mürrisch, ängstlich, aggressiv o.ä. auf dich zukamen und du dich hinterher ebenso gefühlt hast. Die negative Stimmung der Anderen hat dir die Laune verdorben. Das liegt am Schutzmechanismus deiner Chakren.

Das automatische Schließen der Chakren bewirkt, dass nur ein Teil der fremden Energie in dich eindringen kann. Dies bewirkt jedoch gleichzeitig ein Abschneiden von deiner Lebensenergie. Aus diesem Grund solltest du immer dann, wenn du die Wirkung feststellst, alles tun, damit deine Chakren wieder aktiviert werden. Mit einer imaginären Drehung im Uhrzeigersinn vor deinen Chakren kannst du die richtige Drehung wieder aktivieren.

Der physische Tod ist ein Glaubenssatz

Du fragst dich jetzt vielleicht, was dieser Titel bedeuten soll? Bisher sind doch offensichtlich alle Menschen, vielleicht auch Menschen die dir bekannt waren, gestorben. Dem Glaubenssatz, dass wir alle sterben müssen, unterliegen 99.997 % aller Menschen. Du siehst, es gibt bereits, wenn auch nur eine verschwindend geringe Anzahl von Menschen, die sich weigern, einen allgemein gültig anerkannten Glaubenssatz anzuerkennen.

Schau dich doch einfach einmal um. Wer hat denn dir bis heute bewiesen, dass du sterben musst? Du bist doch im Grunde der beste Gegenbeweis für den physischen Tod und dies genau so lange du noch lebst. Du bist der beste Beweis für physische Unsterblichkeit, solange du dich nicht dem allgemeinen Glaubenssatz anschließt, für dich entscheidest, dass es an der Zeit ist, diesen Glaubenssatz zu bestätigen. Bis heute auf jeden Fall, bist du vollkommen lebendig. Alle Menschen haben dir vom ersten Tag deines Lebens an erzählt, dass nur eines auf Erde absolut sicher ist, nämlich, dass du sterben musst. Weil wir es so oft gehört und vielleicht hin und wieder auch gesehen haben, dass ein Mensch starb, haben wir diese These kritiklos übernommen und zu unserer eigenen gemacht. Doch bewiesen haben wir uns selbst oder einem anderen Menschen die Richtigkeit dieser These noch nie.

Da ich nicht annehme, dass du ein Mensch bist, der immer kritiklos die Glaubenssätze anderer Menschen übernimmt, frage ich mich allen Ernstes, warum du hier, bei dieser angeblichen Tatsache, eine Ausnahme machst und nicht über andere Möglichkeiten nachdenkst. Es könnte ebenso gut ein Gerücht sein, wie viele andere. Solange du dir nicht selbst bewiesen hast, dass du altern und eines Tages - so ungefähr zwischen 70 und 95 Jahren - gestorben sein wirst, gibt es keinerlei Beweise dafür, dass es für dich ebenso gilt, wie für viele andere Menschen. Nur weil andere Menschen alt und krank werden und dann schließlich sterben, weil es sich so gehört, müssen wir es ihnen ja nicht unbedingt nachmachen. Oder?

In mystischer Geheimlehre ist es schon sehr lange bekannt, dass der Mensch nur deshalb den physischen Tod erlebt, weil er daran glaubt. In unseren Seminaren machen wir die Teilnehmer immer, als eine der wichtigsten Übungen, mit dem uralten Wissen tibetischer Mönche bekannt. Obwohl das dazugehörende Buch (Die fünf Tibeter) mit hoher Auflage neu erschienen ist, sind immer noch sehr viele Menschen unwissend. Wie wir alle wissen, erreichen diese Mönche auch heute noch, ein für uns unvorstellbar hohes Alter, bei völliger geistiger und körperlicher Klarheit und Gesundheit. Und gerade diese Vitalität ist es doch, welche DIE GARANTIE für das jung sein, bzw. jung bleiben ist.

Es ist kaum vorstellbar, dass einige wenige einfache Übungen und eine gesunde Ernährung bereits das ganze Geheimnis sein sollen. Vielleicht werden sie aus diesem Grunde noch nicht von jedem praktiziert. Doch wenn du aufmerksam den kurzen Abschnitt "Chakras" gelesen hast, dann weißt du von der Auswirkung der Blockaden in diesen Kraftzentren. Jede der Übungen reguliert gezielt die Chakras und löst dadurch bestehende Blockaden auf. Wobei die erste Drehübung eine Aktivierung, durch die Rotation des ganzen Körper, aller Zentren bewirkt. Du solltest mit diesen Übungen langsam beginnen. Wir empfehlen immer mit dreimaliger Wiederholung jeder Übung zu starten. Erst wenn du diese drei Drehungen ohne Mattigkeit und Schwindelgefühl absolvieren kannst, kannst du jeweils um zwei erhöhen, bis du 21 Mal die einzelne Übung durchführen kannst. In Verbindung mit dem Singen der Vokale oder Silben, wirst du dich bereits vom ersten Tag an sehr viel ausgeglichener und frischer fühlen.

Was bewirken diese Übungen? Durch die Übungen wird in deinem Körper das so genannte Todeshormon gestoppt. Dieses Hormon wird produziert durch falsche Ernährung (sh. dort), mangelnde Bewegung, emotionale Blockaden und aufgrund des Glaubenssatzes, dass der Mensch sterben MUSS. Im kollektiven Unbewussten ist fest verankert, dass der Mensch sterben muss. Da jede einzelne Zelle deines Körpers das gesamte Bewusstsein gespeichert hat und danach reagiert, schaltet sie ab einem bestimmten Zeitpunkt, nach der Pubertät, um von Aufbau auf Verfall. Es ist aber absolut nicht einzusehen, weshalb Zellen, die sich immer und immer wieder teilen und erneuern, plötzlich ihre Arbeit verändern. Es ist das Antiprogramm der Zellen und eine starre, unflexible Denkweise die das Altern des Körpers bewirkt. Schau dir weltoffene Menschen an, die ihren Geist schulen und auf sich achten. Sie sehen auch mit sechzig und siebzig Jahren erheblich jünger und frischer aus, als Gleichaltrige.

Du weißt, dass du dein Leben und deinen Körper durch dein Denken erschaffst. Du bist verantwortlich für die Formenbildung. Was hindert dich daran auch hier umzudenken? Flexibel zu bleiben im Denken, das ist das Zauberwort. Richte dein Denken auf deinen Schöpfungsprozess und erhalte dir die Bereitschaft, immer darin zu verbleiben. Wenn dir deine Körperformen nicht gefallen, dann denke dir deinen Traumkörper. Stelle dir ganz genau vor, wie du aussehen möchtest und fühle dich so, wie du dich in deiner Vorstellung siehst. Nach einiger Zeit, wird die Materie, in diesem Fall dein Körper, damit beginnen, deine Gedanken nachzuformen. Du wirst deinem Idealbild immer mehr gleichen. Das gleiche geschieht mit deinen Zellen. Wenn du deinen

Zellen mitteilst und fest davon überzeugt bist, dass deine Zellen nicht altern sondern immer so produktiv arbeiten wie in deiner Kindheit und Jugend, nämlich sich immer wieder erneuern und Lebensenergie speichern, dann wird dein Körper nicht mehr so schnell altern. Im Gegenteil, er kann sich sogar wieder verjüngen.

Du entscheidest, ob du sterben willst. Mache dir ein ganz konkretes Bild, das dir entspricht und du wirst den Tod besiegen, wenn du das möchtest.

Überlege nur einmal, wie wundervoll es sein wird, wenn du selbst frei entscheiden kannst, wann du diesen Planeten verlassen willst. Niemals wieder geboren werden müssen, eine Kindheit durchlaufen und alles noch mal von vorn beginnen. Ist das nicht ein phantastischer, erstrebenswerter Zustand? Ein Versuch lohnt sich, denn, was hast du schließlich in dieser Beziehung zu verlieren? Und wenn es dann doch nicht so recht funktionieren sollte, nun dann hast du wenigstens dein Leben ohne Angst vor dem Sterben gelebt und dein Bewusstsein um ein Vielfaches erweitert.

Es gibt allerdings auch Menschen, die bereits bewiesen haben, dass der Mensch nicht sterben muss. Meister Saint Germain ist das Paradebeispiel hierfür. Andere wieder leben wie jeder normale Mensch mitten unter uns. Wenn ihre vermeintlich normale Zeit abgelaufen ist, dann verschwinden sie um an einem anderen Ort wieder aufzutauchen. Es sind Menschen, die immer da sind um anderen Menschen ihr Wissen weiterzugeben. Zugegeben, es sind nur eine Handvoll und kaum jemand kann es beweisen. Denn die Menschen, die zurückbleiben, nehmen natürlich an, dass dieser Mensch den Weg allen Irdischen gegangen ist. Das einzige was fehlt ist jemand, der ihn zu Grabe getragen hat. Der Mensch ist einfach verschwunden.

Wenn du das Alte Testament liest, dann findest du immer wieder legendäre Altersangaben, die darauf hinweisen, dass die Menschen 900 Jahre und älter wurden. So musste ich mir zwangsläufig die Frage stellen, warum wir diese Fähigkeit, trotz medizinischer Wissenschaft, verloren haben. Leben wir vielleicht doch nicht so gesund und zivilisiert, wie wir uns einreden? Was wussten die ALTEN, was wir vergessen haben?

Es kostet nur eine halbe Stunde des Tages für dein Wohlergehen zu "opfern," in der du deine Übungen absolvieren kannst. Wir sind es nicht mehr gewohnt, etwas nur noch für uns selbst zu tun. Dieser alte Glaubenssatz, dass wir uns immer schön bescheiden im Hintergrund zu halten haben und das Wohlergehen anderer wichtiger ist, lässt uns immer wieder als Opfer erscheinen, wenn wir etwas nur für uns tun. Und doch wir sind berechtigt, ja wir haben sogar die Pflicht etwas für uns selbst zu tun.

Was bedeuten Jugend, Leben? Vitalität. Lebensfreude, eine optimistische Lebenshaltung und -erwartung. Wenn du die Übungen stetig durchführst, dann können wir dir aus Erfahrung sagen, dass du bereits nach 4 bis 6 Wochen die ersten Erfolge verbuchen kannst. Spätestens wenn der Erste dich fragt „wie machst du das nur, du wirst anscheinend immer vitaler", dann weißt du, dass die Mühe sich gelohnt hat. Allein das Bewusstsein, dass du alle Zeit der Welt hast, lässt dich optimistischer und unverkrampfter den Weg der Zielverwirklichung und Bewusstseinserweiterung gehen.

Du kannst in dieser, deiner jetzigen Inkarnation, alles erreichen was du möchtest. Du musst, aufgrund deiner Entscheidung erst dann deinen physischen Leib verlassen, wenn du es willst. Ja, du kannst sogar das Christusbewusstsein auf Erden erreichen. Und das nur aus einem Grund, weil du weitermachen kannst. Weitermachen, ohne Zwangspausen und Neubeginn. Nie wieder diese Zwangspausen, nie wieder ganz klein von vorn anfangen mit dem Schleier des Vergessens, sondern aufbauen auf dem, was du bereis erkannt hast. Oder einfach abtreten, wenn dir danach ist.

Lege vor allem den Gedanken ab, dass du dich am Ende deines Berufslebens zur Ruhe setzen willst. Die letzten paar Jahre noch genießen ohne Existenzkampf. Dieses Lebens-Antiprogramm ist disharmonisch und anstrengend. Der Ruhestand, in dem der Mensch endlich tun könnte was er sein Leben lang tun wollte, denn endlich ist die Zeit dafür da, wird leider für viele Menschen zu einem Warten auf den Tod.

Deine Zellen, die dazu geschaffen sind, deinen Körper zu formen und ständig zu erneuern, werden durch diese Gedanken von ihrer wahren Aufgabe getrennt. Nämlich der Aufgabe, Leben zu erschaffen anstatt Leben zu zerstören. Wen wundert es noch, dass in vielen Körpern der Krebs wuchert, wenn wir selbst unsere Zellen (nebst etlichen anderen Faktoren) derart auf Absterben manipulieren?

Mache dir immer wieder bewusst, DU BIST EIN GEISTIGES WESEN. Du hast einen Körper, doch du bist nicht dein Körper. Du als reiner Geist benötigst keine Ruhe und schon gar keinen Ruhestand. Nur dein Körper benötigt Ruhepausen, damit er neue Kraft tanken kann. Dein Geist ist reine Energie. Gib deinem Körper die notwendigen Ruhephasen. Lerne während dieser Zeit dein Bewusstsein und dein Denken wach und flexibel zu halten. Beginne schöpferisch zu denken. Schaffe dir Bilder deines Ideallebens. Danach halte dich beharrlich an deinen Schöpfungsprozess. Dann wirst du erkennen, dass dein Körper nur durch dich - seelisch-geistiges Wesen - lebt. Und du wirst ebenfalls erkennen, dass du entscheidest, ob dein Körper altern muss oder vital bleiben kann. Denn was ist das Leben? Leben ist sich lebendig fühlen und dieses Gefühl ist abhängig von einem kraftvollen, schöpferischen Geist.

Eine kleine Übung: Setze dich in deinen Ruhephasen mit geschlossenen Augen zurück. Stelle dir deine einzelnen Chakras vor, beginnend mit dem Kronenchakra. Stelle dir vor, wie das kosmische, weiße oder das reinigende violette Licht dein Chakra ausfüllt. Sage oder denke dir immer wieder; Ich bin völlig lebendig. Kosmische Lebensfreude durchdringt mein Chakra und durchdringt meine Zellen, mein Wesen, meinen ganzen Körper. Ich bin ein unsterbliches, seelisch-geistiges Wesen. Wiederhole diese Affirmation, während du das Licht in jedes Chakra fließen lässt.

Nach einiger Zeit wird dein Wesen mit Lebensfreude und dem Gefühl der Unsterblichkeit durchdrungen sein. Umgib dich mit lebensfrohen freudigen Menschen und halte dich von Menschen fern, die von ihren Problemen und Krankheiten durchdrungen sind. Wenn du Kinder hast, dann nimm dir deine Kinder als Vorbild. Werde wieder ursprünglich und genieße die Lebensfreude eines Kindes. Immer dann, wenn du o.g. Übung machst, gibst du die Information LEBEN an jede deiner Zellen weiter. Und Geist beherrscht bekanntlich die Materie.

Sorge dafür, dass dein Denken und dein Handeln flexibel bleiben. Lehne niemals eine Idee sofort ab, nur weil sie neu und ungewöhnlich ist. Entscheide erst nachdem du in dich gegangen bist. Sodann, wenn es für dich in Ordnung ist, nimm das Neue an und wirf das Alte weg. Aufgrund deines neuen, lebensbejahenden Vorgehens, werden deine Zellen innerhalb kurzer Zeit, diese deine Handlungs- und Denkweise übernehmen.

Wenn wir uns, aufgrund von Erfahrungen und Glaubenssätzen weigern neue Ideen anzunehmen und zu vertreten, dann beginnen wir zu altern. Dann stehen wir still. Stillstand ist immer auch Rückschritt. Achte, liebe und pflege deinen Körper, ernähre ihn in der richtigen Art und Weise und gib ihm die Ruhe, die er benötigt. Doch vergiss niemals, dass du reiner Geist, unsterbliche Energie bist.

Wiederhole nicht den Fehler vieler moderner Esoteriker, die ihren Körper verachten, denn wenn dein Körper sich schlecht fühlt, kann dein Geist absolut NICHTS bewirken. WIE DER TEIL, SO DAS GANZE. Ein ungeliebter, ungepflegter und vernachlässigter Körper enthält immer einen ebensolchen Geist. Du erkennst es daran, wenn du manchmal deinen Körper vernachlässigst, weil du depressiv oder krank bist. Du gerätst in eine Spirale. Fühlt deine Seele sich unwohl, dann pflege deinen Körper besonders liebevoll. Ziehe dir ein besonders schönes, helles Kleid oder Anzug an, wasche deine Haare, lege etwas Make up auf und sorge dafür, dass dir dein Spiegelbild gefällt. Du wirst sehen, bedingt dadurch, dass Körper, Seele und Geist in einem engen Zusammenhang eine Einheit darstellen, wird sich auch dein seelisches Befinden sogleich verbessern. Fühlt sich ein Teil deiner Einheit unwohl, dann tue einem anderen Teil etwas Gutes. Dieser wird dann die anderen Teile positiv beeinflussen. Versuche es bei der nächsten sich bietenden Gelegenheit.

Achte auf die Signale deines Körpers und gib ihnen nach. Wenn dein Körper sich matt und müde fühlt, dann gönne ihm eine Pause. Selbst wenn es sich nur um eine viertel Stunde Ruhe handelt. Dein Körper wird es zu danken wissen. Benutze die Übungen um deinen Körper zu kräftigen und zu stärken, indem du ihn mit Lebensenergie versorgst. Gehe nach diesen Übungen in eine kurze Meditation. Fünf bis zehn Minuten sind für den Anfang völlig ausreichend. Du wirst bemerken, dass du sehr, sehr viel Energie bekommst.

Sorge dafür, dass dein Leben dir Freude macht. Alles was dir Freude macht, ist der Wunsch deines Hohen Selbst. Übe dich in Selbstdisziplin, auch wenn es dich anfangs Überwindung kostet. Es sind nur die alten Gewohnheiten, die um ihr Überleben kämpfen. Erkläre ihnen, dass du sie liebst, dass sie dir lange genug dienlich waren. Sie dürfen sich jetzt ausruhen. Wenn erneut Widerstände, sprich alte Gewohnheiten sich melden, indem du z.B. heute oder morgen keine Lust hast auf deine Übungen, dann sag dieser Regung:

"Hallo alte Gewohnheit. Ich freue mich, dass du dich mal wieder bei mir meldest. Doch du hast in meinem Leben schon genug gearbeitet. Du kannst der Freund meiner noch jungen neuen Gewohnheit werden. Zeige ihr doch bitte, wie sie zu ebenso einem guten Freund für mich werden kann, wie du es bist. Vielleicht werdet ihr zwei ja sogar sehr gute Freunde und du kannst ebenfalls von meiner neuen Gewohnheit einige lernen."

Die Macht der Erziehung

Wenn du immer wieder so reagierst, dann wird deine alte Gewohnheit immer seltener zum Vorschein kommen. Dann bist du auf dem Weg deine niederen Instinkte zu beherrschen. Es wurde wissenschaftlich bewiesen, dass jede neue Tätigkeit, regelmäßig ausgeführt, spätestens nach vier bis sechs Wochen, zu einer gewohnten Aktivität wird. Man nennt dies die Verankerungstechnik. Der Zeitaufwand deine Trägheit zu besiegen ist gering im Gegensatz zu dem, was du erreichen kannst. Wenn du alles konsequent anwendest, was du bisher gelesen hast, wirst du mit Sicherheit, innerhalb kurzer Zeit, zu einem neuen, glücklicheren Menschen geworden sein. Dazu gehört auch, dass du dich nicht von deinen Emotionen beherrschen lässt. Bist du schlechter Emotion, dann wird auch dein Körper sich schlecht fühlen. Wenn dein Körper sich schlecht fühlt, kann dein Geist nicht mehr wirken.

Obwohl Emotionen heute oftmals als Heiligtum, wie heilige Affen oder heilige Kühe betrachtet werden, müssen wir uns darüber klar sein, das Emotionen nichts anderes darstellen, als gespeicherte Erfahrungen, die uns immer wieder vom Unterbewusstsein präsentiert werden.

Du hast ein Gefühl. Doch in vielen Fällen ist es immer wieder so, dass dein Gefühl dich im Griff hat.

Wenn du bemerkst, dass du ein so genanntes "negatives" Gefühl verspürst, dann trachte danach, diese Stimmung anzuheben. Du kannst zum Beispiel mit guter Musik sehr viel für deine Stimmungen tun. Tue dir etwas Gutes. Kaufe dir etwas, was du immer schon haben wolltest, oder lege dir eine peppige Musik, oder harmonische Musik - ganz wie es dir am besten gefällt - auf und tanze nach der Musik. Du wirst sehen, innerhalb kurzer Zeit bist du in sehr viel besserer Stimmung. Du bist wieder in der Verfassung dich auch mit geistigen Dingen zu beschäftigen, weil dein Körper wieder fit geworden ist.

Du hast bereits sehr viel Wissen in dir. Alles was du jetzt liest und für dich verständlich, klar und logisch ist, war ebenfalls dein Wissen. Wir können dich immer nur das lehren, was du sowieso schon weißt. Du hast nur sehr, sehr viel vergessen. Wissen ist Macht, wir wiederholen es immer wieder, damit du dir der Tragweite deiner Verantwortung bewusst bleibst. Lebe immer so, wie es dir Freude macht; so, wie du dich in dir wohl fühlst. Du lehrst durch dein Vorbild Andere, es dir nach zu machen.

Wenn du jetzt sagst, das sei leichter gesagt als getan, dann machst du dir etwas vor. Das Leben ist ein Fest, doch viele Menschen machen eine Trauerfeier daraus. Warum? Du kannst ebenso gut ein Freudenfest leben. Du weißt, es liegt in deinen Gedanken. Wenn du keine Lust hast zur Arbeit zu gehen, weil die Sonne so wunderschön scheint, dann hat deine Unlust einen tieferen Sinn. Deine Seele möchte sich entfalten. Sie möchte den schönen Sonnentag genießen und dir vielleicht mitteilen, was sie wirklich will. Nimm dir einen Tag frei. Tue einmal nur noch das, was dir Freude macht. Schlafe lange, frühstücke ausgiebig, nimm ein schönes warmes Bad und genieße den Tag. Liebe dich einen ganzen Tag lang selbst. Verwöhne dich selbst so sehr, wie du vielleicht einen lieben Partner verwöhnen würdest, damit es ihm gut geht.

Übernimm die Verantwortung für dein Wissen auch dir selbst gegenüber. Setze deine Macht für anstatt gegen dich und Andere ein. Die großen Institutionen, die Religionen und die Politik, sind doch bereits das beste Beispiel für das Behalten der Macht. Die Menschheit wird mit Halbwahrheiten und Lügen klein gehalten. Die römisch katholische Kirche z.B. besitzt alles Wissen der Welt. Nur durch Geheimhaltung dieses Wissensschatzes und durch Machtmissbrauch, konnte diese Institution ihre Reichtümer und ihre Vormachtstellung in dieser Welt erreichen.

Wir leben in einer herrlichen Zeit. Heute können gute Medien die Wahrheiten in der Akasha-Chronik lesen und an die Menschheit weitergeben. Die Archivmauern und die Machtstellungen werden brüchig und durchsichtig. Wir benötigen keinen Papst oder Guru mehr, damit wir in Kontakt zu Gott treten können. Wir dürfen heute erkennen, dass Gott nirgendwo und überall ist, ganz besonders in uns selbst. Vor allem dürfen wir uns wieder erinnern, wer und was die große Göttin für uns alle ist. Wie sollte also ein männlicher Priester oder Papst den Weg in dein Innerstes, zu deiner Quelle, besser herstellen können, als du selbst?

Du trägst Gott und Göttin in dir und findest sie sicherlich nicht in irgendeinem von Menschen erfundenen Himmel. Denn auch der Himmel ist in dir vorhanden. Du bist ALLES. Du bist ein Teil der Quelle.

Wir wissen, dass dieses Wissen für viele, die streng kirchlich erzogen wurden eine harte Nuss ist. Auch ich wurde klösterlich erzogen und kämpfte lange Zeit gegen mein „schlechtes Gewissen" und meinen anerzogenen Glaubenssätzen der Kirche gegenüber". Doch heute weiß ich, dass mein Gott genau der Gott ist den ich bereits als Kind in der Kirche vermisst habe. Mein Gott ist meine vollkommene Seele.

Dieser grausame und brutale Herrscher aller Religionen, der auf Kosten von uns kleinen Würstchen seine Machtspielchen und Rachegelüste austobt, kann niemals ein Gott der Liebe sein. Das habe ich als Kind deutlich gespürt. Doch die Lehren der Verunsicherung, was passieren könnte, wenn es doch so wäre, was der Pfarrer erzählt, greifen tief und machen jedes Kind unsicher seiner eigenen noch so tief sitzenden Wahrheit gegenüber.

Andererseits ist es jedoch auch sehr bequem die Verantwortung an diesen Allherrscher abzugeben. Wenn wir sagen: Ich bin Teil Gottes und Gott ist in mir, dann tragen wir die volle Verantwortung für uns und unser Leben. Wenn wir jedoch der Kirche glauben, dann sind wir Opfer eines Gottes, der ein Leben in Sack und Asche fordert, dass wir nach seinen Gesetzen leben und uns kasteien müssen, weil wir sonst nicht in den Himmel kommen, sondern in einer bösen, bösen Hölle schmoren müssen und ein noch viel böserer Teufel uns bis in alle Ewigkeiten hämisch belacht und quält.

Aus diesem Grund brauchen viele immer noch die Kirchen mit ihren Priestern, damit diese uns unwürdigen Sündern die Absolution erteilen. Sie tragen schließlich dafür Sorge, dass wir in den Himmel kommen. Schließlich ist ja Jesus für uns gestorben. Ich persönlich weise ein solches Opfer für mich zurück, weil ich lieber selbst verantworte, was ich tue. Wer gegen die von Menschen erfundenen "gottgewollten" Regeln verstößt, wird durch Exkommunikation in den Kirchenbann vertrieben und darf dann den Rest seines Lebens als Anwärter für den nächsten freien Platz in der Hölle durchs Leben laufen. Welche Anmaßung wurde und wird hier betrieben, wo Menschen einer liebenden Energie, menschliche negative Züge andichten und diese dann als Gott und gottgewollt verkaufen? Was ist das für eine Religion, in der Menschen über Menschen befinden, was nach deren Tod mit ihnen geschieht, wo Menschen entscheiden, welcher Mensch in der Gnade Gottes weilt und wer nicht?

Letztlich treffen hier die Priester und Bischöfe mit ihrem obersten Chef - dem Papst - die Auswahl. Leider ist das wohl den Priestern nicht bewusst. Das Bodenpersonal Gottes hat in meinen Augen jämmerlich versagt und die Kirche zu einem der unchristlichsten Plätze degradiert, den ich mir vorstellen kann. Mittlerweile habe ich allerdings auch schon einige wenige Priester kennen gelernt, die sich mehr und mehr von den Dogmen der Mutter Kirche distanzieren. Dies war ein junger Priester, der wieder an die Reinkarnation glaubt, Meditation lehrt und sogar einige seiner Kirchgänger an mich verwiesen hat. Hier ist also zum Glück auch einiges im Umbruch. Diese mutigen Priester dürfen sich allerdings nicht vom Oberboss erwischen lassen, dann werden sie ebenfalls verbannt.

Diese Glaubenslehre ist einfach widersinnig. Doch wir haben die Kirche wohl bisher gebraucht, weil erst jetzt die Zeit der Selbstermächtigung wieder angebrochen ist. So weit wie wir uns aus der Quelle entfernt hatten, mussten wir erst diese Ungerechtigkeit dieses von Menschen erdachten Gottes erfahren, damit wir uns auf die Suche begeben nach dem wahren Gott, der wahren Göttin. Jeder hatte irgendwann in seiner Kindheit das Wissen, dass das, was uns da als Gott serviert wird, irgendwo einen Haken hat. Doch viele vergaßen, nach dem Haken zu suchen und sind heute noch Opfer, weil es ja auch so bequem ist.

Wenn Gott verlangt, dass ich leide, dann kann ich ja gar nichts daran ändern. Gottes Wille geschehe. Und schließlich hat er für die Sünden der Menschen seinen Sohn geopfert. So wird der großartigste Lehrer und Heiler der Liebe aller Zeiten als Karmaabtreter missbraucht.

Wie wurde doch dieses Buch der Bücher von falschen Päpsten und Kardinälen verfälscht. Sicherlich steht in der Bibel, "Der Weg in den Himmel ist mit Steinen gepflastert, doch der Weg in die Hölle ist eine wunderschöne breite Straße." Doch wie ist das zu verstehen?

Der Weg in den Himmel führt durch deine Schatten, durch deine Selbsterkenntnis, die leider durch Unwissenheit oft schmerzlich vonstatten geht und durch Disziplinierung deiner Gedanken und Gefühle. Dann ist der Himmel in dir. Du ruhst in der Gewissheit, ein göttliches Wesen zu sein. Stille innere Freude wird dein Leben begleiten, wenn du den „steinigen" Weg der Selbsterkenntnis gegangen bis.

Doch lebst du nur geistlos und unwissend vor dich hin, lässt dich manipulieren und lebst deine Dulderrolle, weil du ja sowieso nichts ändern kannst, dann gehst du den breiten bequemen Weg ohne Verantwortung für dich selbst. Die tragen ja ein erfundener Gott und sein misshandelter, ermordeter Sohn. Dann erlebst du tatsächlich die Hölle in dir. Du erlebst sie nicht später, wenn du mal gestorben bist. Nein! Du erfährst sie hier und heute und jetzt, denn du lässt dich ja manipulieren und bewachen von den für dich verantwortlichen Teufeln, die du dir hast erschaffen lassen. So ist es auch zu verstehen, wenn Jesus sagte: "Eher geht ein Kamel durch ein Nadelöhr als ein Reicher in den Himmel." Der Reiche an negativen Gedankenstrukturen, die unweigerlich zu ihm zurückkehren, wird lange nicht den Himmel erfahren. So lange nicht, bis auch er gelernt hat, und zwar hier auf diesem Himmel- und Hölleplaneten.

So einfach konnten unsere lieben Kirchenfürsten die Wahrheiten der alten Weisen als

Bibel auslegen und damit verfälschen. Beginne damit deinen Gott, deine Göttin in dir zu finden und du hast das Geheimnis des Lebens in deiner Hand. Jeder einzelne Mensch auf dieser Erde ist ein werdender Gott, eine werdende Göttin. Diese Wahrheit steht bereits auf den ersten Seiten der Bibel. "Und Gott schuf den Menschen nach seinem Ebenbilde" - Sprich identisch.

Aus dieser Quelle sind wir gekommen, zu dieser Quelle zieht es uns magisch zurück. Allein aus dieser Tatsache und der damit oft verbundenen Hoffnungslosigkeit resultieren Abhängigkeiten, Sehnsüchte und auch das Leid. Wir suchen unser Glück im Nächsten und reagieren immer wieder enttäuscht, wenn der andere Mensch, der ja unseren momentanen Gott darstellt, unsere Erwartungen nicht erfüllt. Er kann es gar nicht, denn auch er ist ja ein Suchender nach der allumfassenden bedingungslosen Liebe. Er sucht den Gott ebenso in dir, wie du in ihm. Doch wenn du selbst Gott in dir noch nicht gefunden hast, wie willst du ihn dann in einem anderen Menschen erkennen? Du bleibst ein Suchender nach dem Glück. In dir selbst liegt das ganze Geheimnis nach dem All-Ein-Sein begründet.

Schau dein Gegenüber an. Was siehst du? Schau in einen Spiegel. Was siehst du? Das, was du siehst kann niemals der Mensch sein. Du siehst immer nur die äußere Hülle, die Maske, die jeder hier trägt. Wir befinden uns auf dieser Erde auf einem riesigen Maskenball. Du trägst das Bild eines Menschen in dir, das du dir von diesem Menschen gemacht hast. Sogar von dir selbst hast du dir ein Bild gemalt. Und an diese Bilder glauben wir. Wir erwarten sogar, dass diese Bilder so reagieren, wie wir es wollen. Doch wer versteckt sich hinter diesen Bildern? Du darfst erkennen, dass du, ebenso wie wir alle, auch ein Produkt deiner Erziehung und Umwelt bist. Du bist mehr oder weniger so, wie deine Umwelt dich haben wollte, als sie noch an dir herum erziehen durfte und es vielleicht auch heute noch tut. Oder du bist das genaue Gegenteil. Vielleicht bist du in Rebellion gegen dein Umfeld getreten, weil du erkannt hast, dass das, was die Anderen von dir erwarten und verlangen, dich verletzt hat.

Jetzt stellt sich natürlich die Frage: Wo bin ich geblieben? Was in mir bin ich wirklich, was ist Anpassung, was ist Rebellion. WER bin ICH, WAS will ICH, WO ist MEIN Ziel?

In dem Augenblick, wenn wir uns diese Fragen aus reinem Herzen selbst stellen können, weil wir unsere Maskerade ein klein wenig erkannt haben, sind wir bereits ein ganz großes Stück weitergekommen. Auf dem delphischen Orakel steht in großen Lettern - MENSCH ERKENNE DICH SELBST.

Lege deine Masken ab. Schaue einmal dahinter nach, ob da noch jemand versteckt ist. Es ist die wohl schwierigste Aufgabe (die steinige Straße in den Himmel) vor die der Mensch von Anbeginn an gestellt wurde. So viele Jahrhunderte und Jahrtausende haben wir vertan ohne eine entscheidende Erkenntnis, trotz mehrmaliger guter Ansätze, gefunden zu haben. Doch heute, im Wandel der Zeitalter, können und wollen wir diese Forderung erfüllen. Die bekannten Zeiten neigen sich ihrem Ende entgegen, in denen wir immer und immer wieder vor uns selbst davongelaufen sind, weil wir unsere Aufmerksamkeit auf das Außen konzentrierten.

Die Zeit der Verinnerlichung reift heran. Das heißt: Ausbrechen aus der alten Denkweise unser Glück oder Unglück im Außen zu suchen. Wir haben es bis heute dort nicht gefunden. Warum sollten wir es morgen dort finden? Vielleicht suchen wir jetzt mal in uns selbst den Ort, an dem die Götter unsere Göttlichkeit versteckt haben? Wenn wir Jahrtausende lang an der falschen Stelle gebohrt haben, dann erkennen wir doch endlich, dass es auch noch andere Stellen gibt und suchen uns eine Neue. Da es jedoch nur zwei Orte gibt an denen wir suchen können, nämlich außen oder innen, gehen wir doch einfach mal nach innen. Erkennen wir den ersten Versuch als gescheitert und beginnen vorn.

In dem Augenblick in dem du erkennst, dass du einen Misserfolg hattest; mit deiner Suche im Äußeren, steht der Erfolg direkt vor deiner Tür. Du kannst endlich das finden, was du immer gesucht hast. Wir wurden im Laufe der Jahrhunderte Weltmeister im Verdrängen unseres Selbstes. Das heißt jedoch auch in Verdrängung der Quelle, unserer spirituellen Begleiter und unseres Hohen Selbst.

Wer von den Menschen ist denn noch in der Lage, zu seinen eigenen Bedürfnissen zu stehen? Wer kennt überhaupt noch seine eigenen Bedürfnisse? Unsere gesamte Erziehung lief immer wieder darauf hinaus uns klarzumachen, dass unsere Bedürfnisse eine Last sind, dass es besser ist, wenn wir unsere Bedürfnisse zurück stellen. Das haben wir auch prima gelernt, denn der Mensch ist ja ein sehr gelehriges Geschöpf. Das ist der Grund, weshalb wir heute gar nicht mehr wissen, ob überhaupt, und wenn welche Bedürfnisse wir haben.

Dem jüngsten Säugling wird bereits klargemacht, dass seine Grundbedürfnisse wie: Hunger, Durst, Sehnsucht nach Liebe und Nähe der Mutter, zum Beispiel ganz besonders während der Nacht, nicht erwünscht sind. Die Mutter reagiert zornig, ablehnend oder überhaupt nicht. Der Säugling schreit aus Angst um sein Leben. Er lebt in der Gegenwart und weiß nicht, dass die Nacht vorbei geht und Mutter ihn nur erziehen will. Er erkennt seine Bedürfnisse als lebensbedrohlich. Um daran nicht zu sterben, entwickelt das Baby innerhalb kurzer Zeit einen Schutzmechanismus, damit es nicht in der Traurig- und Gefühllosigkeit dieser Welt untergeht. Auch du trägst diesen Schutzmechanismus heute noch mit dir herum. Die Kinderärzte haben schließlich bestimmt recht, wenn sie der ach so erschöpften Mama raten, lassen Sie das Kind schreien, es musst sich an Ordnung gewöhnen und spätestens nach einer Woche hat es diese gelernt. Leider gibt es diese Kinderärzte auch heute noch aber auch Gott-sei-Dank immer mehr Mütter, die diesen Rat nicht befolgen.

Das stimmt, wir lernten. Doch diese für Erwachsene so kurze Zeit, ist für den Säugling das Leben schlechthin. Siehe oben - Gegenwart -. Er lernt seine Bedürfnisse als schlecht anzuerkennen. Sie tun ihm weh. Spätestens nach fünf bis sechs Nächten hat das Kind resigniert. Während seines hilflosen Schreiens hat es einsehen gelernt, dass es auf sich gestellt ist in dieser Welt. Es fasst den Entschluss, wenn ich nicht untergehen will - denn wenn Mama und Papa sauer sind, ist das eine Bedrohung - dann muss ich meine Bedürfnisse unterdrücken. Die Flucht in den Schlaf hat ihren Anfang genommen. Wie viele Menschen legen sich auch heute noch schlafen, wenn irgendetwas schief geht, oder leiden unter Schlafstörungen. Wir hörten auf zu schreien, weil wir Angst hatten die Liebe unserer Eltern zu verlieren. Als hilfloser Nesthocker, waren wir vollkommen abhängig von diesen großen allwissenden Übermenschen.

Wir haben gelernt, dass Mama und Papa morgens ausgeschlafener und besser gelaunt sind, wenn wir im Dunkeln die Einsamkeit ertragen. Dieses Verhalten wird sich dann durch unsere gesamte Kindheit und Jugend ziehen. Wir ziehen eine Zurückweisung nach der anderen an und haben irgendwann vergessen, dass wir ein Recht auf unsere Bedürfnisse haben. Das Leben zeigt sich dann in ständiger Angst vor Zurückweisung oder Angst vor Menschen überhaupt. Wir sind wieder ganz lieb, damit die Anderen auch wieder lieb sind.

Doch werden wir durch diese (V)Erziehung auch ganz phantastische Manipulatoren. Wenn ich dies oder das für dich tue, dann musst du dies oder jenes für mich tun. Und wenn diese Forderung einmal nicht erfüllt wird, dann sind wir "mit vermeintlichem Recht" beleidigt, oder reagieren erschrocken und ängstlich. Was habe ich jetzt wieder falsch gemacht? Ich war doch lieb und ruhig. Warum ist Mami heute Morgen trotzdem so schlecht gelaunt? Natürlich denkst du das als Erwachsener nicht mehr bewusst so, doch dein Unterbewusstsein, in dem dein inneres Baby immer noch weint, sendet diese alten Schuldgefühle und Resignationen an das Gehirn. Es vermittelt kindliches Denken in die vermeintliche Erwachsenengefühle, Haltung und Sprache

Ein Kind erlebt sich und sein Empfinden als die ganze Welt. Alles dreht sich nur um sich selbst und Mami und Papi. Darum bezieht ein Baby auch jede Umweltreaktion auf sich selbst. Es speichert alles im magischen Denken des Kindes, das noch keine Worte hat. Es speichert alles als Gefühle in seinem Unterbewusstsein ab. Für Später.

Ein Standartsatz machte sich auf diese Art in der Welt breit. Was kann ich allein schon ändern. Erst musst ich den Anderen ändern, oder mich unterdrücken lassen, dann können wir gemeinsam, nach seinen oder meinen Regeln, eine Änderung herbeiführen. Teamgeist ist gestorben. Und doch, in diesem Satz der Resignation liegt bereits die ganze Wahrheit. Nur ich allein - und sonst absolut niemand - bin in der Lage, für mich und damit auch für meine persönliche Welt und Umwelt, etwas zu verändern. Nur wenn du lernst dich selbst zu lieben, anzunehmen und an deiner eigenen Entwicklung zu arbeiten, dann verändern sich automatisch deine Einstellung, deine Ausstrahlung und dein Umfeld.

Nach dem universellen Gesetz der Resonanz, ziehst du immer das an, was du selbst ausstrahlst. Der Volksmund sagt dazu. „Wie man in den Wald hinein ruft, so schallt es heraus."

Was bedeutet dies für? Wenn du weißt, ich bin liebenswert, ich bin glücklich, ich bin göttlich, erfolgreich, innerlich und äußerlich reich und ich liebe das Leben, dann strahlt dieses Wissen aus dir heraus bis ins Universum. Jeder, der oder die dir entgegentritt, empfängt diese Botschaft und sendet sie zu dir zurück. Du bist immer für deine Mitmenschen genau das, was du selbst von dir hältst und wenn es auch noch so unbewusst in dir versteckt ist. Jedes andere Unterbewusstsein bekommt genau mit was in deinem Unbewussten vergraben ist.

 Auf die gleiche Weise verhält es sich mit Einstellungen von Wertlosigkeit, Erfolglosigkeit usw. Du kannst immer nur das empfangen, was du aussendest. In deiner Welt kann immer nur das geschehen, was für dich Gültigkeit besitzt. Das, was du erwartest - bewusst oder unbewusst – wird eintreffen. Kein anderer Mensch kann deine Welt, deine Realität für dich gestalten. Es wird Zeit aus diesem Kreislauf auszubrechen und deinen Wert neu für dich zu definieren und zu erfahren.

Du hast immer nur den Wert, den du dir selbst zugestehst. Du wirst immer wieder Menschen in dein Umfeld ziehen, die dir genau das zeigen, was du selbst von dir denkst. Ob du es glaubst oder nicht. Jeder Einzelne außerhalb von dir, wird dir dein eigenes Glaubenssystem spiegeln und bestätigen.

Darum sollte dein ganzes Sinnen und Trachten nur noch darauf gerichtet sein: Raus aus den alten Rollenspielen und Mustern, damit du endlich dich selbst kennen und lieben lernen kannst. Deine Welt kann zum Paradies, zum Himmel auf Erden werden. Du hast es in deiner Hand.

Damit hast du bereits sehr viel erreicht für dich, nicht zuletzt für die gesamte Menschheit und ganz besonders für unseren armen geschundenen Planeten Erde.

Dies ist das Grundgeheimnis von Schönheit, Gesundheit, Glück, Lebendigkeit, Liebe und Jugend.

Sei dir immer der Wahrheit bewusst, dass du ein wunderbarer, einzigartiger Mensch bist. Niemals vorher und niemals nachher wird es einen Menschen geben, der genauso ist, wie du es bist. Du bist ein einzigartiges Original.

Nun kommen wir zu einer GRUNDSATZFRAGE:

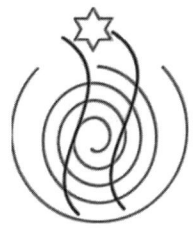

Wer oder was ist der Mensch?

Wir sind, wie du bereits weißt nicht das, was unsere physischen Augen wahrnehmen. Der menschliche Körper ist ein zwar wichtiger, doch nur ein Teilaspekt deines Selbst. Er ist materialisierter Gedanke. Eine - nämlich deine - göttliche Idee manifestiert in diesem Universum.

Außerdem besitzt du, wie du bereits bei der Behandlung der Chakras gelernt hast, mehrere unsichtbare Körper. Der sichtbare Körper verhilft dir bei der Verwirklichung deiner Ideen in der Materie und befähigt dich den Umgang mit den Dingen der Welt zu handhaben. Er verwirklicht mit oder erfährt, was du auf anderen Ebenen bereits gedacht und erwartet hast. Obwohl es dir nicht bewusst ist, hast du deinen Tod, Altern, Krankheiten, Fett- oder Magersucht, aber auch Freude, Lust und Liebe vorher auf mentaler Ebene bereits gedacht, akzeptiert, ausgelöst oder auslösen lassen, indem du glaubtest, was andere dir über deine Unvollkommenheit sagten und beibrachten.

Doch der Mensch besteht aus Geist, Seele und Körper. Genau auf dieser Spirale oder innerhalb dieser Pyramide, verwirklichen sich unsere Gedanken. Jeder Gedanke im Geist, geht angereichert mit Gefühlen und dem Klang der Seele und manifestiert sich auf der körperlichen Ebene.

Alles, was geschieht, geschieht immer nach dem Gesetz von Ursache und Wirkung. Es gibt niemals eine Wirkung, ohne, dass vorher eine Ursache gesetzt wurde. Sehr oft jedoch setzten wir Ursachen durch unser unbewusstes, mechanisches, gewohntes Denken. Oftmals haben wir Ursachen bereits in früheren Leben gesetzt. Wir haben das Karma erfunden und dadurch das Ursache/Wirkung-Prinzip. Ohne dieses Prinzip, ohne unsere Beurteilung von Schuld und Sühne gäbe es kein Karma. Wir haben das Gesetz falsch interpretiert, falsch verstanden, falsch bedient. Ursache und Wirkung stehen immer in Wechselbeziehung zueinander.

Doch wie handelt der normale Mensch? Jeder versucht an der Wirkung etwas zu verändern. Sei es jetzt, dass du ständig an deinen Umständen herum jammerst oder der Arzt, der die Symptome einer Krankheit bekämpft, es läuft immer wieder darauf hinaus, die Wirkung zu verändern.

Verbessern, verändern können wir jedoch nur, wenn wir die Ursache aufspüren. Die Ursache gilt es auf der geistigen Ebene zu erkennen und genau auf dieser Ebene zu neutralisieren. Gedanken sind wirkende Mächte. Jeder Gedanke hat die Kraft sich zu verwirklichen und ist bestrebt dies auch zu tun. Je nachdem, wie kraftvoll ein Gedanke ist, geschieht dies schneller oder langsamer.

So haben wir beispielsweise jahrhundertlang erfahren, dass der Mensch altert und dann sterben muss. Dieser Kollektiv-Glaubenssatz bewirkt, dass mit Einsetzen der Pubertät die Hypophyse ihre Tätigkeit einstellt, wie die Mediziner behaupten. Doch Wahrheit ist, dass die Hypophyse umschaltet. Sie verkehrt Ihre Tätigkeit in das Gegenteil. Es ist mittlerweile bewiesen, dass diese Drüse damit beginnt das so genannte Todeshormon zu produzieren. Dieser Vorgang bewirkt, dass die Zellen im Laufe der Jahre ihre Regenerationsfähigkeit verlieren, altern und absterben. Dies ist in der DNA angelegt. Den Schlüssel zu nutzen, die DNA vom Fluch der Götter zu befreien, dann der Mensch nicht ewig leben soll, befreit dich von allen Ängsten und Befürchtungen des Lebens.

Du hast gelernt, wie du durch Nutzung der universellen Lebensenergien diesen Vorgang unterbrechen, ja vielleicht sogar umkehren kannst. Das Todeshormon wird blockiert und die Hormonerzeugung wieder normalisiert. Die Körperzellen vermehren sich wieder und gedeihen. Indem du diesen Vorgang erkennst, er wirkt auch dann, wenn du nicht daran glaubst, es dauert nur länger, dann wird sich ebenfalls dein Denken verändern.

Die Ursache des Gedankens sterben zu müssen, wird auf mentaler Ebene langsam abgebaut. Du kannst jedoch auch beschließen, dieses Wissen voll und ganz als gegeben anzuerkennen, dann ist die Ursache beseitigt.

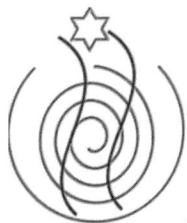

Fleischkonsum und Spiritualität

Der total überhöhte Fleischkonsum in unserer westlichen Welt ist auch eine Verfehlung gegen uns selbst, die sich in den meisten Zivilisationskrankheiten niederschlägt. Die Massentierhaltung auf Kosten der Tiere und vor allem der dritten Welt widerspricht jeder Göttlichkeit im Menschen. Jedes Tier ist ebenso ein Gottesgeschöpf und Teil der Quelle, wie wir es heute ganz selbstverständlich für uns in Anspruch nehmen. Wir als vermeintliche " Krone der Schöpfung" tragen die volle Verantwortung für uns selbst, unsere Mitmenschen und unsere Schwestern und Brüder aus dem Tierreich. Doch von diesem ethischen Gesichtspunkt einmal völlig abgesehen, schauen wir uns nur einmal rein biologisch an, was Menschen da so alles essen.

Ein Tier hat ebenso einen Kreislauf wie du und ich. Es produziert identische Hormone und tiefere Gefühle. Alles läuft im gleichen Muster ab wie im menschlichen Körper. Führen wir jetzt das Tier in Massen zum Schlachthof geschieht folgendes: Wir überlassen natürlich, zivilisiert wie wir sind, das schmutzige Geschäft dem Metzger, denn die meisten Menschen wollen sich die Hände nicht schmutzig machen. Das Schnitzel auf dem Teller ist etwas anderes als ein lebendiges Schwein, das zur Schlachtbank geführt - oder sollte ich besser sagen geprügelt - wird. Welch ein Selbstbetrug.

Die Tiere in den Schlachthöfen erleben die gleiche panische Todesangst, die ein Mensch an seiner Stelle erleben würde. Das Fatale an der Situation ist, es produziert auch die gleichen Stress- und Angsthormone, die ein Mensch in ähnlicher Situation produzieren würde. Diese Hormone verteilen sich in rasender Schnelligkeit im gesamten Gewebe, vermischen sich mit anderen Stressfaktoren, die ausgeschüttet werden und landen als Chemiecocktail, getarnt als „ein Stück Lebenskraft" auf den Tellern der Menschen. Das bedeutet: Wir essen die Angst, den Stress, den qualvollen Tod des Tieres gleichzeitig mit dem Schnitzel. Ebenso wie sämtliche dem Tier verabreichten Medikamente und Hormongaben, und das Wichtigste - die Todesangst, die Todesbotschaft - wird mitgegessen und in den eigenen Zellen integriert.

Das alles befindet sich in dem Stück Fleisch aus quälerischer Massentierhaltung auf den Tellern der meisten Menschen. Natürlich ist es dir nicht bewusst, während du dein Mahl genießt. Was muss aber in einem Tier gefühls- und instinktmäßig vorgehen, wenn es mit Schlägen, Stromstößen und Tritten in Massen in einen LKW getrieben wird. Dann wird es durch den Großstadtverkehr oder tagelang per Bahn, oftmals ohne Wasser und Futter, zum Schlachthof gekarrt und wieder mit Stockschlägen zur Tötungsmaschine getrieben, die sehr oft - durch Bedienungsfehler und Eile - nicht gleich tötet sondern nur leicht betäubt. Es wird also noch lebend auseinander geschnitten. Der Mörder in unserem Auftrag – der Schlachter - hat es eilig und das „Vieh" wird sowieso gleich in kochendes Wasser gehängt. Damit wird ihm der Rest gegeben. Das ist die wortwörtliche Aussage eines Schlachters aus einem Schlachthof.

Ein Tier hat ein sehr viel feineres und direkteres Empfinden als der Mensch. Es weiß vom ersten Augenblick an, was es erwartet, doch während der Stunden in denen es auf seinen Tod wartet, ist ihm nicht bewusst, das diese Zeit vorbeigeht. Es lebt direkt ohne Zeitgefühl, im ewigen Jetzt, in ständiger Angst mit einhergehender Hormonausschüttung und wittert nichts als Tod und Schmerz. Wenn du ein wenig sensibel bist, dann gehe nur einmal in die Nähe eines Schlachthofes in der nächst größeren Stadt. Die Schwingung in weiter Umgebung ist unerträglich, trostlos und bedrückend.

Die Tiere, die auf den Zuchthöfen verbleiben wittern die Todesangst ihrer Vorgänger. Die anderen Tiere, welche dieses Mal verschont wurden, doch ihren Artgenossen zuschauen mussten wissen sehr genau, dass es eine Fahrt ohne Rückkehr ist. Im Grunde genommen tun wir mit Tieren nichts anderes, als unter dem Hitler-Regime in den KZ's geschah nur dauerhafter. Auch wenn jetzt jemand über diesen Vergleich protestieren möchte gibt es nur eine Tatsache: Ein Tier ist ebenso ein göttlicher Funke mit Empfindungen und Gefühlen, wie jeder Mensch es für sich ganz selbstverständlich beansprucht. Das Elend im Tierreich, verursacht durch seinen großen Brüder und Beschützer – den Menschen -, scheint jedoch kein Ende nehmen zu wollen. Einem Bericht zufolge werden täglich allein in Deutschland 20.000 Schweine geschlachtet.

Das Tier fühlt und leidet in gleicher Weise wie du und ich und jeder Mensch.

Schau einer lebendigen Kuh einmal in die Augen. Du wirst die Seele erkennen. Auch einem Tier kann das Herz brechen, wenn es ansehen muss, wie seine Artgenossen verladen werden oder das eigene Kind abgenommen wird. Wenn du also keine Babys essen willst deren Mütter an gebrochenem Herzen leiden, dann lass die Finger von Kalb-, Ferkel- und Lammfleisch.

Da ich selbst auf dem Land lebe, erlebe ich das Ausmaß des Tierelends oftmals sehr direkt. Ein benachbarter Bauer hat eine Schweinemast. 380 Schweine leben in einem Stall von ca. 15 Metern Länge und 10 Metern Breite. Sie werden ein halbes Jahr lang im Dunkeln gehalten und gemästet um dann in Nacht-und-Nebel-Aktionen verkarrt zu werden. Wenn der Stall ausgemistet wird, stinkt es kilometerweit. Und das geschieht einem als äußerst reinlich bekanntem Tier. Wenn der Stall aus Versehen einmal offen bleibt, dann tun sich oft 5 bis 8 arme Schweine zusammen und ergreifen die Flucht. Ist natürlich zwecklos, weil irgendein Nachbar ihnen begegnet und den Bauern alarmiert.

Mittlerweile sollte es uns klar sein, dass Alternativen gefunden werden müssen. Die Tiere müssen beginnen sich zu verteidigen. Zuerst die Würmer in den Fischen, dann die Schafe, die Rinder und nun die Vögel. Schweine und Hühner sind angeblich immun, abgesehen von Salmonellen, die uns ja auch das Leben kosten können. Eine Zeitlang berichten die Medien von der neuen Rinderseuche, die jedoch angeblich nicht auf den Menschen übertragen werden kann. Welche Ignoranz steht hinter dieser Behauptung?

Wir benutzen Tiere zu Versuchen, erzeugen künstlich menschliche Zivilisations-Krankheiten im Tier, um dann unsere pharmazeutischen Mittelchen oder noch schlimmer - Kosmetika - an Ihnen zu erproben. Die Wirksamkeit im Tier wird automatisch für den Menschen anerkannt schlägt dann doch bei Menschen immer wieder fehl - Bestes Beispiel Contergan - Doch, dass wir dann umgekehrt auch den gleichen Krankheiten wie die Tiere anheim fallen können, soll keinerlei Gültigkeit haben? Wozu sind dann diese brutalen Tierversuche gut? Warnende Stimmen aus den Kreisen ethischer und verantwortungsvoller Wissenschaftler, die es zum Glück ebenfalls gibt, werden belächelt und ignoriert. Was muss eigentlich noch alles geschehen, bevor den geldgierigen Industriellen und die Politiker endlich die Augen geöffnet werden.

Wir sollten die Anfänge erkennen, bevor wir von der notwendigen Verteidigung des Planeten Erde überrannt werden. Jeder einzelne, der dem Fleischkonsum entsagt oder ihn zumindest einschränkt, es gibt mittlerweile genügend triftige Gründe und sei es nur Angst um dein Leben hilft, das Elend der Tierwelt und der dritten Welt zu vermindern. Wir bitten dich, der du bisher gelesen hast, deinen Teil dazu beizutragen. Zu deinem eigenen Wohle, dem des Tierreiches und des Planeten Erde. Eine Einschränkung könnte dahingehend vollzogen werden, indem du das Elend nicht weiter unterstützt und nur noch Biofleisch isst, wenn du Fleisch benötigst. Biologisch gehaltene Tiere werden artgerecht gehalten und möglichst stressfrei auf dem eigenen Hof geschlachtet.

Wie kann das in der Praxis aussehen? Völlig falsch wäre es jetzt, ab sofort nur noch Obst und Gemüse zu essen, wenn dein Körper sich dagegen wehrt. Dein Körper ist in vielen Inkarnationen und ganz besonders in der Jetzigen an die Zufuhr von tierischem

Eiweiß in Form von Fleisch gewöhnt. Der Körper, der in der Materie beheimatet ist, muss sich immer langsam auf eine Entwöhnung umstellen, wenn er keinen Schaden nehmen soll. Also solltest du auch langsam beginnen. Dies gilt besonders dann, wenn du dich schwer tust vom Fleischverzehr Abstand zu nehmen.

Ganz egal, was über Schweinefleisch gesagt wurde, du solltest auf jeden Fall, schon in deinem eigenen Interesse auf rotes Fleisch verzichten. Das heißt, auf Rind-, Gans- und Schafffleisch. Ein Buddhist würde niemals Rindfleisch essen. Es ist ein Tier, das dem Menschen dient und hilft. Es schenkt Milch, hilft mit seiner Arbeit auf dem Feld, seinem Fell usw.

Dann kannst du deinen Fleischkonsum drosseln, indem du, wenn du bisher täglich Fleisch zu dir genommen hast, reduzierst auf Anfangs jeden zweiten Tag fleischlos zu leben. Oder indem du einfach ein Stückchen weniger isst, wenn du es täglich brauchst. Du kannst es von Monat zu Monat reduzieren. Wohlgemerkt: Es ist nicht notwendig, dass du Vegetarier wirst. Wichtig ist, dass du dich von der Massentierhaltung und Massenschlachtung distanzierst.

Doch solltest du, wenn du dich entwöhnen willst, nach einer gewissen Entwöhnungsphase, wenn dein Körper Fleischbedarf signalisiert, indem du Appetit auf ein Stück Fleisch bekommst, diesem Signal nachgeben. Natürlich solltest du darauf achten, dass dieses Stück Fleisch dann aus biologischer Landwirtschaft ist, wo das Tier noch als Lebewesen geachtet wird. Mit der Zeit wird dein Appetit auf tierisches Eiweiß sicherlich immer weniger werden und vielleicht irgendwann völlig verschwinden. Du wirst es dann allerdings auch nicht nötig haben, Ausreden zu benutzen, wie viele Esoteriker die aus vermeintlichem Muss kein Fleisch essen. Ausreden, dass man ab und zu Fleisch essen muss, damit man nicht völlig abhebt, um sich zu erden, hast du dann nicht nötig. Du wirst wissen, wann dein Körper noch einmal diese Nahrung benötigt, deinem Körper folgen und dazu stehen. Alles andere sind arrogante, selbstbetrügerische Geschichten, die dir nur Sand in die Augen streuen. Du kannst dazu stehen, dass du, oder besser gesagt dein Körper, noch nicht soweit bist völlig fleischfrei zu leben, weil du auf dem gesunden, selbstverantwortlichen Weg bist.

Wenn dein Körper signalisiert, dass du ein Stück Fleisch brauchst und du es deinem Körper verweigerst, dann säst du die Saat der Unzufriedenheit. Und nun stelle dir einmal vor, du stirbst plötzlich mit dem Gefühl, dass du gern ein Schnitzel möchtest. Aufgrund dieses Gefühls könnte es sein, dass du noch einmal inkarnieren musst, um dein Verlangen zu stillen. Daher: Werde zum Vegetarier, wenn dein Körper dies will, doch niemals aus vermeintlichem Ich-darf-kein-Fleisch-essen Denken.

Selbst wenn du nach ein bis zwei Jahren soweit bist, dass du kein Fleisch mehr magst, wirst du nicht völlig in spirituellen Bereichen schweben und die Realität aus den Augen verlieren, wie es von o.g. Personen behauptet wird. Du wirst immer noch mitreden können mit den so genannten "Normalen." Dies beweisen Vegetarier in aller Welt, die sich weder mit Bewusstseinsentwicklung noch mit Lesen von Büchern usw. beschäftigen. Es sind ganz normal arbeitende Menschen, die kein Aufhebens um ihren Vegetarismus machen. Nur "esoterische Spinner", die es leider zur Genüge gibt, wollen ihre Leistungen gelobt wissen.

Du darfst auch weiterhin deinen Körper mit den tierischen Produkten versorgen, die das Tier uns schenkt, wenn dein Körper danach verlangt. Milch, Butter, Milchprodukte, Eier und Käse brauchen auf deinem Speiseplan nicht fehlen. Natürlich auch hier wieder von ethisch korrekt aufgezogenen Tieren aus biologischer Landwirtschaft. Man sagt, dass die Entwöhnung des Körpers ebenso lange dauert, wie die Gewöhnung an einen von außen zugeführten Stoff. Doch dies verliert seine Gültigkeit, wenn du die vorgenannten Schritte langsam, immer die Bedürfnisse deines Körpers beachtend, vollziehst. Du kannst das fehlende Fleisch dann ersetzen durch Getreide, Obst, Gemüse und Salate. Ein schön angerichteter Salat, vielleicht mit etwas Ei und oder Käse ist ebenso sättigend und vielleicht sogar wohlschmeckender als manches Steak. Ganz abgesehen davon, dass er sehr viel mehr vom Stoffwechsel verwertbare Nährstoffe enthält.

Nach ca. einem halben Jahr, bist du dann möglicherweise soweit sein, auch die hellen Fleischsorten nach und nach auf gleiche Weise von deinem Speiseplan streichen zu können. Du isst dann vielleicht nur noch einmal pro Woche ein Stück helles Fleisch. So verbleibt dir alles inklusive Fisch, und du wirst gesund und frisch ohne Entzugserscheinungen bleiben.

Du wirst es selbst bemerken, wenn du auch den Fisch nicht mehr benötigst und ebenfalls ob und wann du auf Milchprodukte verzichten kannst. So kannst du dir Zeit lassen, durch dein Beispiel und die Beantwortung ihrer Fragen eventuell auch andere Menschen zu diesem Vorgehen veranlassen und dir selbst und der Tierwelt etwas Gutes tun. Doch es ist nicht notwendig, dass du aus Pflichtbewusstsein auf Fleisch verzichtest. Das wäre Selbstbetrug.

*"**Channelbotschaft zum Thema**" Zeit lassen kannst du dir, solange nicht die Hühner, Enten, Schweine und Fische euch einen neuen Weg aufzeigen. Wenn es so weitergeht, trotz Hinweisen, wie bisher, wird es nicht mehr lange dauern, bis ihr auf Fleisch verzichten müsst. Und wie du oben gelesen hast, ist die sofortige Zwangsentwöhnung sehr viel unangenehmer, manchmal sogar gefährlicher, und schmerzlicher als die langsame, die eigenen Bedürfnisse berücksichtigende, Entwöhnung.*

Es ist wie immer und in allen Situationen. Ihr könnt lernen durch Erkenntnis, oder durch Schmerz und Leid. Letzteres wird euch auf jeden Fall dann präsentiert, wenn ihr ohne Rücksicht auf Natur und Tierwelt so weiterlebt wie bisher so viele von euch. Doch wir wissen und wünschen uns, dass du zu den Menschen gehören wirst, die durch Erkenntnis lernen. Eure Erde mit all ihren Lebewesen ruft um Hilfe und Beendigung der herrschenden Zustände. Zwei Drittel der Menschheit hungern, auch deswegen, damit ihr täglich euren Braten auf dem Teller habt. Die ihnen zustehende Nahrung, dürfen sie zwar ernten, doch essen "MÜSSEN" sie eure Tiere. Habt ihr einmal die Tiere gefragt, ob sie gern Soja fressen? Warum esst ihr nicht die Tiere, die von eurem Grund und Boden satt werden. Wenn ihr schon einmal soweit seid, dann hat das Elend auf euren Planeten rapide abgenommen.

Doch wir sehen, dass der größte Teil der westlichen Menschheit noch nicht bereit ist global zu denken. Jeder ist sich in der politischen Maschinerie immer noch selbst der Nächste. Das Karma ist dann oft ein beliebter Helfer. Die Tiere und die hungernden Menschen haben sich dieses Karma ausgesucht, weil sie daran lernen können. Und für diese Menschen ist dann wiederum das Karma, als Hoffnung auf ein besseres nächstes Leben der gesamte Trost. Der Großteil der Menschheit macht es sich sehr einfach. Die spirituellen Wahrheiten werden benutzt, soweit man sie gebrauchen kann.

Wisset ihr lieben Schwestern und Brüder: Die Quelle wird dieses Verhalten nicht bewerten, da sie euch alle völlig bewertungsfrei liebt. Die Quelle akzeptiert und anerkennt eure Art zu leben. Auch die Tierseelen haben sich freiwillig zur Verfügung gestellt, damit ihr lernt zu unterscheiden und euer Mitgefühl entwickeln könnt. Doch wenn ihr auf dem Weg des Lichtes seid und das Leben sucht, dann gilt es im Anderen - auch im Tier - einen Teil deiner eigenen Schöpfung zu erkennen und zu heilen.

Wie kommt es, dass zwei Drittel auf eurem Planeten hungern müssen, wo doch die westliche Nation jeden Tag soviel Nahrung vernichtet, dass alle Menschen auf Erden gesund, gesättigt und fröhlich ihr Leben leben könnten. Kein Kind müsste vor Hunger sterben, wenn alle gemeinsam am Wohle des Einzelnen und der Allgemeinheit arbei-

ten würden. Sicher ihr spendet fleißig für die Hungernden in der Welt. Doch ist das wirklich genug? Wenn ihr beginnt die Produkte, die diese Mitmenschen herstellen müssen ohne kaum selbst das Notwendigste an Nahrung zu erhalten, zu meiden, dann liegt es an euch die Annahme dieser Waren zu verweigern. Nur durch Rückgang der Nachfrage kann diesen Menschen geholfen werden, indem sie ihr Land wieder für die eigene Nahrung bestellen können.

In jedem Land leben genügend Tiere, ist genügend Grund, dass kein Mensch hungern muss. Lebe ein jeder von den Schätzen des eigenen Landes und alles ist gut. Auch uns bleibt die Hoffnung für euch und euren wundervollen Planeten. Diese Hoffnung besteht darin, dass heute schon viele Erleuchtete sich in der Politik und in wissenschaftlichen Ämtern befinden. Wir grüßen euch und sind glücklich, dass ihr mit uns der Schöpfung gedenkt.

Was kannst du jetzt unternehmen, damit dein Körper mit der Umstellung beginnt, wenn du dich vom Fleischkonsum entfernen möchtest?

Der einfachste Weg wäre, deine Umstellung der Ernährungsgewohnheiten mit einer kurzen Fastenkur einzuleiten. Diese Kur reinigt deinen Körper von Schlacken und Giftstoffen. Sicherlich ist es für viele eine Überwindung und auch nicht in allen Fällen zu empfehlen eine ganze Woche lang feste Nahrung zu vermeiden. Doch wenn du körperlich fit bist und dich mit Fruchtsäften, Gemüsebrühe und sehr viel Wasser, am besten mit reinem Quellwasser reinigst, dann erfährt auch dein Bewusstsein eine Klärung. Bei richtiger Anwendung der Fastenkur, werden sehr viele festsitzende Giftstoffe gelöst und durch reichlich Flüssigkeitszufuhr ausgeschwemmt. Es gibt gute Literatur zum Thema Heilfasten. Doch solltest du, entgegen der Empfehlungen in den Büchern, diese Kur nach Möglichkeit mit einer Urlaubswoche verbinden. Eine teilweise Verschlechterung der Stimmung ist meist nicht zu vermeiden. Ganz abgesehen von der Ausdünstung des Körpers, in dessen Kreislauf die Giftstoffen zirkulieren, sowie einem schlechten Azetonatem (der Atem riecht auch auf Entfernung wie gärendes Obst), solltest du dich während einer Fastenkur liebevoll pflegen und verwöhnen.

Dies bewirkt eine Klärung deines physischen Körpers und eine höhere Bereitschaft mit deinen inneren Werten in Kontakt zu treten. Nach der Fastenkur solltest du dich sodann langsam an gesunde Nahrung wieder gewöhnen. Am besten wäre, du würdest nur noch Nahrung aus biologischem Anbau zu dir nehmen. Diese Nahrung enthält noch Licht im Gegensatz zu den meisten konventionellen Nahrungsmitteln. Du hast in dieser Woche jedoch auch gelernt, die Reaktionen deines Körpers zu erkennen. Deshalb solltest du ab sofort damit beginnen, deinem Körper nur noch die Nahrung zuzuführen, die gesund ist, ihn mit Licht versorgt und die er verlangt. Du erkennst diese Bedürfnisse an Heißhunger auf bestimmte Speisen. Hierbei ist darauf zu achten, dass du deinen Körper nicht aushungern lässt - weil er sonst Heißhunger auf alles entwickeln wird. Gib ihm ständig zwischendurch einen kleinen Imbiss. Einen Apfel, Joghurt, oder ein Knäckebrot. Ein ausgehungerter, heißhungriger Mensch tendiert dazu, alles in seinen leeren Magen hineinzuschlingen, was ihm gerade an Genießbarem in die Hände gerät. Du würdest dadurch schnell wieder in den alten Trott verfallen schnell eine Portion Pommes oder gar minderwertige Hamburger zu essen.

Du hast in diesem Buch von der Verankerungstechnik gelesen. Solange du nicht vier bis sechs Wochen konsequent diesen Heißhunger vermieden hast, selbst wenn du dir dazu immer wieder einen Wecker stellen musst, damit du an deinen Apfel auch im größten Stress denkst, läufst du immer wieder Gefahr rückfällig zu werden. Nach dieser Zeit, ist diese gesunde Art der Ernährung dir in Fleisch und Blut übergegangen. Sie ist zur Gewohnheit geworden. Nach dieser Gewöhnungsphase ist es immer noch wichtig, deinen Körper zu achten und hin zu hören, wenn er mit dir spricht.

Es kommen Momente, im Freundeskreis, beim gemütlichen Beisammensein usw., in denen du feststellen wirst, dass du eigentlich genug gegessen hast. Doch es schmeckt gerade so sehr gut, oder es ist so gemütlich mit den Freunden. Hier bahnt sich ein innerer Konflikt für dich an. Ein Konflikt, der dich nach der Gewöhnungsphase zwar nicht mehr so stark tangieren wird wie während der Gewöhnungszeit. Doch es ist ein Konflikt, der deinen Körper wieder völlig durcheinander bringen kann.

Wie sieht das aus? Dein Körper signalisiert dir. "Ich bin satt". Er hat genug zu verarbeiten. Mehr kann er beim besten Willen nicht schaffen ohne dich zu schwächen. Denn jede Mehrarbeit würde bedeuten, dass er nicht mehr für dein Wohlergehen sorgen kann. Nun, hier spielt es wiederum eine Rolle, was du gerade zu dir nimmst. Wenn es sich um einen Salat (aus Früchten der Erde) handelt, dann kann der Körper, bedingt durch das kurzweilige Verbleiben im Magen, diesen Überschuss relativ schnell verarbeiten. Doch meist sitzt ihr im Freundeskreis ja nicht bei Grünfutter zusammen. Du beschließt also gegen die Signale deines Körpers zu handeln. Der momentane Genuss, der während des gemütlichen Beisammenseins entsteht, zieht jedoch sehr schnell unangenehme Konsequenzen nach sich. Unwohlsein, Völlegefühl, schmerzende Blähungen im Oberbauch und Müdigkeit. In einer Art von Kettenreaktion, wirkt sich dies dann wieder auf deine seelische Grundstimmung aus.

Für die meisten Menschen liegt der Ursprung des übermäßigen Essgenusses jedoch im seelischen Bereich, der mit dem eigentlichen Essen überhaupt nichts zu tun hat. Essen dient oft als Ersatz für die Befriedigung seelischer Bedürfnisse, die auf direktem Weg nicht befriedigt werden. Die Bedürfnisse nach Nähe, Wärme, Zuwendung und Liebe werden oftmals durch Essen - orale Befriedigung - befriedigt.

Der Säugling von früher musste oft lange vor Sehnsucht schreien. Die unwissenden Erwachsenen erschienen endlich, irgendwann nach unendlich langer Zeit, und schoben ihm eine Flasche in den Mund. Schluss: Alles wird wieder gut, wenn ich nur etwas in den Magen bekomme. Mama hält mich im Arm, das ist wunderschön, ich habe zwar keinen Hunger, aber ich schlucke brav meinen Brei, damit Mama mich nicht sofort wieder allein lässt. So wird orale Ersatzbefriedigung durch übermäßiges Essen anerzogen.

Du kennst die Verankerungstechnik. Innerhalb kurzer Zeit wurde aus dieser Befriedigung eines Grundbedürfnisses, nämlich Liebe und Zuwendung, eine festsitzende Gewohnheit. Daraus resultieren alle Probleme der Über- aber auch der Untergewichtigen. Die Übergewichtigen suchen immer noch Liebe im Essen. Die Untergewichtigen, wollten sich diesem Dogma nicht beugen. Sie erbrechen lieber, als dass sie diese Art von Liebe und Zuwendung länger ertragen wollen. Beide Formen sind krankhaft. Die Möglichkeiten diese Krankheiten zu behandeln, sollten dir inzwischen klar geworden sein.

Doch zurück zum Zuviel des Guten. Der Magen ist hoffnungslos überfüllt. Der Mensch fühlt sich schlecht. Es sind Gefühle, die mit dem Essen ja eigentlich überlagert und unterdrückt werden sollten. Ein Schnaps hilft immer. Unsere Werbemenschen haben immer schöne Sprüche bereit. Gegen Völlegefühl und Magenbeschwerden. Immer rein mit dem Zeug, "Ein Underberg hilft dir schnell über'n Berg". Der Alkohol zersetzt zwar die Fette etwas schneller, doch er entlastet nicht den Verdauungsapparat. Der Magen fühlt sich ein wenig befreit, doch Galle und Leber bekommen doppelte Arbeit. Fazit: Du wirst noch mehr müde, weil die Leber jetzt erst mal den Alkohol verarbeiten muss. Der Körper spielt dieses Spielchen sogar mit, denn er hat nur noch einen Job, den er erledigen kann und muss: Verdauen.

Wenn du nicht zu den Mager-, sondern zu den Dicksüchtigen gehörst, dann hat dein Magen sich bereits so sehr ausgedehnt, dass er Mengen tragen kann, von denen ein normal essender Mensch eine ganze Woche sich ernähren könnte. Als magersüchtiger Mensch ergeht es dir ebenso; nur mit dem Unterschied, dass du alles wieder ausspuckst, bevor dein Körper auch nur ein Gramm Fett aufnehmen kann.

Hier kann ich nur raten, die unbewussten inneren Schichten zu erforschen und dich selbst kennen- und schätzen zu lernen. Wir müssen in unserem eigenen Interesse lernen, der Versuchung zu widerstehen, die eigene Seele zu erforschen und nur noch die Mengen zu verspeisen, die unser Körper wirklich benötigt. Maßvolles Essen setzt nicht den Verzicht auf Genuss voraus. Doch ergeben sich stattdessen positive Konsequenzen. Diese bestehen darin, dass ein positives Lebensgefühl, das körperliche und seelische Befinden und nicht zuletzt auch das Aussehen sich positiv verändern.

Genau so wichtig wie richtiges und vollwertiges Essen, ist jedoch auch eine gesunde Verdauung. Wir leben nicht von dem, was wir essen, sondern von dem, was der Körper verwerten kann. Die Ursachen vieler Krankheiten, Lustlosigkeit, Gereiztheit und Müdigkeit, sowie der Grund für vorzeitiges Altern, liegen oftmals in einer schlechten und störanfälligen Verdauungstätigkeit. Diese wird dann mit Pillen behandelt und alles wird nur noch schlimmer. Sobald der Verdauungsapparat nicht mehr richtig arbeitet, bedingt durch mangelnde Bewegung und fehlende Ballaststoffe, dringen Fäulnisbakterien und Giftstoffe in die Blutbahn. Das Blut hat dann nicht mehr die Zusammensetzung die Organe und das Gewebe ausreichend zu versorgen. Im Gegenteil, es schleust sämtliche Giftstoffe durch jedes Organ.

Hier angelangt, wirst du dich wohl nicht mehr fragen, was dies alles mit Esoterik und Bewusstseinserweiterung zu tun hat. Dein Körper ist ein sehr wichtiger Teil deines Selbst. Er ist der Tempel deiner Seele. Du bist, solange du hier auf diesem Planeten bist, nicht in der Lage, ohne deinen Körper auch nur die kleinste Kleinigkeit zu bewirken.

Er ist eine Leihgabe von Mutter Erde, deren Wohnung du dir für dieses dein Leben erwählt hast. Erweise dich als würdiger Gast. Erkenne deine Gastgeberin Erde und ihr Besitztum als Freundin an. Gehe pfleglich um mit ihren Leihgaben.

Erkenne, dass alle Tiere uns als Freunde zur Seite gestellt wurden. Ein Tier ist ohne Falsch, es sei denn es wurde von Menschen dressiert oder besser gesagt kaputt gemacht, so wie es mit vielen Hunden, Katzen usw. geschieht. Kein aufgestiegener Meister wird dir das Fleisch essen verbieten oder behaupten, dass es schlecht sei Fleisch zu essen. Viele Tiere haben sich aus genau diesem Grund den Kreislauf der biologischen Landwirtschaft aufrecht zu erhalten inkarniert.

wenn und solange du Fleisch aus quälerischer Massentierhaltung isst, kann deine Seele dich nicht wirklich durchleuchten.

Kaufe dein Fleisch nicht mehr im nächsten Supermarkt. Suche dir einen Landwirt, der seine Tiere in Würde wachsen und sterben lässt. Sage deinen Dank an das Tier dafür, dass es auch für dich sein Leben gelassen hat, so wie es jeder Krieger tut. Die Naturvölker nehmen Kontakt auf mit der Seele eines Tieres bevor sie es erlegen. Sie entschuldigen sich dafür, dass sie das physische Leben nun beenden müssen, weil der Stamm der Nahrung bedarf. Sie nutzen jedes Teil des Tieres, weil sie Achtung haben vor dem Edelmut der Tiere, die sich uns als Nahrungsquelle hingeben. Wir können von den so genannten "unzivilisierten Völkern" noch eine ganze Menge alter Weisheit neu erlernen.

Jeder Einzelne, der dem Fleischkonsum aus Massentierhaltung entsagt, es gibt mittlerweile genügend triftige Gründe, und sei es nur die Angst um dein Leben und deine Gesundheit, hilft das Elend der Tierwelt zu vermindern. Wir bitten dich, die oder der du bis hierher gelesen hast, deinen Teil dazu beizutragen das Elend der Tiere zu mindern, indem du den Produkten der Massentierhaltung entsagst. Zu deinem eigenen Wohle, dem des Tierreiches und des Planeten Erde. So kann endlich wieder Mitgefühl und Liebe die Oberhand gewinnen und unsere Erde zu einem strahlenderen Ort auferstehen lassen.

Du kannst weiterhin Fleisch und tierische Produkte nutzen. Doch wenn du spirituell wachsen willst, dann ernähre dich nicht vom Elend der Tiere. Gehe in einen Bioladen, gib ein wenig mehr Geld aus und reduziere einfach die bisher bekannten Mengen der Nahrungsaufnahme. Ethik und Spiritualität beginnen immer dort, wo du deines Nächsten gedenkst und jedes Lebewesen achtest und ehrst.

Teil 3

Die universellen Gesetze nach

Hermes Trismegistos

Die ewig gültigen universellen Gesetze

Zur Vertiefung empfehle ich dir das Büchlein KYBALION. Im folgenden Abschnitt wirst du einige Zitate aus diesem Werk finden. Das Buch ist vergriffen. Es gibt jedoch Neuauflagen von anderen Autoren

Erkenne Dich selbst.

Bei den Teilen der hermetischen Lehren, die uns heute noch - oder wieder - verfügbar sind, handelt es sich leider nur noch um Fragmente alter lemurischer, atlantischer (göttlicher, außerirdischer?) Lehrern und Weisheit. Sie sind allgemeingültige Grundlagen jeden spirituellen Wissens und jeder Entfaltung. Diese Lehren stehen über allem anderen, denn sie sind in allen Universen gültig.

Wenn wir von Hermetik reden, dann denken die meisten Menschen an den altgriechischen Gott der Weisheit Hermes. Übersetzt bedeutet der Name Hermes Trismegistos, der dreifach Große, der dreifach Geweihte, der Gott der Götter und Meister der Meister. Im alten Ägypten wurde er als der Gott Thoth verehrt. Er ist auf jeden Fall so wichtig, dass ihn jede große Kultur für sich beansprucht. (lt. gechannelter Botschaften war er unter anderem ebenfalls inkarniert als Josef (Hüter von Jesus und Maria), als Merlin zur Zeit Artus und letztlich als Saint Germain)

HERMES TRISMEGISTOS erreichte als einer der ersten "Götterboten" aus den höheren Universen, den noch jungen Planeten Erde. Er lebte und lehrte auf dem Kontinent Atlantis. Hermes verließ den durch die Verblendung der Brüder dem Untergang geweihten Kontinent, um anderen Menschen auf anderen Kontinenten die universellen Weisheiten und Lehren zu überbringen, damit sie für alle Zeiten bewahrt bleiben. Er wandte sich nach Ägypten. Hier, nachdem er bereits einige Zeit dort gelebt und gelehrt hatte, errichtete er mit anderen von ihm Eingeweihten die große Pyramide, heute Cheops genannt, als Wissens- und Einweihungstempel.

Das hermetische Wissen wurde über Jahrtausende von den Eingeweihten an würdige Schüler übermittelt. Wenn der Schüler bereit war, wurden ihm diese Weisheitslehren in den Akademien und Tempeln auf telepathischem Wege übermittelt. Erst dann, wenn die Schülerin oder der Schüler die alten Weisheiten den erfahrenen Meistern und Meisterinnen erklären und weitergeben konnte, galten sie als Eingeweihte der Mysterien.

Die hermetische Gemeinschaft ruft den Neuling und lange, bevor die Meisterin oder der Meister sich sichtbar nähert, wirst du telepathisch geschult. Das geschieht oftmals so, dass dir z.B. zu einer bestimmten Zeit ein Buch in die Hand fällt. Du verstehst plötzlich intuitiv Hintergründe, die dir bis dahin verschlossen waren. Doch bereits schon seit sehr langer Zeit, wurde der Mensch geschult, ohne sich dessen bewusst zu sein. Viele menschliche Wesen begeben sich nachts im Traum zu den höheren Lehrern in anderen Dimensionen, nehmen Einblick in die Chroniken und werden persönlich geschult. Genauso wird dieser Lehrling in nächtlichen Exkursionen anderen Menschen sein Wissen weitergeben. Kaum jemand kann sich morgens an diese Erlebnisse erinnern. Da das Unterbewusstsein das Wissen verarbeitet und speichert, ist es auch nicht wirklich notwendig.

Ein winzig kleiner Teil des alten hermetischen Wissens ist uns wieder zugänglich. In der Spätzeit des mysterischen Altertums wurde es niedergeschrieben, damit es die Zeiten der Dunkelheit überstehen kann. So wurde es den Menschen erhalten, die einem neuen Erwachen entgegen streben, wenn die Dunkelheit sich neigt. Daher ist dieses Wissen, der Grundlagen des Daseins, dem Menschen des Wassermannzeitalters wieder zugänglich. Die erwachte Menschheit wird in naher Zukunft, wenn die Zeit reif ist, mehr und mehr des ewigen, allgemeingültigen Wissens in sich selbst erfahren.

Es ist sehr wichtig mit der hermetischen Lehre vertraut zu werden, weil das gesamte physikalische Universum, sichtbar und unsichtbar, den universellen Gesetzen unterliegt. Die universellen Gesetze oder Prinzipien, sind die sieben Schlüssel zur Weisheit. Wenn wir sie in ihrer Wirkungsweise verstehen lernen, sie befolgen, mit ihnen leben und arbeiten, dann machen wir uns die Gesetze zu Freunden. Indem wir sie Be-Greifen und in ethischer Weise mit ihnen arbeiten, erheben wir uns über die Gesetze. Dann, werden sie uns dienen. Innerhalb der universellen Gesetze gilt das alte Sprichwort "Unwissenheit schützt vor Strafe nicht", auch wenn das Wort Strafe völlig fehl am Platz ist.

Nichtanwenden und gegen die Gesetze handeln, zieht unweigerlich eine Lernerfahrung nach sich. Daher kann das Wort Strafe aufgrund unseres Schuld- und Sühnedenkens, der verblendeten Ursache und Wirkung Auslegung, vorerst einmal so stehen bleiben. Der Mensch versteht die universellen Hinweise solange als eine Strafe Gottes, bis er gelernt hat, bewusst mit den präsentierten Situationen umzugehen. Sobald du bereit bist, die übergeordneten Zusammenhänge zu begreifen und danach dein Leben auszurichten, kannst du lernen ohne zu leiden.

Lediglich sieben Gesetze sollen verstanden und befolgt werden, damit sich das Leben für die Menschheit und für unseren Planeten Erde paradiesisch gestalten kann. Doch wir haben Jahrtausende lang erfahren, wie schwierig das Erkennen und Befolgen dieser Gesetze auf Erden ist.

Die alten Weisheiten sind nirgendwo verankert oder beweisbar wie unsere weltlichen oder die naturwissenschaftlichen Gesetze. Doch wenn du danach lebst, wirst du für dich den Beweis erhalten. Bisher war es jedoch immer so, dass alles, was nicht logisch und nachweisbar ist, in der Regel auch nicht befolgt wurde. Wenn du dich intensiv mit den universellen Gesetzen auseinandersetzt, wirst du die Logik dahinter nicht bestreiten können.

Bei den universellen Prinzipien handelt es sich um uralte Überlieferungen. Hermes Trismegistos war und ist der Überbringer der universellen Lehren und er ist nicht identisch mit Thoth. Hermes (geheim, Weisheit) Trismegistos (der dreifach Geweihte) war einer der ersten großen weisen außerplanetarischen Besucher und späterer Bewohner dieses Planeten. Er wirkte in Lemuria und begründete, mit anderen so genannten „Göttern", das Weltreich Atlantis. Als Atlantis sich verdunkelte, verbreitete er mit vielen anderen Erleuchteten die universellen Weisheiten über den Planeten Erde. Das Wissen aus alter Zeit entstammt den universellen Lehren höherer Dimensionen. Es soll dazu beitragen, dass die Menschheit erwacht und sich der Macht der Dunkelheit entzieht, wenn die Zeit gekommen ist. Die Zeit ist reif, wenn du bereit bist. Das mystische Wissen des Lebens und die kosmischen Gesetze sind im gesamten Universum gleich gültig.

Das Universum ist geistig: Alles ist Geist.

Nur durch die mündliche und telepathische Überlieferung konnten die Weisheitslehren einem ähnlichen Schicksal wie die Verfälschung alter Schriften, heute bekannt als Bibel, durch Religionen und Regierungen entgehen. Und es wird immer so bleiben, dass nur Ausgewählte in den hermetischen Geheimbund gerufen werden. Du kannst keine Mitgliedschaft beantragen oder dich einkaufen. Bünde, die dies mit dem "Verkauf der Weisheit" versucht haben, konnten nicht lange existieren. Die unsichtbaren Meisterinnen und Meister wissen genau, wann ein Mensch bereit ist Schüler zu werden. Sie erkennen dich an dem Licht das du ausstrahlst. Die Meister/innen in den höheren Dimensionen sehen nicht, ob du dich abstrampelst und den Religionen folgst oder deiner Seele. Sie sehen uns nur als Lichter auf der Erde. Wenn dein Licht hell genug erstrahlt, dann erklingt der Ruf in deiner Seele. Du wirst ihren Ruf hören und ihm folgen. Wenn der Mensch die Zusammenhänge der Gesetzmäßigkeiten, sei es auch nur ansatzweise, erfährt und erkennt, dann wird das Angebot als Lehrling der weißen Schwestern- und Bruderschaft beizutreten ausgesprochen.

Es gibt keinen anderen Ort als den Ort tief in dir selbst, wo du den Meister, die Meisterin, den Lehrer, die Lehrerin treffen wirst. Indem du in altes, universelles Wissen eingeweiht wirst, bist du würdig und fähig die universellen Zusammenhänge zu erkennen. Du bist erwählt, den Weg der Bewusstseinsentwicklung mit der Unterstützung der großen Meister/innen zu beschreiten. Wenn du gelernt hast dieses Wissen ethisch zu leben, zu nutzen und anzuwenden, dann erreichst du die Bewusstwerdung deiner Selbst und des großen Ganzen. Dann bist du jedoch auch aufgefordert, dein Wissen zu leben und andere Menschen daran teilhaben zu lassen. Dies alles zum Wohle der Menschheit und der Erde. Diese Lehren sind die Schlüssel zur Weisheit der geistigen Welten.

Das Wort Kosmos bedeutet - Ordnung. In der universellen Ordnung kann es keinen Zufall geben. Darum ist es auch kein Zufall, dass ich heute diese Zeilen schreibe und du sie irgendwann lesen wirst. Wir wurden an diesen Punkt in der Zeit geführt, die kosmische Ordnung zu erkennen und uns ihrer bewusst zu werden. Mit einem fest umrissenen Lehr- und Lebensplan kamen wir in diese Inkarnation. Wir haben uns entschieden zu lernen. Der kosmische Imperativ >ENTWICKLE DICH - LERNE< ist die Triebfeder unserer Lebenskraft und Grund unserer Suche.

Jeder Mensch kann für sich entscheiden, wie sie oder er diesem sich selbst gegebenen Auftrag folgen will. Lernst du freiwillig oder unter Druck, (Schicksalsschläge, Leiden)? Jeder Mensch wird früher oder später seinem eigenen Plan folgen, weil die Seele und der Geist unweigerlich jeden wieder auf den Weg der Liebe führen werden. Nur über das Wie und das Wie lange hat jeder Mensch völlige Entscheidungsfreiheit. Hier an diesem Punkt entscheidet der freie Wille jedes Einzelnen.

Der suchende Mensch lässt sich leicht verwirren von falschen Lehrern und Propheten. Jesus gab diesen Lehrern den bezeichnenden Namen "Wölfe im Schafspelz". Oft sind es gerade die Menschen, die wir uns zu Vorbildern nehmen, die wir bewundern und verehren, weil sie vermeintlich über hohes Wissen verfügen. Mein Freund Ezechiel hat mich vor solchen Lehrern gewarnt, vor Lehrern, denen ich blind vertraute und denen ich nachfolgen wollte. Ich wollte seinen Worten manchmal nicht glauben, ganz besonders im Fall einer Freundin, die ich sehr mochte und für meine wirkliche Lehrerin hielt. Das Erkennen, dass meine innere Stimme wieder einmal recht hatte, tat weh. Doch beinhaltete es für mich auch eine Transformation zur Demut und Hingabe an die spirituellen Lehrer und Meister/innen.

Viele Verkaufstrainer, die Menschen durch Anwendung der universellen Gesetze zu finanziellem Erfolg, und damit ihre eigenen Verkaufszahlen, in die Höhe bringen wollen, ohne diesen Menschen die innere Erkenntnis übermitteln zu können, erfanden in den letzten Jahrzehnten eine unüberschaubare Anzahl an universellen Gesetzen hinzu. Den Vogel schoss ein Unternehmen ab, das mittlerweile bei achtundzwanzig vermeintlich universellen Gesetzen angekommen ist (Stand 1988). Letztendlich handelt es sich immer nur um Abwandlungen und Ergänzungen, die den Menschen verwirren. Die universellen Gesetze werden missbraucht um die Materie zu übervorteilen. Doch mir ist von all diesen Menschen, selbst wenn sie den finanziellen Erfolg erreichten, noch nicht einer begegnet der diesen auch wirklich genießen und aufrechterhalten konnte. Es findet ein innerer Kampf statt, denn das Unterbewusstsein kennt genau die Zusammenhänge und der Intellekt dreht sich im Kreis.

Jeder Mensch, der die universellen Prinzipien erkennt und ethisch anwendet, beherrscht das Universum und die Elemente. Darum lasse dich nicht verwirren, wenn dir jemand durch die Anwendung von mehr als sieben geistigen Prinzipien den Himmel auf Erden verspricht. Lass dir zuerst einmal seinen eigenen Himmel zeigen und zwar auf allen Ebenen, denn das Bankkonto ist für ein erfülltes Leben kein Maßstab.

In den sieben universellen Gesetzen, übermittelt von Hermes Trismegistos, sind seid Anbeginn der Zeiten alle Weisheiten enthalten. Alles, was darüber hinaus geht, sind abgeleitete Prinzipien oder verkaufstechnisches Werkzeug, welche die Anwendung der Gesetze automatisch mit sich bringen, ähnlich wie manche Wissenschaftler der Auffassung sind durch Genmanipulation den perfekten Menschen erschaffen zu können. Ihrer Meinung nach ist die Natur, die bisher immer wunderbare Arbeit leistete, unfähig. Diese Wissenschaftler wollen der Menschheit die wahllose Zeugung untersagen, evtl. durch sterilisierende Medikamente in der Nahrung oder im Leitungswasser, damit die Menschheit nicht degeneriert, weil sie sich nach Neigung statt nach Leistungsvermögen paaren. Dies ist einem Fernsehbericht entnommen. Mit dem gleichen Hochmut werden die universellen Gesetze verwissenschaftlicht und verfälscht. Halten wir uns lieber an das, was seit Jahrmillionen seine Gültigkeit besessen und funktioniert hat. So wird die Anwendung der universellen Gesetze letztendlich ganz einfach. Denn eines darfst du wissen, die Anwendung der universellen Gesetze wird dein Leben bereichern, auch dann, wenn du sie noch nicht ganz verstehst.

Wir müssen damit leben, dass jetzt in der Übergangszeit, die falschen Propheten wieder unter uns sind; die Pharisäer des neuen Testamentes sind ebenfalls wieder inkarniert. So wie einst die Bibel verfälscht wurde, geschieht es mit dem hermetischen Wissen. Das Wissen soll solange verfälscht werden, bis nur noch ganz wenige Menschen die wirklichen Weisheiten dahinter erkennen und für den Großteil der Menschen die Gesetze als nicht nachvollziehbar gelten. So wie es der Bibel geschah, denn eine Passage wurde nicht gestrichen, vielleicht wurde sie sogar hinzugefügt. "Wer Gottes Wort verfälscht, der ist des Todes." Somit glaubt kein kirchenbezogen religiöser Christ, dass die Geschäftsmänner der Kirchen, verkleidet als Bischöfe und Kardinäle, dem Volk Sand in die Augen streuen.

Auszug aus einer gechannelten Botschaft vom 6.12.1987

Bedenket ebenfalls, dass heute wieder Wesenheiten inkarniert sind, die dem Planeten Erde und seinen Bewohnern von Anbeginn an Schaden zufügen wollen und können. Jede wissende, nach innen hörende Seele kann diese Wesen erkennen. Jedoch aufgrund eurer Gesellschaftsstruktur finden diese Wesen ihre Nachfolger in jungen, suchenden Leben. Darum hütet eure Kinder vor der Qual der Nachfolge. Die Wesen der dunklen Seite des All-Einen, kämpfen seit Jahrtausenden um die Herrschaft über euch und euren Planeten. Sie konnten, nach ihrem Ermessen, bereits große Erfolge erzielen.

Es handelt sich nicht immer um die auffälligen Wesen mit buntem Gefieder und hartem Auftreten. Diese sind oft nur Handlanger jedoch aufgrund der Vielzahl und der weltweiten Streuung nicht zu unterschätzen. Achtet auf die, wie euer Jesus sie nannte, "Wölfe im Schafspelz"

Sie unterscheiden sich „äußerlich und oberflächlich betrachtet" in keiner Weise von den wirklichen Lichtbringern. Im Gegenteil, sie bestechen oftmals durch eine außergewöhnliche Souveränität und charismatische Ausstrahlung. Schauet einem jeden, den ihr als euren Lehrer/in auswählen wollt, tief in die Auge. Erfühlet euer Gegenüber. Dann werdet ihr sie erkennen und die Spreu vom Weizen trennen lernen.

Diese Wesen haben oftmals Schlüsselpositionen inne oder betreuen und lehren die Menschen in ebensolchen Positionen. Hierdurch erhalten sie die Macht die jungen inkarnierten Seelen zu verblenden. Erkennet, dass es wichtig wird, hier einzugreifen, denn das Schicksal der Menschheit, eures Planeten und unseres Universums sind von der Erkenntnis und Verbreitung der universellen Lehren der wahren Lehrer und Lehrerinnen abhängig. Den jungen Seelen muss die Wichtigkeit und Einzigartigkeit ihres Daseins vermittelt werden.

Darum bereitet euch vor, indem ihr euch selbst erkennt und euch selbst vertraut, bevor ihr blind einem anderen Menschen Vertrauen schenkt und ihm vertrauensvoll und kritiklos nachfolgt.

Weiterer Auszug aus einer Botschaft vom 26.12.1987

Wisset, dass die Verlockungen der Gegenseite in nächster Zeit besonders stark an euch und eure Erde herantreten, denn die vorhergesagte Wendezeit ist nahe. Es ist jetzt eure Aufgabe, euer theoretisches Wissen in die Praxis umzusetzen und vor allen Dingen, sie anzuwenden. Wenn ihr bereit seid, euer bisher wieder gefundenes Wissen anzuwenden, den Erkenntnissen die Tat folgen zu lassen, dann sind die ersten Prüfungen bereits bestanden.

Ihr wisst, dass das Ende eurer euch bekannten Realität nahe ist. Darum solltet ihr bei allen vermeintlich "wichtigen" Menschen, die euch begegnen zwar liebevoll und offen, aber dennoch auf der Hut sein. Fühlet in euch und erspüret euer inneres Wissen. Wisset, dass eure Inkarnation einem universellen Testlabor gleichkommt. Jede Begegnung mit diesen anderen Menschen ist eine Prüfung, inwieweit ihr euer Wissen und eure Erkenntnis aus alter Zeit zu leben bereit seid.

Es ist immer ein Test. Entweder von der Minusseite der Polarität, die mit feinsten Facetten der Verblendung auf euch zukommt, oder ein Test eures eigenen Hohen Selbst, das eure Kräfte einer letzten Prüfung unterzieht. Unterscheiden lernen, wer wirklich vor euch steht, das ist in dieser Endzeit eure Aufgabe.

Je höher und weiter sich euer Bewusstsein entwickelt, desto stärker werden "schein-bar" die Prüfungen. Es muss euch bewusst werden, dass die andere Seite um den Sieg kämpft. Sie wird letztendlich niemals siegen, denn auch diese Seite ist ein Wesen aus der Quelle und kehrt irgendwann in die ALL-EINHEIT zurück. Doch diese Seite ist im-mer noch verblendet von ihrem Hochmut der vermeintlichen Erfolge. Sie kämpft um ihr Überleben in dieser Dimension, denn in all ihrer Verblendung kann sie nicht mehr an die unendliche Liebe des Universums glauben.

Doch auch diese Seite wird einst zur Quelle zurückkehren. Darum verwünscht nicht diese Seite und ihre Anhänger. Richtet nicht, auf das ihr nicht nach euren eigenen Maßstäben euch selbst richten müsst. Es sind verblendete Geschöpfe, die sich selbst den Weg zum Licht verdunkel. Doch das Universum ist geduldig und lässt einem jeden die Zeit, die er zur Besinnung und Rückkehr benötigt. Nur aufgrund dessen, weil es die dunkle Seite gibt, kannst du Mensch die Wahl treffen, welches dein Weg sein soll.

Doch erkennt ihr für euch, die ihr euren Weg zum Licht gehen wollt, dass die andere Seite aktiver wird und euch oftmals ein unechtes Licht ins Fenster stellt. Ihr, die ihr euch auf den Weg machtet, das Bewusstsein des Planeten in dieser Endzeit anzuhe-ben und zu verfeinern, spürt diese Vorgänge. Ihr werdet mit den dunklen Aspekten des Seins immer wieder konfrontiert werden. Sie wollen nicht die Seelen, die ihnen bereits folgen. Nein, je lichter eine Seele, desto mehr liegt ihnen daran diese Seele in ihren Bann zu ziehen und vom universellen Licht zu entfernen.

Gehet in euch und lernt euren erhöhten Bewusstseinszustand in Gegenwart eines jeden Menschen aufrechtzuerhalten. Bleibt selbstbewusst und ruhet in euch und der Gewissheit, dass euch letztlich nur der Sieg über die Polarität verbleibt und sicher ist. Bleibt wachsam, liebevoll, mitfühlend und doch, ruhet in der Gelassenheit des Seins. Vertrauet eurer eigenen Kraft und macht euch eure Befürchtungen, vor allem aber euren Ehrgeiz, eure Ungeduld schneller zu wachsen, bewusst. Dann vertrete offen und ehrlich deine eigene Wirklichkeit. Selbstvertrauen und Selbstannahme beinhalten den Schlüssel zu eurem Erfolg auf allen Ebenen. Bleibet euch selbst treu, damit das Rad der Zeitalter nicht von Neuem sich zu drehen beginnen muss.

Es werden in dieser Zeit viele kommen, die dem äußeren Erscheinungsbild viel Auf-merksamkeit widmen. Es ist hier nicht nur der Kleidung gedacht. Nein, sie besitzen das Auftreten und die Ausstrahlung die notwendig ist, die Menschen in die Irre zu führen. Geld, Ansehen, versprochenes spirituelles Bewusstsein in dir zu erwecken, sind ihr Begehr. Bewusstes Anwenden der Gesetze und des Prinzips wie innen so außen um die Menschheit zu verblenden. Sie täuschen über ihre innere Dunkelheit hinweg, indem sie sich auf das Außen konzentrieren. Lauschet eurer inneren Stimme, die in solchen Momenten nur ganz leise zu euch sprechen darf. Beobachtet eure eigenen Gefühle und nichts sonst. Seid locker und gelöst in der Gewissheit eurer eigenen Kraft und Stärke. Sodann vertrauet euren inneren, lichtvollen, göttlichen Gefühlen, eurer inneren Führung und nichts und niemand kann eurer Seele Schaden zufügen oder euch noch einmal von eurem Wege abbringen.

Das Wichtigste jedoch, habe keine Angst, entsage ihr, indem du dich deiner Angst stellst. Angst ist euer ärgster Feind, weil sie euch verblendet. Wer auf seine Führung vertraut und sich fallen lässt im Wissen geschützt zu sein, der ist geschützt.

Der Kampf um die starken, wissenden, alten Seelen hat gerade erst begonnen. Nur wenn euch bewusst wird, dass die Zeit der Schreckensbilder und Dämonen vorbei ist, dann könnt Ihr alle diese Wesenheiten handhaben. Denn ihr erkennt die Unterschiede. Dämonen treten heute nicht mehr als Schreckgespenster in euer Leben. Achtet auf die Wölfe im Schafspelz.

Dieses Bild - entworfen von eurem Jesus - entspricht dem Dämon der Neuzeit. Sie werden sich zu erkennen geben, wenn ihr auf eurem inneren Wissen in Liebe beharrt.

Liebe ist der Schlüssel. Doch nur die Liebe zu euch selbst und euer Mitgefühl für die verblendeten, nach Liebe suchenden Anhänger der Dunkelheit, weisen euch den Weg und geben euch Schutz.

Liebe und Vertrauen zu eurem Hohen Selbst, zur multidimensionalen Seele, den spirituellen Begleitern und Lehrern und ganz besonders zu eurem Ursprung, machen euch gefeit gegen die Angriffe der anderen Seite. Erfahret die kosmische Liebe, indem ihr bereit seid darauf zu vertrauen.

Euer Bruder in den Weiten des Lichtes - Ezechiel

Soweit die Auszüge zu den falschen Propheten der Endzeit. Angst ist hier niemals förderlich. Doch der Mensch muss gewappnet sein, denn gerade der Schüler, der Suchende, den Ezechiel Kinder nennt, glauben oftmals blind den vermeintlichen Lehren und Lehrerinnen, die euch wunderbare Erfolge versprechen, wenn ihr nur genügend zahlt. Dies erinnert an den Freikauf von Sünden, wie die Kirche ihn verkaufte. Dies alles wird sich in den Jahren, die vor uns liegen noch verstärken. Denn je lichtvoller ein Mensch wird, desto reizvoller wird er oder sie für die Gegenseite.

Darum sollst du in die geistigen Gesetze des Universums eingeweiht werden, damit du die Zusammenhänge erkennst und mehr und mehr anzuwenden weißt.

Das Universum ist geistig. Du bist geistig. Alles ist Geist. Daher durchdringt alles jede und jeden. In diesem Geiste sind wir alle eins.

Das Wichtigste ist und bleibt:

Die Liebe, das Verständnis und das Mitgefühl zuerst für dich selbst und dann zu deinem Nächsten.

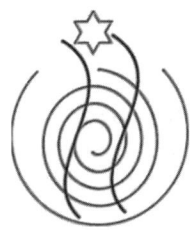

Die ewig gültigen universellen Gesetze

Die universellen Gesetze sind im Kleinen wie im Großen immer aktiv und wirksam. Wenn du die Grundsätze beachtest, wirst du unweigerlich die von dir erwünschten Ergebnisse erzielen, egal ob du daran glaubst oder nicht. Der bisherige Sklave des Schicksals kann so zum Meister erwachen.

Es hat zu allen Zeiten Eingeweihte und große Lehrer/innen gegeben, die das Geheime und Verborge lehrten und lebten. Auch du wirst einiges erfahren, was dir vielleicht zuerst fremd erscheinen mag. Vielleicht stößt dich sogar hin und wieder der Begriff Macht ab. Doch wirkliche Macht ist nichts anderes als Macht über dich selbst zu haben und zu nutzen. Die Macht über einen anderen Menschen erlangen zu wollen, ist und bleibt hilflose, kraftlose Ohnmacht, ohne Macht. Sie ist das Symbol der Dunkelheit. Nur ein Mensch ohne Macht über sich selbst kämpft verbissen um die Unterdrückung eines Anderen um sich selbst als machtvoll darzustellen. Jeder Mensch ist jedoch verpflichtet die Macht über sich selbst, über seine niederen Instinkte, seine Schatten zu erlangen und damit machtvoll dem eigenen Licht entgegen zu streben.

Bleibe flexibel im Denken ohne Anhaftung an Glaubensätze. Lehne nichts ab, was du nicht für dich selbst durchdacht und erkennbar gemacht hast. Bedenke, dass die Wirkungsweisen der universellen Gesetze unsichtbar und unbeweisbar sind. Sie können nur dann erkannt werden, wenn jeder Mensch sich seine Erfahrungen nutzbar macht.

Die vorhergehenden Übungen dieses Buches lehrten dich immer wieder, Zusammenhänge zu erkennen. Indem der Mensch Zusammenhänge in der nachvollziehenden geistigen Wiederholung vermeintlicher Schicksalsschläge erkennt, begreift er auch die übergeordneten Zusammenhänge und die dahinter stehende kosmische Ordnung.

Wir haben durch Erziehung und Umwelt gelernt uns auf die äußere Welt zu konzentrieren. Doch immer wieder habe ich erkannt, dass hinter allem, was wir mit unseren physischen Sinnen erfassen können, zuerst immer der Gedanke, die Idee steht. Alles hat seinen ganz eigenen tiefen Sinn. Darum nehmen wir uns die großen Eingeweihten zum Vorbild. Sie haben uns gezeigt wie es gemacht wird, und wir dürfen uns die Erfahrungen zunutze machen.

Ich werde versuchen nachvollziehbar in die Bereiche und Ebenen einzudringen, in denen alles seinen Anfang nimmt. Hier auf der Erde und im gesamten Universum wird jede Idee, jeder Gedanke nach universellen Gesetzmäßigkeiten verwirklicht und in die Materie integriert. Nur auf der geistigen Ebene, indem wir nach den Gesetzen dieser Ebene leben, frei von Bewertungen und Begrenzungen, kann der Mensch sich seine Realität erschaffen, wie er sie wirklich in seinem Innersten erschaffen will.

Grundvoraussetzung ist immer das Wissen um die geistigen Ebenen, die Ehrfurcht und Liebe zur geistigen, zu universellen Welt. Neugier und Ungeduld sind hier fehl am Platz, denn niemand kann Wissen erzwingen.

Die geistigen Freunde und Lehrer kommen auf den Menschen zu, wenn er Demut und Hingabefähigkeit an sich selbst und an die höheren Ebenen gelernt hat. Jeder Zwang, jedes machen und erzwingen wollen, jedes krampfhafte, verbissene Kämpfen um Erleuchtung, verhindert die Offenbarung des Wissens und der Erkenntnis. Wenn du nur noch das vermeintliche Endziel wahrnimmst, verlierst du den Blick für die Etappensiege und die Stolperfallen, die dich immer wieder behindern. Bleibe immer wieder stehen, analysiere deinen Weg, die bisher erworbenen Erkenntnisse und lerne aus Fehlern. Erst dann gehe weiter auf dein Ziel zu. Du bist immer und zu jeder Zeit am richtigen Ziel. Die alte Weisheit gilt. Der Weg ist das Ziel. Am großen Endziel angelangt, benötigen wir keine Inkarnation mehr, weder auf diesem Planeten noch in anderen Dimensionen. Darum erkenne und anerkenne immer wieder deine jeweiligen Zwischenziele und Zwischensiege. Du bist täglich, in jeder Sekunde am Ziel. Von hier aus – JETZT – geht es weiter.

Du darfst den Weg lieben und dem Ziel freudevoll entgegen gehen. Nur dann nimmst du auch die Schönheiten am Wegrand wahr.

Um die geistige Entwicklung zu beschleunigen, musst du bereit sein zu empfangen, anzunehmen und die vorgeschlagenen Wege und Richtungen auf die richtige Art und Weise, nämlich Schritt für Schritt, so wie bereits andere vor dir, beschreiten. Doch nicht nach eigenem Gutdünken oder Denken, sondern genauso wie die großen Eingeweihten den Weg gingen. Sie wurden nur durch geduldiges und beharrliches Üben, Dienen, Lernen und Gelerntes weitergeben zu den Weisen, zu denen jeder Mensch früher oder später gehören wird.

In den alten Schulen der Adepten gab es keine eigenen Wege. Die Vorschriften mussten eingehalten werden, damit der Schüler die Einweihungsriten physisch lebend durchwandern konnte um dann am Ende als Wissender, Eingeweihter wiedergeboren zu werden; im gleichen menschlichen Körper. Selbst der größte spätere Wissenschaftler beginnt in der ersten Klasse der Grundschule und lernt beharrlich und geduldig. Es gibt keinen anderen Weg. Die Schule der Adepten findest du auch heute noch in vielen Institutionen - wenn auch etwas verfälscht - . Zum Beispiel in kirchlichen Orden wird immer noch verlangt, Gehorsam um Demut zu lernen, Armut um frei von weltlichen Gelüsten und Abhängigkeiten, frei von negativem Denken und Habgier zu werden, Keuschheit um die Power der Sexualenergie zu transformieren.

Die Eingeweihten der mystischen Schulen unterlagen keinem aufgezwungenen Zölibat. Sie machten sich die negativen und positiven Energien des Yin und Yang zunutze. Negativ und Positiv stehen hier für den Plus- und Minuspol, auf dem wir uns in dieser Dimension bewegen. Sie konnten auf den Seelengefährten warten und mit ihm dann zu ungeahnten geistigen Höhen aufsteigen.

Der Mensch soll dahin gelangen den Kampf, die Machtspiele, das Erzwingen, das Intellektualisieren aufzugeben und annehmen lernen. Passives Tun ohne zu handeln. Dies bedeutet, die Erfahrungen der Weisen annehmen in Demut. Ohne Demut ist wahrer, göttlicher Stolz, nicht zu verwechseln mit Hochmut, nicht möglich. Dies ist der Weg, der in die Freiheit führt. Nur wer die Angst in sich gefunden, kennen gelernt und erlöst hat, kann wahren Mut leben. Nur aus der Demut kann Mitgefühl erwachen. Mitfühlen ist die Demut des erwachten, liebenden Herzens.

Der Mensch muss wieder den Blick für die kleinen Dinge schärfen. Denn gerade die kleinen Schritte aneinandergereiht, ergeben letztendlich das Gesamte. Betrachte dir ein kleines Kind das Laufen lernt. Es steht nicht einfach plötzlich auf und spaziert durch den Raum. Nein, es muss sich mühsam den sicheren Gang erobern. Ein unverfälschtes junges Wesen tut das auch immer wieder. Es lässt sich niemals durch Rückschläge - immer wieder hinfallen - von seinem Ziel abbringen. Es steht immer wieder auf und versucht es von Neuem.

``Wenn ihr nicht werdet wie die Kinder'' Dieser Ehrgeiz des Kindes sollte unser aller Vorbild sein. Ein Ehrgeiz der ruhig, manchmal auch zornig, dennoch beharrlich und demütig Schritt für Schritt seinem Ziel entgegen geht. Ruhig und beharrlich startet das Kleinkind einen Versuch nach dem Anderen und freut sich über jeden zusätzlichen Schritt, den es schafft. Ist das Laufen erlernt, ist die Mühe vergessen. Es wird sich nicht einmal mit seinem Lernerfolg brüsten. Im Gegenteil, es hat ein neues Ziel und steuert voller Vertrauen in die eigene innere Stärke darauf zu. Und...? Es gewinnt.

Laufen und sprechen können wir heute alle. Doch die geduldige Beharrlichkeit, die wir alle mal besessen haben müssen, die uns aberzogen wurde, die müssen wir erst wieder neu erlernen. Freuen wir uns über jeden Schritt und sei er auch noch so klein. Die kleinen Belohnungen, die wir uns selbst geben, befähigen uns auch die vermeintlichen Niederlagen und Rückschläge anzunehmen und weiterzumachen. Und eines Tages haben wir es gelernt. Wir werden einen neuen Weg beschreiten. Hin zu einem neuen, einem weiteren Ziel. Das bedeutet der kosmische Imperativ >Entwickle Dich - lerne<. Erforschung des Alles, das All heißt: Lerne auf allen Stufen und Ebenen der Entwicklung.

Kein lichtvoller Helfer, keine Gott, kein Hohes Selbst lassen sich zu irgendetwas zwingen oder manipulieren, nur weil einer ihrer eigenen Funken, der Mensch, es jetzt WISSEN WILL. Darum: Geduld und Dankbarkeit sind Grundvoraussetzung dafür, die geistigen Ebenen kennen - und verstehen - zu lernen. Denn nur das, was du kennst und verstehst, ist deine wirklich eigene Erfahrung. Du wirst das All erfahren. Dazu bist du hier auf dieser Erde inkarniert.

Darum beschäftige dich mit den sieben geistigen Gesetzen ruhig und beharrlich immer wieder und wieder. Je gründlicher und beharrlicher du versuchst den Inhalt dessen zu verstehen, was dir übermittelt wird, desto stärker wird sich dieses Wissen aus dem Unbewussten in dein Unterbewusstsein und danach in dein Bewusstsein integrieren.

Denke immer daran: Du besitzt alles Wissen bereits in dir. Es ist nur sehr, sehr tief verschüttet. Entdecke deine Beharrlichkeit wieder, die dir bereits ganz zu Beginn dieser Inkarnation zu Eigen war. Du musst lediglich den Schleier des Vergessens entfernen und die Verweichlichung unserer Zivilisationsgesellschaft abstreifen. Den Schleier zerreißen, das funktioniert nicht. Du kannst diesen Schleier nur mit Geduld und Beharrlichkeit auflösen, ähnlich wie einen alten Strickpullover, den du ebenfalls nur - indem du Masche für Masche und Reihe für Reihe - langsam entwirrst, wieder zu einem Wollknäuel gestalten kannst. Wenn du aus Ungeduld zu stark an den Fäden ziehst, dann werden sie zerreißen. Du musst dann erst wieder eine neue Verbindung herstellen.

Ebenso musst du manchmal für das Erkennen der universellen Gesetze deine Kleinstarbeit leisten. Doch durch dieses Verfahren, wird sich das Wiedererkennen einstellen. Zuerst langsam, doch werde nicht ungeduldig, die Geschwindigkeit wird sich steigern, je mehr du lernst und verstehst. Und je mehr du weißt, desto mehr wird es zu DEINER

EIGENEN WAHRHEIT. Erleuchtung muss Spaß und Freude machen.

Wenn du die erste Kleinigkeit erkannt hast, dann erst bist du bereit die Nächste zu erkennen. Also überstürze nichts, alles baut aufeinander auf. Ohne die erste kleine Erkenntnis würdest du die Zweite gar nicht wahrnehmen können, weil du noch nicht reif bist. Es fehlt eine Masche im Strickpullover und das Fundament ist instabil. Mit kleinen Schritten gelangt der Mensch zum Ziel - zur Erleuchtung. Der Weg ist das Ziel.

Viele Menschen haben eine völlig falsche Vorstellung von dem, was Erleuchtung tatsächlich ist. Sie denken, dass da irgendjemand von außen kommt, eine Glühbirne in ihrem Kopf anknipst und plötzlich - AHHHHHHH - ist die Erleuchtung da und die größten Geheimnisse des Universums liegen klar und greifbar vor ihnen. Mit diesem folgenschweren Irrtum, der diese Menschen Gurus und anderen vermeintlich Weisen in die Arme treibt, muss aufgeräumt werden. Denn zurück bleiben immer nur Resignation, das Gefühl des Nicht-Wert-Seins und oftmals auch der Verlust von Geld ohne Gegengabe. Die Erleuchtung kommt langsam aber stetig aus dem eigenen Inneren heraus. Ein Aha-Effekt kann immer nur auf dem Vorherigen aufbauen.

Sei also geduldig mit dir selbst. Bitte deinen geistigen Beistand, dein eigenes ICH BIN, um Erleuchtungshilfen. Dann mache dich gemeinsam mit uns an die Arbeit. Es ist eine geistige Arbeit, deren Frucht bereits in der Saat liegt.

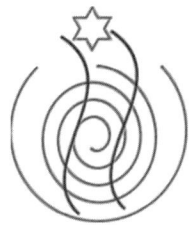

Definition: All-das-was-ist

Es gibt sieben Prinzipien der Wahrheit;

derjenige, der sie kennt mit vollem Verständnis, besitzt den magischen Schlüssel, bei dessen Berührung alle Tore des Tempels sich öffnen (Zitat aus dem Kybalion)

Hinter jeder physikalischen Manifestation steht immer eine geistige Wirklichkeit. So sagt es das universelle Gesetz. Alles auf dieser Welt, was wir sehen, berühren und fühlen können, ist einem ständigen Wechsel und Wandel unterworfen. Alles wird geboren, erblüht, hat eine Zeit der Reife, eine Zeit der Ernte und vergeht. Alles entfaltet sich aus etwas anderem und wird zu etwas anderem. Der Embryo wird zum Baby, die Eichel wird zu Eiche, usw. alles wächst, trägt selbst Früchte, vermehrt sich, stirbt, wenn die Zeit reif ist und geht über in einen anderen Zustand.

So wie der physische Körper aus der Eizelle geformt, aus der Mutter geboren, auf dem Höhepunkt seines Wachstums dem Herbst entgegengeht um dann schließlich des Lebens und des Geistes verlassen zur Transformation der Erde übergeben wird, so wirkt das Gesetz des Rhythmus im gesamten Universum. Nichts ist beständiger als der Wandel. Erst dann, wenn wir auf allen Ebenen unsere Lektionen perfekt beherrschen, können wir uns vom Wandel verabschieden, weil wir alles Erfahrbare in dieser Dimension erfahren und erlernt haben. Solange wir immer und immer wiederkehren wollen, haben wir unsere Lernaufgabe, unsere Mission noch nicht erfüllt.

Alles was existiert, besteht aus reiner Energie, die mehr oder weniger verdichtet ist. Energie verschwindet jedoch nicht einfach, sie kann sich nicht in Nichts auflösen, sie wird verwandelt. So wie ein Holzscheit zu Asche wird, diese sich dann wieder mit der Erde vermischt und die Grundlage für ein neues Leben in Form einer Pflanze bildet. Diese Pflanze steht dann vielleicht dem Menschen als Nahrung zur Verfügung usw.

Wenn wir uns das Universum betrachten, dann müssen wir zu der Erkenntnis gelangen, dass alles einem geordneten Geist entstammen muss. Nur dieser Geist, den die Hermetiker das ALLES - DAS ALL - nennen, von dem auch du und ich ein Teil sind, konnte diese kosmische Ordnung herstellen. Wenn jedoch du und ich ein Teil des Alles sind, dann ist folglich auch richtig, dass das Alles auch in uns ist, denn es kann nichts geben, was nicht das Alles oder außerhalb des Alles wäre. Es gibt einfach nichts anderes neben einem Alles.

So können wir erkennen, dass auch der Zufall keinen Raum in der Ordnung besitzt. Denn Kosmos bedeutet Ordnung - das geordnete Ganze - Universum bedeutet die geordnete Einheit. Alle großen Denker und Eingeweihten gaben diesem geordneten Ganzen den Namen das ALL, den auch wir heute noch gedankenlos verwenden. Das Alles, das All, Gott, die Quelle.

In diesem All liegt alles begründet, ist alles vereint. Aus ihm ist alles hervorgegangen. Weil alles was ist dieses Alles - All - ist. Philosophen, Theologen, Religionen, alle die dem Alles eine Gestalt, einen Sinn geben wollten, ES verstehbar machen wollten - ihm sogar menschliche Schwächen andichteten - werden von den hermetischen Lehrern milde als unwissende Kinder belächelt.

Es sind kindliche Bemühungen Sterblicher, die das Wesen des All, das Geheimnis der Ewigkeit zu ergründen und erklärbar zu machen versuchen, indem sie es vermenschlichen und ihm menschliche Blindheit, Emotionalität, Rachsucht und Egoismus zuschreiben. Denke nur an den Gott aller Religionen, den Gott deiner Kindheit der dich mit Hölle bestraft, wenn du nicht funktionierst, nicht blinden, stupiden Gehorsam lebst. Dieses Wissen um das Licht der Quelle tragen kleine Kinder intuitiv in sich, denen ein grausamer Gott verkauft werden soll. Ein Gott, der eifersüchtig und streng über die Artigkeit der Menschen wacht. Diesem Gott, dem menschliche Emotionen angelastet werden, einem Gott, der sich durch Opfergaben, durch Verleugnung der Lebensfreude und leere Versprechungen bestechen lässt, ist unwürdig eines wahrhaft denkenden Eingeweihten. Zu denen gehören kleine Kinder auf jeden Fall solange, bis sie in der (V)Erziehung zum Intellekt ihr angeborenes Wissen verlieren.

Wir sind hier auf dieser Stufe der Entwicklung, weil wir andere Stufen bereits hinter uns gelassen und abgeschlossen haben. Am Ende unserer Reise durch die Dimensionen und Inkarnationen, werden wir das Alles oder Gott auf allen Ebenen selbst erfahren haben und dieses Alles voll und ganz aus- und erfüllen. Darum sind wir das All in der Ausbildung, im Werden. Wenn wir versuchen, dieses All mit unserem logischen Verstand zu begreifen, müssen wir zwangsläufig scheitern. Wir können die Größe vielleicht ansatzweise erahnen, wenn wir uns demütig unserer eigenen Unwissenheit bewusst werden. Doch dies ist kein Grund zu verzagen, denn es gilt das Prinzip wie im Kleinen so im Großen. Wenn du das Kleine bis ins Detail erforscht und erkennst, dann kannst du auf das Große rückschließen.

Auch wenn das innere Wesen des großen All-Geistes nicht erkannt werden kann, so gibt es dennoch Wahrheiten, die seine Existenz für uns erkennbar machen und dem menschlichen Geist als Wahrheiten vor Augen geführt werden können. Doch nichts als das Alles selbst, die universale Intelligenz, kann seine eigene Natur und sein Dasein wirklich verstehen. Dieser Intelligenz aus der alles hervorgegangen ist, die alles erschaffen hat was ist. Wenn selbst die hohen Meister, die bereits gechannelt wurden, selbst Erzengel und Jesus erklären, dass die Quelle nicht erklärt werden kann, dass das All unerfassbar ist, dann sollten auch wir die Demut lernen, anzuerkennen, dass wir eigentlich gar nichts wissen können. Aus dieser Demut heraus können wir die Lernhilfen annehmen, unseren Geist schulen und befreien. Doch solange wir Menschen glauben, dass wir alles rationalisieren können und die Weisheit uns gehört, werden wir niemals den wahren Gehalt des Wissens erfahren.

Auszug aus dem Kybalion

"Für das, was die fundamentale Wahrheit ist, - die substantielle Realität - ist Menschenwort zu arm, aber der Weise nennt sie das ALL. Im Kern seines Wesens ist das ALL unerkennbar. Aber die Äußerungen der Vernunft müssen willkommen geheißen und mit Achtung behandelt werden. Die menschliche Vernunft, deren Äußerungen wir annehmen müssen, solange wir überhaupt denken, unterrichtet uns wie folgt über das ALL, und dies ohne zu versuchen, den Schleier des Unerkennbaren zu lüften.

1. Das All muss alles sein, was wirklich existiert. Es kann außerhalb des Alls nichts existieren, sonst wäre eben das All nicht das Alles. Dann musste es einen größeren Gott, ein größeres Alles geben, das über ihm steht. Doch dann wäre der über ihm stehende Gott das ALLES.

2. Das All muss unendlich sein, denn es gibt NICHTS, das das All erklären, begrenzen, oder beschränken kann. Es muss unendlich sein in der Zeit oder ewig. Es muss immer ununterbrochen existiert haben, denn es gibt sonst nichts, was es geschaffen haben könnte, es kann etwas sich nicht aus nichts entwickeln, und wenn es jemals nicht gewesen wäre, selbst für einen Moment nicht, dann würde es auch jetzt nicht sein - es muss ununterbrochen für ewig existieren, denn es gibt nichts, was es zerstören könnte und es kann niemals nicht sein, nicht einmal für einen Augenblick, denn es kann niemals zu nichts werden. Nichts kann sich selbst aus einem NICHTS erschaffen. „

Es ist logisch, dass das All - für uns unvorstellbar - ewig existiert hat und ewig existieren wird. Wenn wir aufhören, für uns unvorstellbare Gegebenheiten erklärbar machen zu wollen, sie einfach nur hinnehmen, dann sind wir ein großes Stück weitergekommen. Ewigkeit ist für uns, die wir vermeintlich endlich sind, unverstehbar. "

Ich erinnere mich gut an den Religionsunterricht in der Schule. Unser Priester wollte mir aufgrund meiner kindlichen Fragen die Ewigkeit geduldig erklären. Doch es war unmöglich. Ganz egal, wie er es anstellte, er kam immer an einen Anfang und ein Ende. Er war jedoch nicht demütig genug mir zu erklären, dass er sie auch nicht begreifen kann. Wir können sie nicht erklären, doch im Innersten besitzen wir ein intuitives Verstehen.

3. Es wird immer das bleiben, was es immer schon war und immer sein wird, DER ALL-GEIST, DAS-ALL, DIE QUELLE. Es gibt niemals etwas anderes, worin es sich verwandeln könnte. Wenn das ALLES unendlich, vollkommen, unwandelbar und ewig ist, dann ist folglich klar, dass alles, was endlich, unvollkommen, wandelbar und vergänglich ist, nicht das ALL sein kann. Und wenn dies alles nicht das ALL sein kann, dann können diese endlichen Dinge in Wirklichkeit gar nicht existieren, da nicht existiert außer das ALL."

Glaube mir, auch wenn es dich verwirren sollte, mich haben diese Worte ebenfalls verwirrt. Doch lies sie immer wieder und lass sie in dir nachklingen. Nach einiger Zeit sind diese Worte auch für dich das, was wir landläufig als logisch bezeichnen.

Wenn wir im und durch das ALL existieren, dann kann es einfach nichts anderes geben. Es kann niemals - das geht aus dem Wort bereits hervor - neben einem Alles ein anderes Alles geben. Es kann kein zweites Alles geben. Denn Alles ist nun einmal Alles. Wir alle sind innerhalb des Alles Teile des Ganzen. Auf dieser Buchseite kann keine zweite Buchseite existieren. Diese Seite ist hier ist das Alles. Jeder einzelne Buchstabe hier ist Teil des Alles. Der Buchstabe könnte nicht existieren, er hätte keinen Sinn, wenn es diese Seite mit dieser Thematik nicht gäbe. Ein hinkender Vergleich, aber ein kleiner.

So kann auch das ALL nicht Materie sein, denn Materie kann Leben und Geist nicht erschaffen. Im Universum ist jedoch Leben und Geist offenbart. Da nichts höher steigt als die Quelle, kann Materie nicht Alles sein, denn Materie ist ohne Geist nicht lebensfähig. Das beweist jeder Körper nachdem der Geist , die Seele, ihn verlassen hat. Der Körper, die Materie ist nicht mehr aktionsfähig. Wir sagen - er ist tot. Doch Alles ist nicht tot. Nur durch den ihm innewohnenden Geist kann der Körper agieren und scheinbar du sein. Doch der Körper ist nicht tot, denn es gibt auch keine tote Materie.

Im Übrigen haben unsere Wissenschaftler festgestellt, dass es Materie an sich nicht gibt. Materie ist Energie oder Schwingung auf einer sehr langsamen Vibrationsstufe.

Also ist das All Energie oder Kraft? Für die Materialisten sind jedoch Energie oder Kraft blinde, automatische, mechanische Dinge ohne Geist oder Leben. Doch Leben und Geist können niemals aus blinden, mechanischen Dingen entstehen, denn:

Nichts steigt höher als seine eigenen Quelle. Nichts kann sich entfalten als Folge, was nicht in einem Vorhergehenden verwickelt war. Nichts manifestiert sich in einer Wirkung, was nicht bereits als Ursache vorhanden war. Also kann das All auch nicht nur Energie oder Kraft sein. Wenn es das wäre, dann könnten Geist und Leben nicht existieren. Doch wir wissen, dass wir leben und unseren Geist benutzen. Was ist also im Universum höher als Energie und Materie? Es ist LEBEN und GEIST in ihren verschiedenen Entwicklungs- und Ausdrucksformen. Wenn du jetzt fragst: bedeutet also das ALL ist Leben und Geist?, dann antworten die Hermetiker:

"JA und NEIN" Wenn Ihr Leben und GEIST meint, so wie wir armen kleinen Sterblichen sie verstehen, dann sagen wir Nein. Das alles ist das ALLES nicht. Wenn ihr jedoch fragt, was für eine Art Leben und Geist meint ihr? dann antworten wir: Lebender, schöpferischer Geist. Diese Bedeutung geht weit darüber hinaus, was wir sterbliche uns unter diesem Begriff vorstellen können. Denn - Leben und Geist sind höher als mechanische Kräfte oder Stoff - unendlicher, lebender, schöpferischer Geist verglichen mit endlichem Leben und Geist. Wir meinen das, was die erleuchteten Seelen sagen, wenn sie verehrungsvoll das Wort REINER GEIST aussprechen."

Die sieben universellen Prinzipien, aufgeschrieben auf den Smaragdtafel und von Schülern des Hermes Trismegistos, aufgezeichnet im Kybalion sollen dir jetzt in der folgenden Reihenfolge mitgeteilt werden.

1. Das Prinzip der Geistigkeit
2. Das Prinzip der Entsprechung
3. Das Prinzip der Vibration und Schwingung
4. Das Prinzip der Polarität
5. Das Prinzip des Rhythmus
6. Das Prinzip von Ursache und Wirkung
7. Das Prinzip des Geschlechtes
8. über allem aber steht die wahre, die reine Liebe.

Werde nicht ungeduldig mit dir, wenn dir vorerst noch einiges unklar erscheint. Wir müssen wirklich Kleinstarbeit leisten, wenn wir die universellen Gesetze in ihrem Umfang begreifen wollen. Mit mehrmaligem Lesen, wird es dir eines Tages nach und nach immer klarer vor Augen stehen. Wende die Gesetze an, auch wenn du sie noch nicht verstehst. Wende sie an und du wirst mit ihnen leben. Du weißt, sie sind der Schlüssel zur Weisheit. Willst du sie in ihrem gesamten Umfang noch besser verstehen, dann empfehle ich Dir das kleine Büchlein - Kybalion. In manchen Antiquariaten kannst du es noch finden.

Die universellen Gesetze sind die Schlüssel zum wahren, erfüllten Leben. Indem du mit ihnen lebst und arbeitest, bist du nie mehr hilflos Schicksalsschlägen ausgeliefert. Du wirst alles mehr und mehr hinterfragen, deine eigenen Ursachen erkennen und daraus lernen. Du lernst deine vermeintlichen Schicksalsschläge als das anzusehen, was sie wirklich sind.

Sie sind die Wirkung deiner gesetzten Ursache, die dir einen weiteren Lernschritt ermöglicht.

Du wirst lernen, nur noch Ursachen zu setzen, welche die von dir gewünschte Wirkung nach sich ziehen. Du wirst lernen, wie du deine Emotionen beherrschen kannst anstatt Sklave ihrer Wirkungen zu sein. So sind die hermetischen Gesetze der Schlüssel zur Weisheit und zu einem erfüllten Leben.

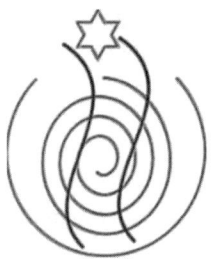

Das Gesetz der Geistigkeit

Das All ist reiner Geist, das Universum ist geistig; folglich ist alles was ist, auch die Wirklichkeit, die dem physikalischen Universum zugrunde liegt, reiner Geist. Die physikalische Welt ist eine Schöpfung aus der universellen Intelligenz, des einen Geistes, den viele als Gott oder Allah o.ä. bezeichnen. Doch auch diese Götter sind nur Manifestationen aus dem Alles, aus der Quelle. Alles was in den unendlichen Universen existiert, auch du und ich, existiert im Geiste der Quelle. Wir leben und existieren nur in diesem Geiste, wenn auch das negativ programmierte Ego diese Wahrheit nicht akzeptieren will. Doch nur dort in der Quelle haben wir letztlich unser Sein, sind wir real existent. Ohne diesen Geist würde es uns und alles was existiert nicht geben. Erinnere dich: dieser Geist ist alles und es gibt nichts außer diesem einen Alles.

Somit ist klar, dass unsere gesamte seelisch, geistige Erscheinungswelt, unsere Emotionen, die uns so manches Mal aus der Bahn werfen, das gesamte Universum mit allem, was darin ist, nichts anderes darstellt, als ein schöpferischer Gedanke der Quelle, des Alles. Alles entstand in seinen Gedanken, in ihrem Wort.

Im Anfang "schwebte der Geist über den Wassern", im Anfang war das Wort und das Wort war bei Gott. Gott war das Wort. Gott sprach: "Es werde Licht" und es ward Licht. Das ist das Licht, die geistige Schöpferkraft, die in jedem Menschen vorhanden ist, denn die Elohim sprachen weiter: "Lasset uns den Menschen machen, ein Wesen nach unserem Ebenbild. Es soll Macht haben über die Fische, die Vögel und die Tiere auf der Erde." Und Gott schuf den Menschen nach seinem Ebenbild und hauchte ihm sein Leben ein. (Zitat Bibel) Wir sind geschaffen nach dem Bild des großen Geistes, mit der gleichen Schöpferkraft ausgestattet und ebenso wie der/die Alles, besitzen auch wir die Fähigkeit eine vollkommene Schöpfung zu gestalten. Wir haben es schon oft getan. Nutzen wir unser ererbtes Potential sinnvoll, kreativ und konstruktiv. Wenden wir uns von der destruktiven Gestaltung unseres Lebens und unserer Umwelt ab.

Wenn dir die Tragweite dieser Wahrheit klar ist, dann besitzt du den Schlüssel des Wissens. Dieses Prinzip erklärt genau, warum und wie, alles und jeder der Herrschaft des Geistes unterworfen ist. Denn es ist göttlicher Geist, was wir sind und uns am Leben erhält.

"Derjenige, der die Wahrheit der geistigen Natur des Universums begreift, ist weit auf dem Weg zur Meisterschaft fortgeschritten" (Kybalion)

Ohne diesen Hauptschlüssel ist die Meisterschaft über dein Leben nicht möglich. Erst wenn du diesen Hauptschlüssel besitzt, dann öffnen sich dir die Tore des Universums. Du wirst deiner Aufgabe, Gott, Göttin gleich zu werden, das All zu erforschen, mehr und mehr gerecht.

Was ist Geist?

Diese Frage kann letztlich aus unserem begrenzten Denken heraus ebenso wenig beantwortet werden, wie die Frage nach dem ALLES. Denn es käme einer Erklärung des Alles – der Quelle – gleich. Das große Alles ist ebenso wie Geist für uns unerklärbar. Wir müssen akzeptieren, dass es Dinge gibt, die zwar unerklärbar aber trotzdem akzeptabel und existent sind. Wir können nicht so vermessen sein zu glauben, die Quelle, nach deren Bild wir uns selbst und die Universen geschaffen haben, aus unserem begrenzten Denken heraus erklären zu können. Wie will ein Blinder die Farbe Rot erklären? Wie ein Taubstummer den Klang einer Sonate? Wie ein Genießer den Geschmack einer Mango?

Wir, die wir Teil - Fleisch gewordener Gedanke und Klang - der Quelle sind, können das All in seiner Gesamtheit nicht erkennen, ebenso wenig, wie ein Wassertropfen den Ozean in seiner Gesamtheit erkennt. Doch Alles ist sich stets ihrer gesamten Schöpfung bewusst.

Würdest du heute z.B. ein Einfamilienhaus skizzieren und bauen, dann wüsstest du am Ende von jeder Schraube, von jedem Stein und jedem kleinsten Mosaikstein deines Werkes. Doch die einzelne Schraube in deinem Haus, wenn sie denken könnte wie du, wusste niemals um sich als Teil eines Ganzen und schon gar nicht um dich, den Schöpfer, Erfinder und Erbauer des Ganzen. Selbst wenn sie von dir weiß, sie könnte dich niemals erklären. Wenn auch dieser Vergleich wieder hinkt, denn du weißt ja nichts von der Struktur, dem Geist der einzelnen Bauteile, im Gegensatz zur Quelle, die alles was ist bis ins kleinste Detail kennt, weil es sie selbst ist, denn sie ist alles. Das erklärt natürlich die uns als Kindern unerklärbare Tatsache, dass Gott überall ist und alles sieht. Auch Jesus sagte: "Selbst die Haare auf deinem Haupt sind gezählt." So wird vielleicht auch dir die Unerklärbarkeit des All bewusster.

Aus dem All-Geist, der Quelle hat sich alles erschaffen, aus ihr ist alles hervorgegangen. Auch du. Doch woher kam dieser Allgeist, wer hat ihn erschaffen?

Die Ewigkeit ist für uns ein unerklärliches Phänomen. Es kann sich nichts aus einem

Nichts erschaffen. Folglich müssen die Quelle, der All-Geist und damit auch wir immer schon existiert haben. Dazu gibt es einfach nicht mehr zu sagen. Doch wie und womit hat sie dann das Universum, den Menschen, die Tiere, die Atome, die Moleküle, die Natur erschaffen?

Aus dem vorhergehenden Kapitel weißt du, dass von einem Alles weder etwas hinweg genommen noch etwas hinzugefügt werden kann. Es gibt einfach nichts anderes. Es kann weder vergrößert noch verkleinert werden. Alles ist ein feststehender Begriff. Alles ist und bleibt einfach alles. Es kann nicht mehr und nicht weniger werden. Doch damit ist die Frage, woher wir und das gesamte Universum kommen, immer noch nicht beantwortet. Der All-Geist erschafft alles was ist – in seinem und ihrem geistigen Potential, Kraft seiner Gedanken und ihres Klangs.

Wie du in diesem Buch erfahren hast, und wie wir es bei der Abhandlung des nächsten Prinzips - das Prinzip der Entsprechung - wie im Kleinen so im Großen, wie oben so unten, eingehender behandeln werden, so erschafft auch der All-Geist - nur weitaus vollkommener. Genau so wie wir erschaffen. Nur: im Gegensatz zu unserem Vorbild sind wir noch im Kindergarten unserer Ausbildung, die meisten Menschen noch im Embryonalstadium. Die meisten Menschen, mich eingeschlossen, sind Stümper und Anfänger im Erschaffen ihrer Realität. Sie erschaffen unbewusst, einfach, weil es ganz automatisch funktioniert. Wir werden uns gerade erst der Macht unserer Gedanken bewusst. Wie wir bereits ausführlich besprochen haben, sind die meisten Menschen noch immer automatische, maschinengesteuerte Schöpfer aus ihren erlernten Erfahrungen heraus. Sie kennen die Gesetze nicht und haben noch nicht gelernt, ihre Gedankenkraft, in der das All – die Quelle - sich offenbart, zu erheben. Die Kraft der Quelle in uns, macht uns dem All ebenbürtig, weil wir in ihr ruhen. So ist es wichtig, in Zukunft diese Kraft in uns zu beherrschen, zu nutzen, zu disziplinieren und zum Wohle aller Menschen, unserer Erde und des Universums einzusetzen.

Die Quelle erschafft wie du und ich durch Gedankenkraft, Visualisieren und Klang. Jedoch erschafft sie auf vollkommene Art und Weise. Alles was ist, ist ein vollkommener Gedanke der Quelle in Harmonie mit dem Klang. Im Anfang war das Wort.. Alles was ist, ist lichtvoller Gedanke plus Vorstellungskraft, plus wahrem, reinem Willen. Da alles Geist ist, kann niemand, auch die Quelle nicht, anders erschaffen als mit Geisteskraft und Wort (Klang).

Wenn wir uns betrachten, wie perfekt alles bis ins kleinste Detail erschaffen wurde und immer weiter erschaffen wird, dann erkennen wir, wie weit wir noch von der angestrebten Bruderschaft Gottes, Schwesternschaft der Göttin entfernt sind. Denn alles das, was heute nicht - oder nicht mehr - perfekt ist, das haben wir irdischen und andere Menschen, die von anderen Planeten kamen, erschaffen. Wir haben erschaffen geübt. Jeder der lernt, macht auch Fehler. Nur sollten wir jetzt, im Wandel der Zeitalter, endlich beginnen aus unseren alten Fehlern zu lernen und diese in Zukunft vermeiden.

Eines Tages wird jeder diesen Vorgang perfekt beherrschen, denn dies ist letztendlich das Ziel, der Sinn aller Existenzen. Darum darf niemand herablassend auf andere Menschen schauen, die vermeintlich noch schlafen. Dieser Mensch steht auf einer Stufe, die du bereits hinter dich bringen durftest. Und die Tatsache, dass du vermeintlich höher stehst als ein anderes Wesen, liegt daran, dass der All-Geist in dir deinen Weg auf genau deine Weise bereitet hat. Liebe dieses Wesen oder Menschen und hilf ihm mehr zu lernen und zu wachsen. Daran wirst du ebenfalls wachsen. Gib weiter, was du erlernen und erfahren durftest, dann kommst du der Quelle und deinem Lebensziel ein großes Stück näher.

Wenn wir uns heute als Teil Gottes, der Göttin bezeichnen, ist dies nur bedingt richtig. Doch immerhin, schmeicheln wir ein wenig unserem Ego, hat er uns doch für würdig befunden, uns sich auszudenken und den Geist einzuhauchen. Wir sind also Kinder im weitesten Sinne, eine Kreation des All-Geistes. Für uns „zivilisierte" Menschen ist dieses Gesetz im Allgemeinen weitaus schwieriger zu verstehen als für die so genannten primitiven Völker, die weitaus mehr im Einklang mit der Natur und den unsichtbaren Gesetzen leben. Unser Ego rebelliert, wenn wir, die wir uns so mühsam durchs Leben "kämpfen" nichts anderes als eine Vorstellung sein sollen. Doch das ist das Verständnis unserer negativ programmierten Persönlichkeit. Unsere Seele kennt die Wahrheit und die tiefe bedingungslose Liebe der Quelle, die auch in uns verankert ist, nach der wir alle immer wieder suchen. Du bist deine eigene Vorstellung.

Der Mensch auf dem spirituellen Weg hat erkannt, dass er oder sie mehr ist als eine Marionette an den Seilen eines illusionären Puppenspielers. Denn wie vermessen und kleindenkend ist diese Einstellung. Wir sind reiner Geist, individueller Geist mit der Aufgabe unseren Geist in der Materie erneut zu entwickeln und gottgleich zu werden, indem wir alles was ist erfahren. Minderwertigkeitskomplexe, anerzogene Verhaltensweisen und Einstellung aus vermeintlich misslungenen Inkarnationen hindern viele Menschen an der Erkenntnis ihrer wahren und wirklichen Kraft und Macht. Diese beeinflussenden „Erfahrungen" unserer Geistigkeit sind ein sich Abwenden von der Quelle. Die Göttlichkeit in jedem Einzelnen, in Allem, ist absolut vollkommen.

Geist benötigt keinen Raum und keinen festen Platz. Geist hat immer und überall Platz. Das Feine kann sich vereinen, verschmelzen und sich trotzdem seiner Individualität bewusst bleiben. Wenn wir die Illusion der Stofflichkeit, und unsere eigene überbewertete Großartigkeit, besiegen können, dann erkennen wir in Demut, dass wir noch so gut wie gar nichts wissen. Wir erkennen, dass wir immer noch am Beginn eines Weges stehen, der uns in unermessliche Höhen aufsteigen lassen wird.

In dieser Demut erst sind wir bereit, die höhere Geistigkeit anzunehmen. Damit kommen wir ihr ein großes Stück näher. Illusionär gesprochen. Wenn wir einmal für einen Bruchteil der Sekunde die Geistigkeit der Quelle schauen, ein klein wenig erkennen dürfen, dann geht der Ego-Verstand mehr und mehr in eine Metamorphose. Übrig bleiben letztlich Demut, Lebensfreude und allumfassende universelle Liebe.

Wir müssen den Hochmut ablegen, dass der Mensch das Größte ist, was ein Gott im Himmel dem Universum jemals schenken konnte. Wir sind zwar nicht das Kleinste, doch auch nicht das Größte. Es gibt weitaus mehr Wesenheiten, die geistig über als unter uns stehen. Ja, auch die gibt es, die Erde ist die dritte Stufe der Lernerfahrung. Doch es sind noch weitere Ebenen über unserer Dimension. Und trotzdem, alle, die heute vermeintlich weiter, gottähnlicher sind als wir Menschen und mit uns in Kontakt treten, haben ebenfalls einmal auf unserer Erde gelebt oder auf einem ähnlichen Planeten genau so, wie auf einer unter uns liegenden Entwicklungsstufe. Auch der Mensch wird wie andere vor und nach uns aufsteigen, höher gelangen, andere lehren und selbst weiter lernen. Jede einzelne Seele geht den Weg durch alle Ebenen. Jede einzelne Seele wird das Universum, das All in seiner Gesamtheit erfahren.

Auch unsere spirituellen Begleiter und Begleiterinnen, unsere höheren Lehrer und Meister haben irgendwann auf unseren Ebenen sowie darunter und darüber gelebt, gelernt und tun es noch. Wir werden die lehren, die nach uns kommen.

"Und Ihr werdet einmal so sein wie sie und noch höher, denn das ist die Bestimmung des Menschen, wie die Eingeweihten berichten." (Kybalion)

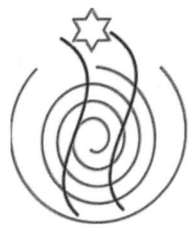

Das Gesetz der Entsprechung

Dieses kosmische Gesetz besagt, dass in allen Dingen, auf allen Ebenen eine Gleichheit vorhanden ist. Wie Oben so Unten, wie Innen so Außen, wie im Kleinen so im Großen. Wir sind Teil der göttlichen Schwingung und aus diesem Grunde werden wir die Einheit wieder herstellen. Wir sind im All und das All ist in uns. Dies ist ein universelles Gesetz. Es besitzt Gültigkeit auf allen Ebenen, in den materiellen, den geistigen und den rein geistigen Universen. Dieses Prinzip ist eines der wichtigsten geistigen Werkzeuge, mit denen der Mensch die Hindernisse bei Seite räumen kann, die dem klaren Blick durch den Schleier des Vergessens entzogen sind.

Dieses Gesetz befähigt jeden Menschen, von dem, was ihm bekannt ist, auf das universelle Unbekannte seine Schlüsse zu ziehen. Den: >Wie Unten so Oben<. Indem du das Einfache erforscht, lernst du das Schwierige verstehen. Alles was unten - hier auf diesem Planeten - einfach ist, erscheint uns oben (im Übergeordneten) schwierig. Doch wenn wir beginnen vom dem was wir hier haben, auf das was oben ist zu schließen, dann erkennen wir viele verborgene Dinge in den geistigen Welten.

Das Gesetz der Entsprechung richtig angewandt, macht den Menschen zum Meister des Begreifens. Dieses hermetische Gesetz beinhaltet die Erkenntnis, dass Harmonie, Übereinstimmung und Analogie zwischen den verschiedenen Erscheinungsebenen von Leben und Sein bestehen. Das ist die einzige Wirklichkeit und Wahrheit.

Alles, was im Universum - im ALL - enthalten ist, kommt aus derselben Quelle. Das gesamte Wissen der Quelle ist in allem und jedem, in jeder Zelle, in jedem Atom etc. enthalten. Da alles was existiert Schöpfung des universalen Geistes ist, besitzt die gesamte Schöpfung alles Wissen. Auf den unterschiedlichen Ebenen kann die Schöpfung für sich als Individuum dieses Wissen erfahren. Jede einzelne Zelle, jedes kleinste Atom beinhaltet das gesamte Wissen, welches bisher erfahren wurde mit allen möglichen zukünftigen Erscheinungsformen, und jede neue Erfahrung eines jeden Individuums wird hinzu gespeichert. Mehr als neunzig Prozent der DNA gelten als Müll. In diesen neunzig Prozent ist jedoch das gesamte universelle Wissen enthalten.

Die hermetische Lehre vereinfacht die Lehre der Ebenen. Sie teilt diese in drei große Klassen der Erscheinungsformen ein. Bis der einmal ausgesandte Gedankenimpuls des Alles - bleiben wir beim Beispiel des Menschen - zu seiner Einheit zurückkehren kann, muss jeder einzelne Funke der Schöpfung alle sieben Ebenen durchlaufen, die wiederum in sieben Ebenen und sieben Unterebenen unterteilt sind. Somit wird ein jeder die Gesamtheit des Geistes erfahren.

Erst am Ende unserer Reise durch die Dimensionen und Ebenen, wenn wir zum Ursprung zurückkehren, können wir die Quelle verstehen und werden selbst zur Quelle.
Hier tanken wir Kraft, finden neue Impulse und entlassen uns erneut in eine neue
Welt des Erschaffens. Im Folgenden will ich die drei großen, für unser Verständnis
wichtigsten, Ebenen aufführen, die da sind:

1. Die große physikalische Ebene
2. Die große geistige Ebene
3. Die große rein geistige Ebene

Diese Ebenen können als die drei Erscheinungsformen des physichen Lebens im physikalischen Universum bezeichnet werden.

Doch was bedeutet eine Ebene? Es handelt sich keinesfalls um einen fest umrissenen
Ort. Wie wir bereits wissen, ist alles was ist reiner Geist. Geist benötigt keinen Ort,
keinen Raum. Geist ist allgegenwärtig. Diese Ebenen werden auch keinesfalls immer
nacheinander beschritten. Sie werden von einer bestimmten Stufe an parallel erforscht. Das Nacheinander beschreiten geschieht auf der materiellen Ebene, die ich
später noch detaillierter aufschlüsseln werde.

Ab der vierten Stufe der physikalischen Ebene vermischen sich die geistigen und
seelischen Ebenen miteinander, sodass Wachstum auf der physischen Ebene immer
auch mit Wachstum auf der spirituellen Ebene verbunden ist. Das bedeutet, je höher
du auf den spirituellen Ebenen voranschreitest, desto höher, feiner und schneller
wird deine Schwingung, desto mehr kannst du erfassen und auf den spirituellen Ebenen weiter schreiten. Wie ich Eingangs sagte, ein AHA-Effekt baut auf dem anderen
auf und das geschieht immer schneller.

Es gibt hier keine Begrenzung im Sinne des materiellen Körpers. Du bist vollkommener, unerforschter, unerfahrener Geist in einem unvollkommenen Körper. Der irdische Körper kann mit dem geistigen Wachstum auf Dauer nicht Schritt halten. Doch
wir sollten niemals unseren Körper bekämpfen, der langsamer schwingt, sondern so
lange warten, bis der physische Leib weiter voran schreiten kann.

Alle gehen den gleichen Weg der Erfahrung durch alle Ebenen. Niemand und nichts
ist besser oder schlechter als ein anderer oder anderes. Alles was ist, ging hervor aus

dem Geist des universellen Geistes. Was schwingungsmäßig oben begann, muss das Unten erfahren. Was unten begann, wird das Oben erreichen. Dies ist das Gesetz der Entwicklung, der Entsprechung - Wie oben so unten -.

Der Mensch wird aufsteigen und Lehrer für die zurück gebliebenen sein. Ebenso für die Engel und Erzengel, welche die niedere Schwingung der Materie selbst nicht erfahren haben. Der Engel, wie damals in Atlantis - und anderen Teilen der Erde - die alten Götter, wird zum Menschen hinab steigen um vom Menschen zu lernen, was Göttlichkeit auf Erden erfahren bedeutet. Genau so, wie die Menschen aufsteigen durch sämtliche Unterebenen der sieben großen Ebenen.

Das All ist immer bestrebt sich zu entwickeln, zu erfahren, die sieben Ebenen auf immer neue Methoden zu untersuchen und sich zu Eigen machen. Dies ist die Erfahrung des Seins. Darum muss ich hinzufügen, dass mein ursprünglicher Vergleich, dass der Mensch nichts weiter ist, als ein schöpferischer Gedanke der Quelle nur unvollständig ist. Wir werden nach und nach den Sinn des Daseins weiter erkunden. Indem wir uns aus der Quelle unseren freien Willen gaben, wird jeder einzelne ein erweitertes Bewusstsein der Gesamtheit kreieren.

Dieser Gedanke, den ein jeder von uns einst darstellte, ermöglicht der Quelle, in der wir selbst sind, in unserer Weiterentwicklung und unserer ganz eigenen individuellen Entfaltung mit uns zu erfahren, was es ist, ZU SEIN. Es ist der schöpferische Drang zu erforschen und sich weiter zu entwickeln, der auch dich und mich antreibt. Wie oben so unten, wie unten so oben, wie im Kleinen so im Großen.

Darum werden wir, wenn wir alle sieben Ebenen durchschritten haben und wieder in die Einheit zur Quelle zurückkehren, uns nicht auflösen im ewigen Meer der Unendlichkeit. Wir werden unsere einzigartige Individualität behalten und in die Quelle integrieren. Du wirst anderen Tropfen des Ozeans, die nach dir lernen, als Lehrer zur Verfügung stehen. Damit das SEIN, die Quelle und du selbst noch mehr erfahren.

Schöpfung ist ewig. Das Alles und wir können niemals etwas anderes sein als Schöpfer. Das ist das Gesetz. Diese Erfahrung, sowie die Erfahrungen eines jedes einzelnen Gottesfunken, wird dir als Teil der Gesamtheit und der Quelle selbst zu Eigen werden.

Die folgenden Ebenen sind das uns bisher zugängliche Erfahrungspotential. Es gibt noch viel zu tun, vieles noch zu erfahren.

1. Die geistige Ebene
2. Die seelisch - geistige Ebene
3. Die Kausalebene
4. Die Mentalebene
5. Die Astralebene
6. Die Ätherebene
7. Die physische Ebene

Die umgekehrte Reihenfolge resultiert daraus, dass wir aus den geistigen Ebenen herabgestiegen sind in die physische Ebene. Wir sollten uns langsam auf den Rückweg begeben. Du, die/der du diese Zeilen liest, bist bereits auf dem Weg. Willkommen auf unserer Reise.

Zwischen diesen Ebenen gibt es Freiräume, denn weiter als bis zur geistigen Ebene wurde nichts erfahren. Wie oben so unten. Machen wir uns auf den Weg, damit wir uns die vier noch fehlenden Ebenen erschließen. Sehr vieles davon haben wir bereits hinter uns gebracht und erfahren. Wir möchten darum heute nur vier der sieben Ebenen behandeln. Und zwar die Geistige Ebene, die mentale Ebene, die astrale Ebene und die physische Ebene. Jede Ebene muss vollständig erfahren sein, bevor die nächste Ebene erreicht werden kann. Du wirst erkennen, dass du bereits einige dieser Ebenen mit allen sieben Unterteilungen gemeistert hast.

Die physische Ebene:

Die physische Ebenen 1 und *2* bestehen aus verdichteter Schwingung. Sie können in der physischen Struktur nicht beibehalten werden, denn sie sind gasförmig und flüssig. Einige Wesenheiten begeben sich freiwillig in diese Ebenen und ermöglichen einen Kontakt zur ersten und zweiten astralen Ebene. (Wesenheiten in den Erdschätzen z.B.). Damit trennen sie sich selbst von der Möglichkeit der Erfahrung des Seins. Diese Wesen besitzen ihre eigenen Gefühle wie Hass, Abneigung, Liebe usw. Wenn wir mit Hilfe der geistigen Begleiter diese schweren physisch-astralen Schwingungen erreichen und ihnen den physischen Aspekt ihres Seins bewusst machen können, dann können diese Wesenheit erlöst werden. Sie können durch Anrufung anderer, höherer Ebenen aufsteigen. Doch behindern Menschen oft diesen Prozess der Befreiung, indem sie vorzeitig Erdschätze aus dem Erdinneren hervor holen, diese Wesenheiten unvorbereitet befreien, die sich dann in den unteren astralen Ebenen niederlassen, hier oftmals ihr Unwesen treiben und ziellos, verloren umherirren. Diese Wesenheiten können von Hellsichtigen wahrgenommen werden. Sie können Menschen besetzen um von seiner Energie zu leben und zu profitieren.

Ebene 3: Ist unendlich feine Materie, überatomarisch, die von der Wissenschaft noch nicht erforscht werden konnte. Hier nimmt der Geist Kontakt zur physischen Welt auf und beginnt erste Erfahrungen zu sammeln.

Ebene 4: Diese Ebene ist ebenso wie das vierte Chakra das Bindeglied zwischen der rein geistigen und der physischen Ebene. Der Geistesfunke wird sich bewusst, dass er eine Aufgabe zu erfüllen hat, dass er mehr als nur ein physisches Wesen ist. Er beginnt sich als Medium zur Beförderung von Energien wie - Wärme, Licht, Radio- Ultrakurz-, UV-Wellen Elektrizität usw., zur Verfügung zu stellen. Auf dieser Stufe wird der Platz im universellen Gesamtplan erkannt.

Ebene 5: Hier nimmt das Wesen wahr, dass es als Energieform existiert. Es wird zu dem, was es auf Ebene vier transportiert hat. Er wird zu Licht, Elektrizität, Wärme usw. und lernt auf weiteren sieben Unterebenen.

Ebene 6: Das Erlernte wird mehr und mehr integriert. Es wird zu Bewusstsein. Der Geistes-Funke will jetzt selbst lernen. Er will den universellen Plan mitgestalten, erkennt seine Aufgabe im universellen Ganzen und beginnt auf seinem Platz zu agieren.

Ebene 7: Diese Ebene ist für den normalen Menschen unvorstellbar, jedoch nicht unerreichbar. Die hohen Wesenheiten, die Zugang zu dieser Ebene besitzen, sind mehr und mehr als Lehrer für unsere Welten tätig. Hier wird die Erfahrung der astralen Ebene innerhalb der physischen Ebene integriert. Der Bewusstseinsfunke dehnt sich selbst bis in die höheren geistigen Ebenen aus.

Diese Ebene ist die Brücke zur vollständigen Erfahrung der geistigen Ebenen. Hier erfährt das Wesen direkt, dass es ein Kundschafter der Quelle ist. Verstehen können wir diese Ebene schon lange, bevor wir sie erreichen. Hier ist die Wesenheit an dem Punkt angelangt, frei von Ego, seine Aufgabe zu akzeptieren und freudvoll anzutreten.

Die Astrale Ebene:

Ebenen 1 und 2: Siehe auch die physische Ebene. In diesem Bereich werden Schwingungs- und Gedankenformen aufbewahrt, die zu einem späteren Zeitpunkt ausgesendet, befreit oder wieder in den All-Geist aufgenommen werden. (sh. Gedankenwesen, das nicht integriert sondern erlöst wurde)

Ebene 3: Hier existieren die Parallelwelten zur physischen Welt. Sie verändern sich mit der physischen Veränderung. Auf dieser Ebene, werden die nicht erfahrbaren Erfahrungen und nichtgetroffenen Entscheidungen, der multidimensionalen Persönlichkeit gelebt und erfahren. Hier befindet sich das umgekehrte Spiegelbild zur physischen Ebene auf allen Unterebenen. Einfacher ausgedrückt: Jede deiner Entscheidungen beinhaltet immer eine Gegenentscheidung. Diese wird erfahren, gelebt, erlebt auf dieser Seite der physischen Welt, der Parallelwelt. Es geht nichts verloren.

Ebene 4: Auf dieser Ebene befinden sich die physischen Ereignisse, die auf ihre Materialisation warten. (z.B. Wünsche, Gedanken, Vorstellungen, kraftvolle Worte) Ereignisse, die durch das physische Massenbewusstsein aufgebaut wurden, warten hier ebenfalls auf ihre Materialisierung. Sie werden abgerufen durch die dritte und vierte physische Ebene. Das kollektive Unterbewusstsein hat hier seinen Platz.

Ebene 5: Enthält ebenfalls Informationen, die auf ihre Materialisierung warten. Doch die Schwingung ist feiner und daher nur von der vierten oder fünften physischen Ebene abrufbar.

Ebene 6: Dies ist die Ebene, in der die physische Existenz von geistigen Wesenheiten lernen kann. Dies geschieht im Traum, in der Meditation, im Trancezustand, durch Channelings oder Einklinken in das kollektive Unbewusste. Du kannst lernen dich an diese Ebenen zu erinnern, indem du den Anweisungen zum bewussten Träumen folgst. Die höhere astrale Ebene, dient immer dem Zweck des Lehrens und des Lernens.

Hier an diesem Ort kannst du deine Schwingung verfeinern und ausdehnen. Dieses gesamte Buch ist dergestalt aufgebaut, dass du lernst diese Ebenen zu erreichen, denn sie stehen einem jeden zur Verfügung, wenn du die höheren Ebenen der geistigen Sphären anrufst.

Die mentalen Ebenen.

Diese Ebenen sind die schöpferischen Ebenen. Hier befinden sich die Schwingungen, welche die Entwicklung der Gedanken ermöglicht.

Ebene 1: Hier werden die Gedankenkräfte gesammelt. Sie vereinigen sich mit gleichwertigen Kräften, werden zu dir zurückgesandt und wieder aufgenommen. Somit entsteht die Energie, die notwendig ist, die Gedanken kraftvoll zu verwirklichen.

Ebene 2 und 3: Hier findet der Schöpfungsprozess statt. Die Schöpfung hat auf Ebene 1 eine bestimmte Schwingung erhalten. Sie zieht hinaus, um die selbstschöpferische Aufgabe zu erfüllen. (sh. Gedankenwesen). Diese beiden Ebenen werden unterteilt in Unterbewusstsein und Bewusstsein. Hier verwirklichen sich die von jedem Wesen gesetzten Ursachen. Sie werden auf diesen Ebenen in der Hauptsache vom Unterbewusstsein abgerufen. Darum ist die Schulung und Klärung deines Unterbewusstseins so außerordentlich wichtig, damit du lernst keine unbewussten, unerwünschten Ursachen mehr zu setzen und die Verwirklichung bewusst abzurufen.

Ebene 4: Hier beginnt die Vereinigung von Unterbewusstsein und Bewusstsein. Der Funke erforscht und erkennt mehr und mehr seine unbewussten Schichten und integriert sie in sein Bewusstsein. Es findet eine mentale Vereinigung statt. Der Funke erkennt seinen Plan und sein Ziel, dem er folgen wird.

Ebene 5: Die Vereinigung wird vollkommen. Das Wesen besitzt hier außergewöhnliche mentale Fähigkeiten und hat die physische Meisterschaft erlangt. Die vormals automatischen Prozesse sind zum bewussten Miterschaffen, in Form von ethischem Dienen am universellen Gesamtplan, geworden. Der Mensch überwindet Zeit und Raum. Nur ein Meister, der nochmals hinab gestiegen ist, um als Lehrer der Menschheit zu dienen, kann auf dieser Ebene weitere Ebenen erreichen. Im physischen Entwicklungsbereich ist es nicht möglich eine weitere Stufe zu erklimmen.

Ebene 6: Dient als Vorbereitung und Lernstufe zur letzten, der siebten Ebene. Das Wesen hat die mentale Vollkommenheit erreicht und ist nur noch auf das All ausgerichtet. Es ist auf beinahe vollkommene Art und Weise zu einer übergeordneten Sicht der Dinge fähig. Aus dieser Ebene sprechen die großen Meister der Lichtebenen zu uns, um uns die Dinge aus ihrer Sicht näher zu bringen, noch vorhandenes Karma zu begleichen und uns weiterzuhelfen.

Ebene 7: Dies ist die Ebene der Vollkommenheit. Das Wesen agiert und repräsentiert die ALL-EIN-HEIT. Es ist eins geworden mit dem Ursprung, mit der Quelle.

Die geistige oder spirituelle Ebene:

Ebenen 1 und 2: Dies sind die Seelen-Ebenen. Hier wirkt das Hohe Selbst, das dem physischen Wesen ständig zur Verfügung steht und untrennbar verbunden ist. Das Hohe Selbst ist frei von persönlichen Bewertungen. Es ist reine, bedingungslose Liebe. Darum sollte es unser aller Ziel sein, dieses rein geistige Wesen in uns zu entdecken und in unser Leben zu integrieren.

Ebene 3: Auf dieser Ebene erwacht der Funke und erkennt die Einheit.

Ebene 4: Hier beginnt die Synthese. Der Mensch beginnt sich dem universalen Geist zu nähern und schöpferisch für sich selbst und die Gesamtheit tätig zu werden. Dieser Stufe dürfte sich der Großteil der Leser bereits genähert haben.

Ebene 5: Hier beginnt die spezielle Schulung der Seele. Die Synthese wird weiterhin fortgesetzt. Die Trennung wird als solche nicht mehr empfunden. Die Einheit wird erkannt. Das Gefühl der Getrenntheit ist nicht mehr möglich.

Ebene 6: Hier findet die Verschmelzung mit der Quelle statt. Innerhalb dieser Synthese erlaubt die Einheit der Einheit neue göttliche Möglichkeiten zu erforschen. Diese Ebene ist noch unverständlich für unseren Intellekt. Doch die großen Wesenheiten, die diesen Punkt erreicht haben, erschließen neue Potentiale der Erfahrung des Seins.

Ebene 7: Ein Wesen auf dieser Ebene ist Teil des Allgeistes mit allen Erfahrungen und Möglichkeiten, mit der Verantwortung und den Fähigkeiten, wie der göttliche Geist sie besitzt. Es hat die wahre Bruder- und Schwesternschaft des ALL erreicht, ist zur Quelle zurückgekehrt und ist Gott in Gott - Quelle der Quelle in der Quelle. Diese geistigen Ebenen werden jedoch nochmals in sieben Unterebenen unterteilt.

1. Ebene der Mineral-Seelen: Hier befinden sich die Wesenheiten, die das Mineral- und Chemikalienreich zur Formenbildung anregen und es beseelen. Es sind nicht die Atome und Moleküle, denn diese sind nur die physikalische Manifestation des Geistes, wie der Körper die Manifestation des menschlichen Geistes ist. Sie besitzen ihre eigene Welt der Gefühle, die denen des Menschen sehr ähnlich ist.

2. Ebene 1 der Elementar-Seelen: Diese Ebene umfasst den Zustand von Wesenheiten, die dem Normalmenschen unbekannt sind. Kinder und hellsichtige Menschen können diese Wesenheiten noch wahrnehmen. Diese Fähigkeit geht durch Erziehungsmethoden leider bei vielen Menschen verloren.

3. Ebene der Pflanzen-Seelen: Diese Ebene umfasst die Wesenheiten des Pflanzenreiches. Heute weiß ein jeder, dass Pflanzen lebende Wesen mit Gefühlen, Intelligenz und Gedächtnis sind.

4. Ebene 2 der Elementar-Seelen: Hier ist der Zustand von Ebene 2 in einer vollkommeneren Form enthalten. Jede Pflanze, jeder Baum, jeder Grashalm ist beseelt von einem solchen Wesen. Sie werden manchmal als Elfen, Zwerge, Gnome, Feen usw. wahrgenommen.

5. Ebene der Tier-Seelen: Umfasst die Wesenheiten unserer Brüder und Schwestern, die uns aus dem Tierreich bekannt sind. Es ist eine bereits höher entwickelte Wesensform, die der menschlichen schon sehr verwandt ist. Manches Mal erscheinen uns bestimmte Tiere sogar menschlicher und wissender als der Mensch.

6. Ebene 3 der Elementar-Seelen: Hier finden wir Wesenheiten von höherer Intelligenz. Sie finden ihren Platz sowohl in der menschlichen als auch in der tierischen Welt. Ihre höchste Form findet sich in beinahe menschlicher Intelligenz.

7. Die Ebenen des menschlichen Geistes: Diese Ebene umfasst die Formen des Geistes, die dem Menschen gemein sind auf unterschiedlichen Ebenen. Diese Ebene wird erreicht, wenn die ersten sechs Ebenen gemeistert und erfahren sind.

Die Hermetiker bezeichnen den Menschen, der die siebte Ebene erreicht hat als Übermenschen. Damit wollen wir das Thema der verschiedenen Ebenen - das recht kompliziert wirkt - beenden. Du weißt, das Gesetz der Entsprechung wirkt immer. Der Mensch, jeder Funke geht durch alle Ebenen, erforscht und erfährt sie. Das ist das Gesetz. Nur durch die Erfahrung von allem was ist, der Erfahrung des ALLES auf allen Ebenen des Seins, können wir Gott, Göttin in uns selbst erfahren, uns ihr Wissen zu Eigen machen und ihnen gleich werden.

Das Gesetz der Schwingung

Nichts ist in Ruhe, alles bewegt sich, alles ist in Schwingung - Kybalion -

Wir haben in diesem Buch sehr viel über Schwingungen gesprochen. Jetzt werden wir erkennen, dass hinter all dem Gesagten ein kosmisches Gesetz wirksam ist.

Wir leben in einem in unzähligen Abstufungen schwingenden Universum. Diese Tatsache wurde von modernen Wissenschaftlern teilweise nachgewiesen. Wenn wir bedenken, wie viel Forschungsarbeit sich die Wissenschaft hätte ersparen können, wenn sie einfach den hermetischen Lehren gefolgt wäre, dann wäre sie vielleicht schon zu wesentlicheren und fundamentaleren Erkenntnissen vorgedrungen.

Die wechselnden Schwingungen sind ausschließlich den Schwingungen auf unterschiedlichen Ebenen beizumessen. Wir haben die unterschiedlichen Ebenen soeben behandelt. So ist klar, dass auf jeder Ebene innerhalb der großen übergeordneten Ebenen ein differenzierter, spezieller Schwingungszustand herrschen muss. Du kannst dir hier als Beispiel einen Ventilator oder ein Rad nehmen. Ein schnell drehendes Rad scheint dem physischen Auge als feststehendes Objekt. Es dreht sich so schnell, dass das physische Auge die einzelnen Speichen nicht mehr wahrnehmen kann.

Bereits die alten Gelehrten machten Versuche mit sich drehenden Objekten. Nachdem das Objekt anscheinend still stand, erklang zuerst ein brummender Ton, der immer höher anstieg und schließlich, nachdem der Ton für das menschliche Ohr unerträglich erschien, unhörbar wurde. Nach einiger Zeit zeigt sich eine matte, rötliche Farbe, die das Spektrum der Farben durchläuft. Das Rot wird heller, schließlich wechselt es zu orange, gelb, grün, blau, indigo und schließlich zu violett. Alle weiteren Farben sind für das menschliche Auge nicht mehr wahrnehmbar. Unsichtbare Farben, wie sie zum Beispiel beim Fotografieren verwendet werden, gehen weiterhin von dem sich drehenden Gegenstand aus, ohne dass sie vom physischen Auge wahrgenommen werden können.

Wenn dieser Versuch weitergeführt wird, dann lösen sich die Moleküle in ihre Bestandteile auf usw. bis schließlich nichts mehr messbar ist. Alles ist zwar weiterhin vorhanden, doch wir können es mit unseren physischen Sinnen nicht mehr wahrnehmen. Die Schwingung ist derart erhöht, dass der langsame, schwerfällige, materielle Körper sie nicht mehr übersetzen kann. So unterliegen Menschen der Illusion, dass alles, was sie nicht sehen können, auch nicht vorhanden ist.

So ist anzunehmen, dass das ALL, der ALL-GEIST, eine Schwingung darstellt, die unermesslich schnell und unwahrnehmbar ist. Wenn wir das Gesetz der Analogie hier anwenden, dann müssen wir nur in das Weltall hinaus schauen. Hier kreisen Sterne um Planeten, diese kreisen wiederum um Sonnen, diese wiederum um andere Sonnen usw. Du erkennst, das Gesetz der Entsprechung ist auch hier anwendbar: Wir erkennen, dass alles sich dreht und schwingt und im Großen wie im Kleinen wirksam bleibt.

Wir besprachen bereits in einem anderen Kapitel dieses Buches, dass die physischen Wahrnehmungsorgane nur eine ganz bestimmte Schwingungsfrequenz erfassen und umsetzen können. So kann z.B. eine Fledermaus, ein Hund, eine Katze weitaus besser hören in Bereichen (Ultra-Schall) die dem Menschen verschlossen sind. Ein Greifvogel kann weitaus besser sehen, ein Hund weitaus besser riechen, Wale und Delphine können sich über Ozeane hinweg verständigen usw.

Der menschliche Körper ist perfekt so ausgestattet, dass er nicht von Schwingungsreizen überflutet wird. Eine derartige Überflutung würde Wachstum unmöglich machen. Doch durch Anhebung der eigenen Schwingung werden dir auch diese Bereiche mehr und erschlossen sein. Ich will keine weiteren Beispiele geben, denn über Atome und Elektronen haben bereits andere sehr viel ausführlicher geschrieben, die mehr davon verstehen als ich. Es reicht, wenn du die Analogie erkennst. Wenn du jetzt bedenkst, auf welch niederen, oder langsamen Schwingung sich die Materie befindet, dann erkennst du, dass du in deinem geistigen Werdegang deine Schwingung anheben musst. Dass dies nicht in drei Tagen geschehen kann, wie es manche "Lehrer" versprechen, ist völlig klar hinsichtlich der Lernerfahrung, der wir unterworfen sind. Jede einmal gelernte Situation, jede neue Erfahrung und geistige Erkenntnis, erhöht deine Schwingung. Und doch kannst du deine Schwingung anheben. Wir haben dies ebenfalls (Ernährung, Chakras) bereits besprochen.

Es sind hermetische Lehren, dass die Verwirklichung deiner Gedanken, Erregungen, Vernunft, Wunsch, Wille, kurz alles was der Mensch denkt, tut und fühlt, begleitet ist von Schwingungen sind, die nur ein Ziel haben. Nämlich einen anderen Menschen oder Wesen zu erreichen und zu beeinflussen. Hierdurch wird Telepathie, geistige Beeinflussung, Fernheilung usw. möglich. Durch Erkennen der Schwingungsart, die dich trifft, negative Gedanken haben immer eine langsame, niedere Schwingung, kannst du deine Schwingung willentlich beeinflussen.

Willst du deine Schwingung anheben, dann konzentriere dich auf positive, konstruktive Gedanken. Selbst wenn es dir schwer fällt, wenn du in einem emotionalen Tief gefangen scheinst, denke immer wieder positiv. Konzentriere dich auf Licht. Mit der Zeit, wird sich die Wirkung einstellen. Es wird dir am Anfang nicht leicht fallen, deine Gedanken und Gefühle zu disziplinieren, doch Übung macht den Meister. Auf die gleiche Art und Weise kannst du die Schwingung eines anderen Menschen beeinflussen. Auch darüber haben wir bereits gesprochen. Vorstellungskraft und Wille ermöglichen dir den Geist eines anderen Menschen positiv zu beeinflussen und in ihm erwünschte glückselige Zustände hervorzurufen, indem du dir diesen Menschen glücklich vorstellst.

Denke immer daran: Diese Kraft darf niemals unethisch, ohne übergeordnete Liebe angewendet werden. Doch ist hier auch ein kosmischer Schutz eingebaut. Letztendlich erreicht der Lehrling diesen Zustand nur durch üben, üben und nochmals üben. Das ist die Wissenschaft der Alchemie. Nur durch Übung erreichen wir die Transformation unseres Bewusstseins. Da alle Menschen nur eines wollen, nämlich raus aus der Getrenntheit, werden wir auch dort anfangen, wo es wirklich wichtig ist. Nämlich bei der Transformation der eigenen Schwingung. Das ist die einzige, die wahre Macht, die Macht über unser eigenes Leben und über uns selbst. Wie wir uns aus einer langsameren Schwingung befreien können, darauf werden beim Gesetz der Polarität nochmals zurückkommen.

Ein wenig Nachdenken über das Gesagte wird dir zeigen, dass das Prinzip der Schwingung den Wundern zugrunde liegt, welche die Meister und Adepten der alten hohen Schulen offenbarten, die anscheinend die Gesetze der Natur außer Kraft setzen können. Sie gebrauchten jedoch in Wirklichkeit nur ein Gesetz gegen das Andere, ein Prinzip gegen das Andere. So konnten sie ihre Erfolge durch Änderung der Schwingung materieller Gegenstände oder Energieformen erreichen.

So konnten sie das vollbringen, was der Mensch gewöhnlich als Wunder bezeichnet. Auch Jesus hat letztendlich nichts Anderes getan als sich den Gesetzen hinzugeben, mit ihnen in Einklang zu leben und zu arbeiten. Er war einer der größten Magier, die jemals diesen Planeten besiedelt haben. Sehr wahr sagte einer der hermetischen Schriftsteller:

"Wer das Prinzip der Schwingung versteht, hat das Zepter der Macht ergriffen." (Kybalion)

Das Gesetz der Polarität

"Alles ist zweifach, alles hat zwei Pole, alles hat sein Paar von Gegensätzlichkeit; gleich und gleich ist dasselbe; Gegensätze sind identisch in der Natur, nur verschieden im Grad; Extreme berühren sich; alle Wahrheiten sind nur halbe Wahrheiten; alle Widersprüche können miteinander in Einklang gebracht werden." (Kybalion)

Dieses universelle Gesetz besagt, dass alles zwei Seiten hat. Wo Gutes ist, gibt es Schlechtes. Wo Dunkelheit herrscht, ist immer auch Licht. Es besagt, dass alles in Erscheinung tretende zwei Aspekte, zwei Pole, ein Paar von Gegensätzen mit unterschiedlichen Graden zwischen zwei Extremen ist. Als Vergleich eignet sich hier sehr gut die Gradskala der Thermometer.

Das Thermometer zeigt unterschiedlich viele Grade zwischen Plus und Minus. In dem auf der Polaritätsskala aus These und Antithese genannte Punkt Null, wird die Synthese gebildet. Beim Celsius-Thermometer ist es der Punkt Null Grad. Die Temperatur ist an sich weder kalt noch warm. Sie ist ganz einfach. Beispielsweise würde ein Eskimo Temperaturen, bei denen wir frieren als sommerlich warm bezeichnen. Somit ist jede Bewertung immer von den eigenen Erfahrungen und Glaubessätzen geprägt.

Es verhält sich so mit allen Dingen des Lebens. Gut und Böse sind absolut identisch und neutral am Nullpunkt der Skala. Zum Pluspol hin bewegend empfinden wir angenehme Gefühle. Doch je weiter wir uns dem Minuspol entgegen bewegen, desto mehr bewerten wir als böse, unangenehm, schlecht. Wir geraten aus unserer Mitte. Eine Sache aber kann immer nur eine Sache sein. Als was sie uns letztendlich erscheint, liegt in unserem Ermessen der Gradzahl außerhalb des Synthesepunktes. Plus oder Minus, es ist alles eine Frage unserer Bewertung.

Je weiter wir uns dem Minuspol nähern, desto stärker wird das als negativ empfundene Gefühl. Nehmen wir zum Beispiel Hass. Hass und Liebe sind von der Intensität her zwei absolut identische Gefühle. Sie unterscheiden sich lediglich aufgrund der beigemischten Gedanken und der Auswirkung. Während Liebe immer konstruktiv und aufbauend wirkt, ist Hass immer destruktiv und zerstörend. Doch die Energie des Gefühls ist gleich.

Worin besteht zum Beispiel der Unterschied zwischen verliebt sein und Angst verspüren? An der Gefühlsenergie und den Körperreaktionen ist kein Unterschied messbar. Das Herz klopft, der Mund wird trocken, wir sind nervös, ein flatterndes Gefühl in der

Bauchgegend und so weiter. Doch wir wissen aufgrund dessen, was wir gelernt haben, gleich habe ich ein Rendezvous - ergo bin ich verliebt. Im zweiten Fall schleicht ein fremder Mann um dein Haus, aufgrund deiner Erfahrung weißt du, das könnte ein Einbrecher oder Mörder sein, folglich hast du Angst. Es wäre aber auch möglich, dass er nur seinen Hund oder seine Katze sucht. In beiden Fällen lösen zwei völlig unterschiedliche Situationen völlig identische Gefühle aus. Angst, Freude und Liebe sind jedoch von der Reaktion des Körpers her absolut identisch. Lediglich unsere Motivation (neue/r Freund/in, fremder Mann) und unsere Erfahrungen, Glaubenssätze, lassen die Interpretation - verliebt sein, Angst haben, zu.

Nur unsere Bewertung, aufgrund unserer Erfahrung, macht Hass zu einem bösen Gefühl. Ein Gefühl, das jedoch an sich völlig neutral ist, und bei Punkt Null ohne Beimischung negativer Phantasien und Gedanken, keinerlei destruktive Handlung nach sich ziehen würde. Hinter der Emotion Hass steckt ungeheuer viel Energie. Diese Energie neutral und positiv genutzt, kann dir ungeheuer viel Liebes-Kraft geben.

Wir leben in der Polarität, wir haben es uns so ausgesucht. Ein Problem damit entsteht immer nur dann, wenn wir uns zu oft und zu weit auf die Minusseite der Polarität begeben. Ganz egal, wo du dich befindest, in dem Moment, in dem dir das Prinzip der Polarität bewusst wird, kannst du es beherrschen und deine Schwingung anheben, indem du dich auf den Pluspol zu bewegst.

Sei dir darüber im Klaren, dass du dich immer nur innerhalb zweier zusammengehörender Pole hin und her bewegen kannst. Du kannst z.B. niemals dunkel in heiß verwandeln, oder Feindseligkeit in Mut. Wir müssen uns innerhalb einer Situation bewegen und erreichen, dass wir über einer Sache stehen. In einer Situation, in der wir Hass empfinden uns der Liebe bewusst werden, die auf der gleichen Skala liegt. Kälte durch Einsatz des Willens in Wärme verwandeln usw.

Doch ist das leichter gesagt als getan. Wie kann der Mensch, der von seinen eigenen oder aufgefangenen Emotionen überwältigt wird, sich über eine Sache erheben? Nun es ist - wie alles - ganz einfach. Du kannst nicht erwarten, wenn du einen Menschen aus tiefster Seele verabscheust, oder ziemlich wütend auf ihn bist, dass du dich mal eben so schnell auf die andere Seite begeben und diesem Menschen jetzt nur noch lieben kannst. Wenn wir das gelernt haben, dann sind wir vollkommen.

Doch du kannst dir ganz deutlich bewusst machen, dass du diesen Menschen verabscheust, weil es Liebe gibt. Dass du nur wütend bist, weil dieser Mensch dir seine

Anerkennung, Zuneigung, Zustimmung oder Nähe nicht gibt. Du kannst mit deinem klaren Verstand und deinem freien Willen beginnen, diesen Hass, diese Wut abzubauen, indem du sie dir eingestehst und daraufhin diese Gedanken, immer dann wenn sie auftauchen, von dir weist. Du kannst dir selbst sagen, dass dieser Mensch so wichtig für dich ist, dass du ihm sogar ein solch intensives Gefühl widmest und dieser Mensch ein ebenso göttlicher Funke ist wie du. Halte solange und immer wieder an diesem Gedanken fest, auch dann, wenn du es gar nicht so empfindest. Sage dir immer und immer wieder: Es gibt nur Liebe im Universum. Alles, was etwas Anderes zu sein scheint, ist nur die Suche nach Liebe. Dieser Mensch oder die Situation, ist Spiegel der Quelle und deiner Schatten. Weise Hass, Wut- und Rachegedanken immer wieder von dir. Konzentriere dich auf das Wort Liebe wie auf ein Mantra.

Es ist zu Anfang vielleicht etwas schwierig dich dahingehend zu entwickeln. Wenn du jedoch beharrlich daran festhältst, wirst du eines Tages in dieser Situation den Nullpunkt - Neutralität – die vollkommene Synthese, erreicht haben und diesem Menschen, der Situation neutral, gleich-gültig, gegenüberstehen. Dann kannst du diesen Menschen loslassen. Du bist auf dem Weg zur Meisterschaft über die Polarität.

So wirst du nach und nach immer weiter auf der Skala zur Plusseite hinüber wechseln, bis du den Nullpunkt erreicht hast und nur noch in Richtung positiv steuerst. Du wirst deine Schwingung anheben, die Polarität - und damit neues Karma - hinter dir lassen. Du musst nicht einmal das Gefühl Liebe fühlen in o.g. Beispiel. Es würde dir jedoch auch nicht schaden. Du weißt, ein liebevoller Gedanke wiegt zehn negative Gedanken auf.

Du wendest hier das Gesetz der Schwingung gegen das Gesetz der Polarität an. Damit erreichst du wahre Meisterschaft. Du kannst nicht erwarten in geistigen Ebenen irgendetwas Produktives zu erreichen, wenn du nicht gelernt hast, hier auf deiner momentanen Ebene etwas zu erreichen. Somit wird es auch für dich völlig gleichgültig, ob du die Schwingungen anderer Menschen auffängst, ob andere dich mental beeinflussen oder ähnliches. Du lernst deine eigene Schwingung erkennen und anzuheben, indem du dich auf die andere Seite der Polarität zu bewegst. Hier gilt wie bei allem, Übung macht den Meister.

Erst wenn du mit dir selbst vorangeschritten bist, kannst du auch die Schwingung anderer Menschen, die dich beeinflussen oder mit sich selbst nicht klar kommen, allein durch deinen positiven Willen beeinflussen und anheben.

Dass du auf der positiven Seite bleiben wirst, wenn du diesen Weg einmal beschritten hast, ist für mich selbstverständlich.

Doch sollst du wissen: Ein Wissender, der seine Einweihung und sein Wissen gegen Andere einsetzt und verwendet, wird so tief fallen, wie er aufgestiegen ist.

Darum sein wachsam mit der Anwendung deines Wissens, wenn du es vervollkommnest. Ich weiß, dass ich mich wiederhole. Die Hermetiker nutzen Wiederholungen gezielt, damit es zum festen Wissen im Anderen wird. Nur ethisches Anwenden der Mysterien sind die Garantie für Wachstum hin zur Göttlichkeit. Darum noch einmal:

Wende dein Wissen niemals gegen einen anderen Menschen an, wenn du nicht dort hin zurück willst, wo du einmal begonnen hast.

Das Wissen um die Veränderung deines Schwingungsgrades kann dich in die Lage versetzen, deine und die Schwingung anderer Wesen zu verändern. Es versetzt dich in die Lage, dich zum Meister statt zum Sklaven deiner Schwingungen und Emotionen zu werden.

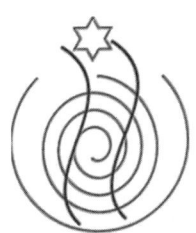

Das Gesetz des Rhythmus

Alles fließt aus und ein, alles hat seine Gezeiten, alle Dinge steigen und fallen, das Schwingen des Pendels zeigt sich in allem, das Maß des Schwungs nach rechts ist das Maß des Schwungs nach links, Rhythmus kompensiert (Kybalion)

Dieses Prinzip enthält das Wissen, dass sich in allem was ist eine Bewegung zeigt. Wie ein Pendel, welches ständig hin und her schwingt von Plus zu Minus, auf und ab, hinein und hinaus, vor und zurück. Eine Pendelbewegung wie Ebbe und Flut, die auf allen Bereichen der physischen, astralen, mentalen und geistigen Ebenen wirkt und sich zeigt.

Dieses Prinzip ist eng verbunden mit dem Gesetz der Polarität. Wenn wir in diesem Buch davon sprachen, dass die Polarität ihrem Ende entgegengeht, dann wirst du jetzt den tieferen Hintergrund verstehen. Wie wir bereits sagten, können wir niemals die Polarität abschaffen, doch wir können zum Meister über den Pendelschwung werden. Indem wir den Pendelschwung verstehen und akzeptieren, ihn in unser Leben, Denken und Handeln integrieren, können wir uns über ihn erheben. Wenn wir dieses Gesetz erkennen, dann können wir andere Gesetze gegen es einsetzen.

Wie alles im Leben einem ständigen Rhythmus unterworfen ist, sind auch du und dein Leben diesem Gesetz unterworfen. Erkenne dich und erhebe dich über das Gesetz, indem du es anzuwenden verstehst. Alles im Universum ist einem ständigen Wechsel unterworfen und schwingt in ständigem Rhythmus. Es gibt immer und überall eine Aktion und eine Reaktion. Hören wir auf zu reagieren, beginnen wir zu agieren. Welten, Menschen, ganze Galaxien werden geboren und vergehen. Agieren wir und lernen unsere Reaktionen zu beherrschen. Unsere Jahreszeiten geben ein gutes Beispiele für das Gesetz des Rhythmus. Frühling und Sommer und in ihrer Umkehrung, dem Rückschwung des Pendels, Herbst und Winter.

Es ist niemals, auch nicht von den Hermetikern behauptet worden, dass das Pendel immer zu den Extrempunkten ausschwingen muss. Es schlägt immer nur so weit aus, wie ihm auf der entgegengesetzten Seite Schwung verliehen wird. So haben wir auf einen oder viele schöne Sommer oft einen oder mehrere schöne Winter erfahren, selbst wenn sich diese Tatsache ernst nach einigen Jahren zeigte. Ein Sommer der Mittelklasse bringt meist einen Winter der Mittelklasse mit sich. Hier ist jedoch auch die Frage was für den Einen oder Anderen ein schöner Winter bedeutet.

Niemals geht etwas verloren. Alles transformiert sich, Was stirbt wird verwandelt und wiedergeboren. Jede Geburt ist ein Tod in der geistigen Welt. Jeder Tod eine Geburt in die geistige Welt. Energie ist überall und bleibend vorhanden. Wenn der Baum im Herbst sein Laub abwirft und scheinbar tot ist, sammelt er Kraft für seine Neugeburt im Frühjahr. Er wird wiedergeboren, wenn neue Knospen treiben. Wir sehen nur nicht die verschiedenen Formen der Transformation. Wo du etwas Neues erwirbst, musst du etwas Altes loslassen. Du besitzt zum Beispiel immer so viel Geld und Gegenwert, wie du selbst an Energie investiert hast. Selbst wenn es sich momentan noch nicht manifestiert haben sollte. Vielleicht hast du viel Geld, Energie und Kraft in eine Sache investiert, die sich scheinbar noch nicht amortisiert hat, Du siehst keine Ergebnisse, keinen Erfolg? Doch sie sind vorhanden. Du kannst es jetzt nur noch nicht erkennen. Der Erfolg befindet sich noch in einer anderen Zeitdimension, hat sich noch nicht materialisiert.

Hier in der Materie zeigt sich dieses Prinzip sofort. Du musst erst etwas geben, bevor du etwas Materielles dafür bekommst. Willst du dir ein Auto kaufen, dann musst du Geld dafür hergeben. Selbst wenn du es dir borgen musst, bist du verpflichtet es vermehrt zurückzahlen mit Zinsen. Manche Leute nennen es das Gesetz von Geben und Nehmen. Doch es ist lediglich der Schwung des Pendels, der in allem ist. Wisse: Du kannst immer nur soviel erhalten, wie du selbst in all deinen Inkarnationen gegeben hast. Du kannst immer nur soviel geben, wie du zu nehmen bereit bist.

Das ist das Prinzip des Rhythmus. Wenn du das Pendel nur minimal bewegst, dann kannst du nicht erwarten, dass ein großer Rückschwung erfolgt. Was du gibst ist letztendlich gleichgültig.

Wie viele Menschen streben danach Energie in den Äther zu senden und damit materielle Dinge zu manifestieren. Wenn du diese Kraft beherrschst, ein zielgerichtetes Denken und Wollen erreicht hast, dann genügt es, wenn du einen Wunsch mit der Kraft deiner Energie manifestierst. Doch geben musst du immer, so wie du auch bereit sein musst anzunehmen. Nimmst du die Gaben nicht entgegen, dann wird der Rückschwung einem Anderen zugute kommen.

Die Hermetiker haben schon früh gelehrt, dass die Offenbarungen und Einflüsse sich bis in die geistigen Tätigkeitsebenen des Menschen ausdrücken. Die verwirrenden Gefühlsschwankungen, Hochs und Tiefs körperlicher und seelischer Natur, ein ständiges Auf und Ab im Berufs- und Privatleben sind auf das Gesetz des Rhythmus zurückzuführen. (Ebbe und Flut, Welle und Wellental, Biorhythmus). Wie im Kleinen so im

Großen. Der wahre Meisterschüler hat gelernt, einigen der Auswirkungen durch Transmutation zu entgehen. Der wahrhaft Suchende erkennt immer, dass es eine niedere und eine höhere Form der Auswirkungen gibt. Dieses Verständnis befähigt jeden, sich auf die höheren Ebenen einzuschwingen und damit den vermeintlich negativen Auswirkungen des Pendelrückschlages zu entgehen.

In der hermetischen Lehre wird dieses Vorgehen als das Gesetz der Neutralisation bezeichnet. Die Wirksamkeit beruht darin, dein ICH über die Schwingungen der unbewussten Ebenen, in denen der Pendelschlag ausgelöst wurde, zu erheben, so dass der negative Pendelschwung das Bewusstsein nicht berührt. Du schaust quasi aus der Vogelperspektive auf dein Pendel hinunter und befindest dich auf dem Nullpunkt der Polaritätsskala. Das bedeutet, dass du lernen kannst deine Emotionen zu verstehen und zu beherrschen. Wenn du deine Gefühle als Beobachter betrachten kannst, sie annehmen und einfach sein lassen kannst, sie zwar verstehst, dich jedoch nicht überwältigen lässt sie auszuagieren, dann bist du auf dem Weg.

Der Fortgeschrittene auf diesem Gebiet begibt sich bewusst auf den Pluspol der Skala und bleibt ganz bewusst auf diesem Punkt stehen. So kann sie/er zwar den Schwung des Pendels nicht verhindern, doch aus einer übergeordneten Sicht verneint sie/er für sich die Negation und lässt das Pendel in das Unbewusste zurück schwingen. Ein erwachter Mensch akzeptiert, dass alles so ist wie es ist und vermeidet damit gewaltsam etwas verändern zu wollen, was nicht veränderbar ist. Dazu ist natürlich intensive Arbeit und Erkennen deiner Emotionen notwendig.

Viele Menschen haben einen Teil dieser Weisheit integriert, indem sie sich von negativen Stimmungen und Launen zumindest im Berufsleben nicht ablenken lassen. Sie lassen sozusagen morgens, vor Betreten der Firma, ihre Probleme vor der Tür, nehmen sie dann am Abend wieder mit oder haben ihren Ärger vergessen. Hier haben wir auch bereits die Zauberformel. Ablenken. Der Meister erreicht diese Fertigkeit, die jene verunsichert, die sich von Launen und Stimmungen, wie Tang in der Brandung, willenlos hin- und her schleudern lassen.

Wir haben in diesem Buch viel über Gefühle, Emotionen und Energien gesprochen. So wirst du erkennen, wie oft du dich deinen eigenen Gefühlsschwankungen hingibst. Wie oft folgte auf ein Leistungshoch ein absolutes Tief, oder auf Enthusiasmus am nächsten Tag der Zweifel usw. Suche einfach die Ursache im Prinzip der Schwingung.

Aus Unwissenheit geben Menschen den Anderen oder den Umständen oft Schuld an ihrer schlechten Stimmung. Doch diese ist letztlich nur ein Rückschwung des Pendels. Ein Anderer hat uns verärgert. Doch du kannst immer nur dich selbst ärgern, indem du deinen eigenen Emotionen und Glaubenssätzen unterliegst. Keinem anderen Menschen ist es möglich dich zu ärgern, es sei denn, du erlaubst es ihm oder ihr.

Die Bewusstmachung dieses Prinzips lässt dich zum Meister werden über deine Launen und Stimmungen. Dazu gehört die Schulung des Willens. Niemals kannst du den Rückschwung des Pendels verhindern. Du kannst jedoch lernen, dich nicht mehr von ihm hinweg tragen zu lassen, indem du die andere Seite der Polarität beschreitest.

Das Prinzip unterliegt dem Gesetz der Kompensation. Das Gegengewicht halten! Bleib neutrale/r Beobachter/in deiner Selbst. Das Gesetz der Kompensation besagt: Das Maß des Ausschlages nach rechts bestimmt das Maß des Ausschlagens nach links. Ein Pendel, das nur kurz in eine Richtung schwingt, schwingt auch immer nur kurz in die andere Richtung.

Ein Mensch, der großer Freude fähig ist, ist auch fähig zu tiefem Schmerz (Polarität), während derjenige, der wenig Schmerz empfindet sich auch nur in geringstem Maße freuen kann. Wenn du ständig die Tür zu deinem Herzen immer nur soweit öffnest, dass ein anderer Mensch, oder der Schmerz keinen Fuß dazwischen stellen kann, dann wirst du zwar weitgehend von Schmerz verschont, aber auch von der Freude.

Das gleiche gilt für alle vermeintlich negativen Gefühle. Wo nichts hinaus geht, kommt auch nichts hinein. Erst dann, wenn du die Tür zu deinem Herzen weit öffnest, dann können alle Gefühle sowohl herein kommen als auch hinaus gehen. Dann kannst du auch den Schmerz und die vermeintlich negativen Gefühle besiegen. Dies meinte Jesus als er sagte. Werdet wie die Kinder, denn ihrer ist das Himmelreich. Je weniger Angst du vor dem Schmerz hast, denn er ist oft nur Erinnerung, desto freudiger kannst du das Leben atmen. Je mehr Freude in deinem Leben ist, desto weniger wird Schmerz dich erreichen.

Es ist die Regel, dass sich in jedem Wesen die Fähigkeit zu Freude und Schmerz im Gleichgewicht befinden. Das Gesetz der Kompensation ist hier in vollkommener Wirksamkeit. Die Hermetiker gehen noch weiter. Sie lehren, bevor jemand in der Lage sei ein bestimmtes Maß an Freude zu empfinden, müsse er entsprechend weit zum anderen Pol der Empfindung geschwungen sein. Er muss erst fähig sein, offen zu sein, Schmerz zulassen können, um auf die andere Seite der Polarität zu schwingen.

Sie sagen, dass das Negative hierbei dem Positiven vorangeht, d.h. wenn jemand ein bestimmtes Maß an Freude erlebt, nun nicht daraus folgt, dass er dafür mit einem ebensolchen Maß an Leid zu zahlen habe. Im Gegenteil, die Fähigkeit zur Freude ist nach dem Gesetz der Kompensation der rhythmische Schwung für ein entweder im gegenwärtigen Leben oder in einer anderen Inkarnation erfahrenes Maß an Schmerz und Leid.

Wenn du also ein Mensch bist, der zu großer Freude fähig ist, dann hast du bereits sehr viel Schmerz erfahren. Du hast deinen Schmerz aus allen Inkarnationen erlöst. Du hast keine Angst mehr vor deinem Schmerz und kannst die Tür für die Freude geöffnet halten. Der Lohn deines Schmerzes in diesem oder anderen Leben ist deine heutige Fähigkeit Freude zu empfinden. Wenn du dieser Freude heute nicht fähig bist, dann kannst du sie lernen, indem du zum Beispiel Therapieformen anwendest, die dich bewusst mit deinem verdrängten Schmerz in Berührung bringen, damit auch dein Herz sich öffnet, anstatt dich aus Angst vor der Angst oder dem Schmerz zu verschließen. Oder du nutzt die Kraft der violetten Flamme. Das Leben ist dazu da, dass du es mit Freude umarmst.

Das Gesetz des Rhythmus ist immer in Wirksamkeit, selbst wenn der Rückschwung des Pendels in manchen Fällen mehrere Inkarnationen auf sich warten lässt. Dann reden wir von Schicksalsschlägen, weil wir die vermeintliche Ungerechtigkeit des Schicksals nicht einordnen können. Doch niemals wird dir irgendetwas widerfahren, für das nicht du selbst die Ursache gesetzt und deren Erfahrung du in diesem Leben zugestimmt hast. In diesem oder in einem vergangenen Leben.

Das Gesetz von Ursache und Wirkung

"Jede Ursache hat ihre Wirkung, jede Wirkung ihre Ursache, alles was geschieht, ge-schieht gesetzmäßig, Zufall ist nur der Name für ein unbekanntes Gesetz. Es gibt viele Ebenen der Ursächlichkeit, doch nichts entgeht dem Gesetz." (Kybalion)

Dieses hermetische Gesetz besagt, dass nichts, aber auch absolut gar nichts ge-schieht, ohne dass irgendwann eine Ursache dafür gesetzt wurde. Wir haben in die-sem Buch dieses Thema so ausführlich behandelt, dass ich dieses so wichtige Thema der größten Gesetzmäßigkeit hier nur noch kurz behandeln möchte, damit uns auch die letzten Zusammenhänge noch klarer werden.

Das gesamte Universum ist von Gesetzmäßigkeiten erfüllt. Das Universum ist geistig. Geist ist das Gesetz. So haben wir erkannt, dass nichts aus Zufall geschieht in der universellen Ordnung. In dieser Ordnung ist für Zufall kein Raum. Es ist auch kein Zufall, dass du genau unter den erfahrenen Umständen, bei deinen Eltern geboren und aufwachsen bist. Es ist ebenso wenig Zufall, dass du genau die Erfahrungen ge-macht hast, die du machen musstest und machen wolltest. Alles ist eine Wirkung, für die du irgendwann einmal eine Ursache gesetzt hast, die natürlich automatisch wei-tere Ursachen und Wirkungen nach sich gezogen hat.

Aus diesem Grund lege ich ganz besonderen Wert auf die Ursachenforschung, weil die Wirkung niemals ausgeschaltet werden kann. Sie kann nur auf eine andere Ebene verlagert werden. Wenn du die Ursache erkannt hast, dann kannst du das Gesetz des Rhythmus anwenden und über den Dingen stehen. Du kannst jedes Ereignis, jedes Ding und jede Situation nach ihrer Ursache überprüfen. Du wirst feststellen, dass immer eine Kette von Ursachen hinter deinen Problemen zu finden sind. Für jedes Problem gibt es immer zwei Lösungswege. Jedes Problem, jede Frage trägt bereits die Lösung, die Antwort in sich.

Du kannst den unbewussten Weg gehen, dich von der Wirkung hin und her werfen lassen, der Wirkung unterliegen, was bedeutet: Dein Schicksal, den Zufall, einen an-deren Menschen oder irgendetwas verklagen und, du kannst die Ursache erforschen und erkennen. Das Erkennen einer Ursache ist immer bereits die halbe Lösung. Du wirst immer nur der Wirkung einer von dir selbst gesetzten Ursache begegnen. Nie-mals kann ein anderer Mensch für dich eine Ursache setzen.

Aus diesem Grunde, weil du der durch dich gesetzten Ursache niemals entgehen kannst, ist es so wichtig, die andere Seite, die positive Seite der Polarität zu beschreiten und nur noch Ursachen zu setzen, deren Wirkung dir gefällt. Nur so kannst du erleben, was Freiheit wirklich ist.

Viele Menschen sind in der Illusion verfangen, dass wir frei entscheiden und tun und lassen können, was wir wollen. Das ist jedoch tatsächlich erst das Endziel. Wenn du dir an dieser Stelle noch einmal bewusst machst, wie fremd gesteuert die meisten Menschen durch ihr Leben gehen, dann wirst du feststellen, dass unser Planet ein riesiges Gefängnis manipulierter und manipulierbarer Sklaven geworden ist. Die meisten Menschen reagieren und handeln aus alten und neuen Glaubenssätzen heraus und sind verstrickt in ihren alten Mustern.

Gut, wir hören bereits, wie du rebellierst, doch wenn du dieses Buch bis hierher gelesen, aufmerksam verfolgt und angewendet hast, dann wirst du erkannt haben, dass das Handeln, Denken und Erleben der meisten Menschen aufgrund ihrer unbewussten Programme abläuft. Diese Menschen agieren nicht, sie RE-agieren. Sie lassen sich hin und her werfen von ihren Gefühlen, von der Meinung anderer Menschen, den Forderungen der Gesellschaft, ihren Glaubenssätzen und starren Meinungen, die irgendjemand ihnen oder sie selbst sich suggeriert haben. Wenn deine Eltern dir z.B. immer wieder sagten, dass aus dir nie etwas Gescheites werden wird, dann ist das auch heute dein Grundprogramm. Du wirst dir möglicherweise immer alles kurz vor dem Ziel selbst zerstören. Du bist vielleicht der Meinung, das schaffe ich sowieso alles nicht. Oder du kämpfst verbissen - um es deiner Mutter zu beweisen - hast vielleicht einen Beruf ergriffen, der dir keinen Spaß macht, nur um deiner Mutter zu beweisen, dass sie Unrecht hat. Das ist dann die vermeintliche Freiheit.

Wie sieht es aus mit der inneren Freiheit? Diese zu erlangen gelingt erst dann, wenn der Mensch sich in sich selbst gefunden hat. Je mehr du in deiner Mitte dich selbst findest, desto freier wirst du sein. Wenn du deine alten Programme erkennst und erlöst, dich wirklich selbst lebst, dann bist du wirklich frei und kannst deinen freien Willen einsetzen. Wenn du die Gesetze erkennst und weise anwendest, dann bist du auf dem Weg zur Freiheit. Die meisten Menschen lassen sich jedoch von Stimmungen und Emotionen beherrschen, haben Angst vor anderen Menschen, wagen nicht sich ihrem Boss, Partner oder wem auch immer zu widersetzen, auch wenn dieser augenscheinlich unrecht hat.

Solange wir schlafen, unterliegen wir machtlos dem Gesetz von Ursache und Wirkung. Dann sind wir den vermeintlichen Schicksalsschlägen und Zufällen hilflos ausgeliefert. Wo bleibt da die Freiheit? Woher kommt denn der beliebte Spruch "Ich kann ja sowieso nichts ändern, Seufz!" Wenn nicht du, wer dann? Hast du dir schon einmal überlegt, weshalb du bestimmte Vorlieben und Abneigungen hast?

Ein Meister steht über bewertenden Neigungen. Er lernt zu wollen, dass er will, anstatt nur zu wollen, weil irgendein unbestimmtes Gefühl, eine Laune, eine Erregung oder der Einfluss der Umgebung den Wunsch dazu erzeugen. Indem der Mensch lernt sich auf die andere Seite der Polarität zu begeben, langsam aber stetig, lernt er ebenfalls seine Stimmungen und Gefühle zu beherrschen. Er wird somit zum Meister statt als Sklave zu leben. Er setzt neue aufbauende Ursachen und ebensolche Wirkungen.

Auch der wahre Meister/Meisterin entgeht niemals dem Gesetz. Ein/e Meister/in steht über den Gesetzen. Sie wendet andere Gesetze gegen das Gesetz an. Indem sie auf den geistigen, höheren Ebenen dient, beherrscht sie die materiellen Ebenen. Der wahre Meister, die wahre Meisterin über das eigene Leben löst Wirkungen im eigenen Bewusstsein durch Erkenntnis auf, anstatt sich von manifestierten Wirkungen aus der Bahn werfen zu lassen.

Zufall ist immer nur das, was ein Mensch sich nicht erklären kann. Hinter all den Ursachen und der Kette von Wirkungen sieht der Mensch nicht mehr die Gesetzmäßigkeiten. Dabei, wenn du das Wort Zufall definierst, dann heißt es nichts anders als: Etwas fiel dir gesetzmäßig zu.

Wir haben erkannt, dass das ALL alles ist, dass alles den Gesetzen des ALL unterworfen ist. Kosmos ist Weltenordnung. In einer Ordnung ist für Zufall kein Raum vorhanden. Schau dich um in der Welt. Glaubst du wirklich, alles was sich in stetem Wandel befindet sei zufällig so ist wie es ist? Zufällig finden sich bestimmte Teilchen, die dann irgendwann ein Samenkorn ergeben und zufällig wächst aus einem Buchensamen keine Eiche. Und nur zufällig wird aus jeder Frau ein menschliches Kind geboren anstatt auch hin und wieder mal ein Affe oder ein Frosch. Und auch nur zufällig atmet der Mensch, ohne dass er ständig daran denken muss. Zufällig entwickelt sich jede Eizelle immer artspezifisch und immer in der gleichen Art und Weise. Wollten wir hier dem Zufall das Regiment geben, dann denke einmal darüber nach was dabei herauskäme. Würden die Planeten nur zufällig um die Sonne kreisen, dann würden sie auch zufällig aus der Bahn geworfen usw. Ich könnte die Liste die gegen den Zufall spricht noch ellenlang fortsetzen, ohne überhaupt zum Atom und Elektron vordringen zu müssen und käme doch immer nur zu einem Schluss. Es gibt keinen Zufall.

Zufall bedeutet letztendlich nichts anderes, als dass wir uns aus der Kette von Zufällen die Ursache nicht mehr erklären können. Nur aus dem Grund, weil wir uns ein Geschehnis nicht erklären können, weil die Ursache im Dunkeln liegt, können wir es aber nicht einem visionären Zufall zuschreiben. Erkennen wir, dass es keine Wirkung ohne Ursache gibt, dass keine Wirkung eine Wirkung nach sich zieht. Denn keine Sache kann eine andere Sache erschaffen. Eine Wirkung geschieht immer aufgrund einer Kette von Ursachen und Wirkungen, in denen wiederum neue Ursachen gesetzt werden.

Stelle dir für jedes deiner Erlebnisse eine zweireihige Perlenkette vor. Die Ursache liegt im Unbewussten, unten, die Wirkung liegt im Bewussten, oben. Innerhalb der Wirkung setzt du eine neue Ursache, die wiederum auf der unteren Perlenkette aufgereiht wird. Dort bleibt sie in der Dunkelheit liegen es sei denn, du steigst nach unten und schaust dir die Ursachenkette an. Hier kannst du beginnen, die letzte Perle vom Faden herunterzuziehen. Eine nach der Anderen. Du kannst jedoch ebenfalls die Perlenkette am Anfang, bei der ersten Ursache, aufknüpfen. Alle Perlen rutschen dir in die Hand und du hast nur noch den leeren Faden. Eine Ursache erkannt und aufgelöst bedeutet, dass alle daraus resultierenden Ursachen sich ebenfalls auflösen. Dies bedeutet, dass alles, was du in dein Bewusstsein holst und dort bearbeitest, sich auflöst und verschwindet. Du kannst z. B. in einer guten Reinkarnationstherapie jede Ursache aufspüren und erkennen. Doch nur hier in der Gegenwart kannst du sie auflösen und dich darüber erheben.

Die hermetischen Lehrer sagen, dass der Mensch das Gesetz benutzen kann um die Gesetze zu überwinden, dass der höhere Wille immer über den niederen Willen die Oberhand gewinnt, bis er endlich die Stufe erreicht hat, wo er im Gesetz selbst seine Zuflucht sucht und die Gesetze der materiellen Erscheinungswelt verlacht.

Du kannst dich niemals von der Wirkung, der durch dich gesetzten Ursachen befreien, doch du kannst die andere Seite der Polarität wählen, damit unerlöste, gesetzte Ursachen sich harmonisch erlösen und entfalten können, ohne dich aus der Bahn zu werfen.

Überprüfe einfach jedes unerklärliche Geschehnis in deinem Leben nach einem universellen Prinzip. Du wirst erkennen und mit der Zeit lernen mit den Gesetzen zu arbeiten. Das ist wahre Alchemie.

Das Gesetz des Geschlechts

"Geschlecht ist in allem, alles hat männliche und weibliche Prinzipien Geschlecht offenbart sich auf allen Ebenen. (Kybalion)

Dieses Prinzip beinhaltet die Wahrheit, dass in allen Erscheinungsformen, in und auf allen Ebenen, sich das weibliche und männliche Prinzip offenbart. Geschlecht hat mit Geschlechtlichkeit, Sexualität, die lediglich auf körperlichen Unterschieden zwischen der weiblichen und der männlichen Erscheinungsform beruht, nicht das Geringste zu tun.

Die östlichen Weisheitslehren geben dem Geschlecht die Bezeichnung Yin und Yang. In unserer Kultur reden wir dummerweise von positiver (männlich) und negativer (weiblich) Energie. Aktiv und passiv. Die Aufgabe des Geschlechtes ist einzig und allein das Erschaffen, das Zeugen und das Hervorbringen, usw. Die Wissenschaftler haben das Prinzip des Geschlechtes bewiesen. So ist das Atom aus Korpuskeln, Elektronen und Ionen zusammengesetzt, die umeinander kreisen und schwingen. Die Bildung (Geburt) eines Atoms ist die Vereinigung von negativen (weiblichen) Korpuskeln und einem Positiven (männlich). Aus der Anziehungskraft und der Vereinigung von positiv und negativ, wird ein neues Atom gezeugt und geboren. Ich werde in diesem Thema bei positiv und negativ bleiben müssen, darum trenne diese Worte jetzt bitte von dem, was du normalerweise darunter verstehst.

Die einzige Aufgabe des männlichen Prinzips ist, eine bestimmte Energie auf das weibliche Prinzip zu richten. So ist es immer das weibliche Prinzip das letztendlich die schöpferische Arbeit leistet. Diese Tatsache gilt auf allen Ebenen. Hierbei stellt das männliche Prinzip die Triebkraft dar. Doch zur Verwirklichung seiner Triebkraft (Ideen, Vorstellungen, Gedanken) benötigt es das weibliche, aufnehmende und erschaffende Prinzip. Beide Prinzipien sind immer aufeinander angewiesen und voneinander abhängig. Die Idee des männlichen Prinzips könnte sich niemals ohne die Kraft des weiblichen Prinzips als Schöpfung verwirklichen. Das weibliche Prinzip kann jedoch auch nichts eigenes Schöpferisches verwirklichen ohne den männlichen Impuls. Somit gibt es drei Prinzipien:

1. Prinzip = Geist - männlich
2. Prinzip = Seele - weiblich
3. Prinzip = Schöpfung / Materie - Ergebnis aus männlich und weiblich

Womit wir wieder bei unserem Bild angelangt sind:

1. Geist (Ideen, Vorstellungen usw.)
2. Seele (Verwirklichung, Gefühle)
3. Körper (Auswirkung, Vehikel für Beide)

Die Seele allein ist niemals imstande ohne den Geist einen Körper zu bilden und zu erschaffen. Doch auch der Geist kann ohne die Seele keinen Körper erschaffen und schon gar nicht erhalten. Erst das vollständige Zusammenspiel von Geist und Seele ermöglicht eine Manifestation in der Materie. Ein unbeseelter Körper ist ebenso unvorstellbar wie ein geistloser Körper. Nur in der Vereinigung von Yin und Yang kann etwas Neues erschaffen werden. Hier sind wir wieder bei dem Gesetz der Entsprechung angelangt. Jeder menschliche Geist beinhaltet Yin und Yang. Darum sagten wir zu Beginn des Buches, dass du sehr wohl mehr männlich orientiert sein kannst, selbst wenn du körperlich eine Frau bist und umgekehrt. Wie oben so unten, wie unten so oben. Wie im Großen so im Kleinen. Eine Auswahl der Eigenschaften, die beiden zugeschrieben werden, will ich im Folgenden kurz auflisten.

Yin und Yang, positiv und negativ stehen für die Polarität, die in allem vorhanden ist. Aus dem kraftvollen Zusammenwirken von Beidem entsteht die gesamte Wirklichkeit. Es gibt ein Sprichwort der alten Chinesen, welches so lautet:

„Das Schöpferische (Yang / Geist) und das Empfangende (Yin / Seele) lassen alle Dinge entstehen". Schöpferisch und Erschaffend gefällt mir weit-aus besser als positiv und negativ. Du hast sowohl Yin als auch Yang in dir. Das ist der Aspekt des Zwillingsgeistes. Vater, Mutter. Wenn du das Gesetz der Polarität verstanden hast, erkennst du, dass es wichtig ist beides in dir in Harmonie und Einklang zu bringen.

Viele unterschiedliche Lehren sprechen von der Dualität des Geistes, doch die Hermetiker sprachen immer vom ZWEIFACHEN Geist. Sie gaben ihren Schülern Anweisungen ihr Bewusstsein über ihr Selbst zu prüfen. Der Schüler lernt seine Aufmerksamkeit nach innen zu lenken und sein inneres Selbst zu erforschen. Du hast in diesem Buch ebenfalls einige Übungen erlernt, die das bewirken können. Es wird sich zuerst immer ein Ich und danach ein "Ich bin" äußern. Wenn wir weitergehen, entdecken wir eine Spaltung innerhalb der Ich-Persönlichkeit, die im Einklang existiert, jedoch vom Bewusstsein als getrennt wahrgenommen wird. Nutze hierzu die Übungen zur Transformation des Egos.

Die Hermetiker nennen diese beiden Aspekte das Ich und das Mich. Diese geistigen Zwillinge unterscheiden sich in ihren charakteristischen Merkmalen. Der normale Mensch bezeichnet sein Ego, zusammengesetzt aus Gefühlen, Stimmungen, Neigungen, Gewohnheiten, Glaubenssätzen usw. gemeinhin als Ich. Ich will, ich will nicht. Dieses Ich ist anderen und dir selbst mehr oder weniger vertraut. Der Mensch erkennt sein Ego-Ich.

Das Ego-Ich unterliegt den Gesetzen, indem es sich Stimmungen, Gefühlen, Launen usw. unterwirft. Die Gesetzmäßigkeiten tragen diesen Ego-Ich-Menschen von einem Extrem zu anderen, von Pol zu Pol. Doch dieses Ich identifiziert sich ebenfalls mit seinen Lebensgewohnheiten, seinem Besitz, seiner Kleidung, seinem Auto, seinem Bankkonto und vielfach ganz besonders mit seinem Körper und Ansehen in der Gesellschaft; kurz, mit allem, was die Wirkung nach außen ausmacht. Leider ist für den Normalmenschen häufig dieses ich ihr vermeintlich einziges Ich. Wird diesem Persönlichkeitsanteil irgendetwas genommen, aufgrund von Nichtbeachtung der universellen Gesetze, sei es jetzt Geld, sein unversehrter Körper durch Krankheit oder Unfall, oder sonstiges, dann ist das Ego-Ich gebrochen.

Viele Menschen müssen leider diese Stufe erreichen, erst alles verlieren, damit sie sich besinnen um auf ihr seelisch-geistiges Ich aufmerksam werden zu können. Ich selbst gehörte einst dazu. Manche schaffen diese Besinnung nicht und begehen Selbstmord, Raubüberfälle oder was auch immer um den Verlust nicht spüren zu müssen. Doch selbst dann, wenn er sein anderes Ich erkannt hat, neigt der Mensch immer noch dazu, seine Gefühle, Stimmungen usw. als identisch mit seinem universellen Wesenskern zu klassifizieren.

In der heutigen Zeit, in der Gefühle wie heilige Kühe behandelt werden, geht dem wahrhaft Suchenden nicht auf, dass seine angelernten Emotionen mit seinem wirklichen Ich, mit seiner Seele und seinem Geist absolut nichts gemein haben. Der Mensch muss lernen, dass diese Vorgänge lediglich aufgrund angesammelter Erfahrungen und Entscheidungen existieren, dass ein Gefühl zu verspüren nicht automatisch reine, geistige Seele bedeutet. Letztlich gibt es nur ein wahres Gefühl und das ist weitaus mehr als nur eine Emotion – Liebe. Sie ist alles was existiert. Um den Gegenpol zu erfahren wurde Angst erschaffen.

Der Mensch muss lernen, sein wirkliches Ich von seinem Ego-Ich zu unterscheiden. Er muss sie erkennen als Dinge, die aufgrund seiner Geistigkeit entstehen und in ihm vorhanden sind. Es sind seine eigenen Geschöpfe. Doch niemals ist das Geschöpf die wirkliche Persönlichkeit, der göttliche Wesenskern. Wir sprachen bereits davon, dass wir nicht versuchen sollten das Ego-Ich auszulöschen. Es funktioniert nicht. Das Ego-Ich ist untrennbar mit der Persönlichkeit verbunden. Es muss anerkannt und transformiert, das heißt sinnvoll beschäftigt werden zum Wohle der Gesamtpersönlichkeit.

Das wahre Ich wird durch die Erkenntnis der Glaubenssätze, durch Schulung des Willens, indem die Gefühlszustände des Ego-Ich in gegensätzliche Gefühle umgewandelt werden, erfahren. Es kann Negativ in Positiv verwandeln und damit sein Ego-Ich über die Gesetze erheben. Dieser Zustand erfordert Konzentration und Selbstbeobachtung. Dieses gesamte vor dir liegende Buch ist darauf ausgerichtet, diese Bewusstmachung im Menschen zu wecken. Wenn der Prozess des „Beiseitelegens" vollzogen ist, dann bist du dir deines wirklichen, wahren Selbst bewusst, welches als zweifacher Geist, als transformiertes Ego und wahres Ich erkannt wird. Es wird erkannt als weibliches, seelisches Potential, in dem Gedanken, Ideen, Gefühle und andere Zustände hervorgebracht werden.

Die großen Alten bezeichneten das weiblich Prinzip als den geistigen Schoß, der fähig ist geistige Nachkommen zu erzeugen.

Der Mensch, welcher die kreative Energie des Yin erkennt, wird erfahren, dass da eine geistige Kraft vorhanden sein muss, welche die Willenskraft besitzt, das Yin im schöpferischen Sinne tätig werden zu lassen. Diese Kraft ist ebenso in der Lage beiseite zu treten und die geistige Schöpfung zu betrachten. Dieser Mensch wird diese Kraft als sein wahres Ich erkennen.

Er erkennt die Fähigkeit des Yang Ideen und Vorstellungen zum Yin zu projizieren, das mit der Schöpfung, dem Austragen beginnt. Dieser geistige Zwilling befindet sich in jedem Menschen, wobei das männliche Prinzip - Yang für den Aspekt des Seins und das weibliche Prinzip - Yin für den Aspekt des Werdens, Bewahrens und Zerstörens steht. Das Prinzip der Entsprechung gilt auf allen Ebenen.

Somit beinhaltet das Prinzip des Geschlechts den Hauptschlüssel, der allen Erscheinungen geistiger Einflüsse zugrunde liegt. Die Tendenz des weiblichen Prinzips bewegt sich immer in Richtung des Empfangens und Verwirklichens von Eindrücken; die Tendenz des männlichen Prinzips immer darauf sich auszudrücken und zu offenbaren.

Doch das weibliche Prinzip besitzt ein umfangreicheres Arbeitsgebiet als das männliche Prinzip. Es leistet die Hauptarbeit bei der Erschaffung neuer Gedanken, Begriffe und Ideen einschließlich der Tätigkeit der Phantasie. Der männliche Aspekt beschränkt sich mit seinem Willen, Wollen auf seinen unterschiedlichen Ebenen.

Das geistige weibliche Prinzip kann auch ohne Unterstützung des männlichen Prinzips geistige Bilder aufgrund äußerer Eindrücke und Erlebnisse erschaffen, eine eigene geistige Schöpfung hervor bringen. Da dieses Prinzip niemals ruht, wird es fremde männliche Prinzipien übernehmen und beeinflusste Energien hervorbringen, wenn das eigene männliche Prinzip unterentwickelt bleibt. Das weibliche Prinzip benötigt für ihr niemals endendes Erschaffen den Anstoß des reinen männlichen Willensaspektes.

Leider begnügen sich die meisten Menschen aus Unwissenheit damit den Ideen und Gedanken zu folgen, die ihr negativ programmiertes Ego ihnen eingibt. Diese Gedanken und Ideen, die aufgrund äußerer Eindrücke entstanden, stammen oft vom Ich eines anderen Menschen, da sie nicht vom eigenen Yang erschaffen wurden. Sie sind angelernte Wertvorstellungen. Bei der Hypnosetherapie und der Telepathie ist es deutlich zu sehen, wie sich das willensstarke männliche Prinzip auf das empfangende weibliche Prinzip richtet. Das weibliche Prinzip empfängt die Suggestion und lässt sie sich zur Reife entwickeln.

Dadurch wird aus dem fremden Willen bei Hypnose und Telepathie oder der Erziehung durch die Eltern, die ja ebenfalls erzogen wurden, der vermeintlich eigene Gedanke. Die daraus resultierende Handlung ist ein eigenes geistiges Kind. Das weibliche Prinzip dient als Leihmutter einer fremden Frucht; nur mit dem Unterschied, dass es für die Frucht Sorge tragen und Verantwortung übernehmen muss. Es wurde künstlich, von außen, befruchtet. Tatsächlich handelt es sich jedoch um ein Kuckucksei, dass die betreffende Person sich selbst ins "Nest" gelegt hat. Die Aufzucht eigener Nachkommen, wird dadurch unmöglich gemacht.

Heute wird viel von der Notwendigkeit Yin und Yang in Einklang zu bringen geredet. Doch ohne Kenntnis des Gesetzes der Geistigkeit ist die Notwendigkeit undeutlich. Du kannst Yin und Yang nur in Harmonie bringen, wenn du dein eigenes Selbst erforscht, wenn du dich in dir selbst, wenn du dein mich im ich gefunden hast. Der normale seelisch-geistige Zustand eines Menschen kann nur aus der harmonischen Verbindung von Yin und Yang bestehen, die gemeinsam koordinieren und handeln.

Das männliche Prinzip des Durchschnittsmenschen ist sehr bequem geworden. Das bedeutet, die Willenskraft, die den Menschen in der Kindheit gebrochen wird ist zu schwach und handlungsunfähig geworden. Alle alten Schulen legten den größten Wert auf die Schulung des Willens. Ein Eingeweihter war Herr/Frau seines, ihres Willens. Durch den gestählten und geschulten Willen konnte er/sie sich über die Naturgesetze erheben.

Nicht die Schulung des Ego-Willens, der Rebellion, des Dickkopfes macht dich frei. Es ist die Schulung des reinen, des göttlichen, des schöpferischen Willens. Nur durch diese Schulung kann verhindert werden, dass der Mensch durch den Geist und den Willen einer anderen Person beeinflusst und gelebt wird. Der normale Durchschnittsmensch wird oft ausschließlich durch den Willen und den Geist Anderer beherrscht, denen er gestattet, sein Denken und Wollen für ihn zu erledigen, indem er kritiklos Meinungen Anderer übernimmt und zu seinen eigenen macht. "Wie soll ich wissen was ich will, wenn mir keiner sagt, was ich zu wollen habe?''

Das Übel ist, dass der Durchschnittsmensch fast ausschließlich durch sein programmiertes Ego existiert und seinen göttlichen Wesenskern nicht wahrnimmt. Er verweilt beharrlich auf dem weiblichen, dem passiven Pol seines Geistes und lässt den männlichen, den aktiven Pol, in dem der Wille fest verankert ist, unbeschäftigt. So kreiert er selbst Schöpfungen, von denen er behauptet, dass er oder sie diese nie gewollt haben. Denn: das weibliche Prinzip muss einfach etwas erschaffen.

Der Mensch neigt oft dazu, nach außen hin mit den negativen Aspekten der Männlichkeit aufzutreten. Daher müssen wir die weiblichen Aspekte im Außen, wie im Inneren schulen und mit dem männlichen Aspekt in Harmonie bringen. Hierzu gehören die Weichheit, das Aufnehmende, das Schöpferische ebenso, wie die Durchsetzungskraft. Im Inneren beherrscht den normalen Menschen meist der negative Aspekt des weiblichen Pols. Dies äußerst sich durch jammern und wehklagen. Hier müssen wir den positiven Gegenpol schulen. Wir existieren auf unterschiedlichen Ebenen. Darum müssen wir auf verschiedenen Ebenen die weiblichen und männlichen Aspekte unterschiedlich harmonisieren.

Alle starken Männer und Frauen zeichnen sich durch das männliche Prinzip aus, das Prinzip des Wollens. Dieser reine Wille ist unsere stärkste Triebfeder. Anstatt sich dem Willen anderer zu unterwerfen, haben sie ihren eigenen Willen geschult und erschaffen sich somit die gewünschten Bilder, Vorstellungen, Resultate und Realitäten. Sie erreichen es sogar manches Mal ihren Willen in Menschenmassen einzupflanzen und zwingen diese dann ihrem Willen gemäß zu leben, zu denken und zu handeln.

Das ist der Grund, weshalb die Masse Mensch so oft einer Schafherde gleicht, die ihrem Schäfer, (Geisteshaltung, Mentalität, Nachrichten, Moderichtung usw.) hinterherläuft, weil sie weder ihre eigenen Ideen selbst erzeugen, noch ihre eigenen Kräfte zur Verwirklichung zu nutzen gelernt haben. Der wirklich erfolgreiche Mensch, die wirklich kraftvolle Menschin schwimmt immer gegen den Strom, so wie die Lachsfrau flussaufwärts schwimmt um ihre Brut abzulegen.

Die Wirksamkeit dieses geistigen Gesetzes kann überall im Leben beobachtet werden. Die Menschen, die eine anziehende Ausstrahlung besitzen sind immer diejenigen, die ihr eigenes männliches Prinzip erkannt und zu nutzen gelernt haben. Egal ob zum Positiven oder zum Negativen. Sie haben sodann beide Qualitäten, weiblich und männlich in sich vereint. Sie sind innerlich ganz. Hierin liegt das Geheimnis von Magnetismus, Einfluss, Bezauberung usw., sowie alle Erscheinungen der Hypnose oder des sich willenlos fühlen in Gegenwart eines solchen Menschen.

Jeder Mensch, der in sich den männlichen Pol integriert hat wird die Kraft der Suggestion in sich erkannt haben. So werden Menschen und Energien in dein Leben gezogen, die dir bei der Verwirklichung deiner Ziele unterstützend oder schwächend beistehen. Dies geschieht, wie bereits vorher vermerkt, ganz besonders intensiv bei Kindern. Den Kindern wird von Eltern und Umwelt immer wieder suggeriert, welchen Wert sie in und für die Gesellschaft besitzen, bzw. nicht besitzen. Der zuvor kleine Mensch richtet dann meist sein gesamtes späteres Leben nach diesen frühen Suggestionen aus.

Darum überprüfe noch einmal alle sich wiederholenden Aussagen deiner Eltern und anderer Miterzieher über dich und deinen Wert. Suggestionen wie z.B. du taugst nichts, du bist zu dumm, aus dir wird nie etwas werden, du bist schuld, dass es mir schlecht geht usw. Schreibe dir alle diese Suggestionen aus deiner Kindheit nieder und schaue nach, inwieweit du auf dem weiblichen, dem aufnehmenden, ausbrütenden Prinzip sitzen geblieben bist, indem du genau danach lebst. Inwieweit haben deine Eltern recht behalten, weil dein weiblicher Aspekt diese Suggestionen als seine eigenen verwirklicht. Du solltest diese Übung ernst nehmen und durchführen.

Denn gerade durch diese Suggestionen trifft immer der Wille des Stärkeren - darüber gibt es bei Eltern und Kindern keine Diskussion - auf den weiblichen, empfangenden Pol des Schwächeren. Er wird empfangen und wie ein Kuckucksei ausgebrütet. Der Riesenvogel wird von dem kleinen Spatz als eigenes Junges angesehen. Der Spatz kann sich gar nicht vorstellen, dass ein anderer Vogel so gemein sein kann seine eigenen aufkeimenden Jungen zu vernichten, und ihn zur Aufzucht seiner Brut missbraucht. Im Gegenteil der Spatz arbeitet sich halbtot um dieses Riesenbaby zu ernähren und aufzuziehen und ist stolz auf seinen starken Nachwuchs. Der Spatz muss, ebenso wie das weibliche Prinzip brüten und füttern.

Genauso ist es mit unseren Gefühlen, Einstellungen, Erfahrungen, Denkweisen und Handlungen. Es ist unbedingt notwendig, dich selbst zu überprüfen. Erkenne dich (dein) Selbst. Du wirst viele Kuckuckseier in deinem Inneren entdecken. Erwecke die Kraft des Wollens in dir, verbinde sie mit deinem weiblichen Aspekt. Du wirst fröhlich die Kuckucksbrut aus deinem Nest werfen können.

Der ethische Mensch hat Macht über sich selbst und wird die Ohn-Macht eines anderen nicht ausnutzen zum eigenen Vorteil. Du kannst die Gesetze zum Guten und zum Vorteil für dich selbst und Andere anwenden. Jeder kann die Gesetze sowohl zum Guten als auch zum Bösen einsetzen. Die Gesetze sind neutral und wirken immer. Doch hüte dich davor, dir selbst zum Vorteil, einen anderen Menschen zu beeinflussen. Die Wirkung wird auf die Ursache unweigerlich folgen, früher oder später.

Der Grad zwischen schwarzer und weißer Magie ist immer schmal. Doch der wahrhaft ethische Mensch wird sich und seinen Willen soweit unter Kontrolle haben, dass er niemals mit den Gesetzen spielt. Jeder kann alles im Leben erreichen, ohne einen anderen Menschen zu missbrauchen.

Darum erkenne, wenn du etwas erreichen willst, egal ob auf geistiger, seelischer oder körperlicher Ebene, der Schlüssel zum Erfolg ist immer die Schulung und Stärkung deines männlichen und die Pflege deines weiblichen Prinzips, des wahren göttlichen Willens in dir. Erst im Einklang von Yin und Yang, wenn beide in Harmonie miteinander arbeiten, das Ego transformiert und das göttliche Selbst integriert ist, liegt der Schlüssel zu wahrem erfüllenden Erfolg auf allen Ebenen. Du wirst niemals mehr etwas im Außen suchen müssen, weil du weißt. Du allein kannst und wirst es in deinem Inneren finden.

220

Der Umgang mit den hermetischen Grundsätzen

„Die Aneignung von Wissen ist, wenn es nicht tätig zu Ausdruck und Wirkung kommt, wie das Horten wertvoller Metalle, eine zwecklose und unsinnige Sache. Wissen muss wie Reichtum einer Verwendung zugeführt werden. Das Gesetz der Anwendung ist ein universelles Gesetz und wer es verletzt, kommt mit den Naturkräften in Konflikt zu seinem Schaden". (Kybalion)

Es wird immer wieder betont, dass das Wissen, das du erlangt hast, angewendet werden muss. Das ist ein universales Gesetz. Wer sich dem widersetzt, bekommt die so genannte kosmische Ohrfeige, unweigerlich zu spüren. Doch Wissen unethisch angewandt, gegen einen anderen Menschen oder ein anderes Wesen, geht verloren. Die Wirkung folgt unweigerlich.

Nun, da du vieles gelernt hast und weißt, beachte die Gesetze. Wende dein Wissen an zum Wohle für dich und für dein freies Leben in Freude. Doch vor allen Dingen, gib dein Wissen weiter an noch nicht - besser nicht mehr - Wissende. Lebe ihnen dein Wissen vor. Hüte dich vor geistiger Missgunst, indem du ängstlich darüber wachst, dass du immer ein wenig mehr weißt als ein Anderer. Dieses Vorgehen entspricht nämlich keinem wahren Weisen.

> **Auch, wenn du alles Wissen der Welt besitzt,**
> **ohne die Weisheit es zu nutzen, ist es nichts wert.**

Versuche die Gesetze zu verstehen und schrittweise in dein Leben zu integrieren. Werde nicht ungeduldig mit dir selbst, weil es vielleicht wieder einmal nicht funktioniert hat und du dich in Emotionen verstrickst. Versuche weiter dich nicht in dubiosen Emotionen zu verlieren. Benutze entsprechende Therapiemöglichkeiten, - oder diese Seiten um mit deinen Gefühlen vertraut zu werden. Du darfst auch nicht erwarten, dass alles sofort perfekt funktioniert. Die Eingeweihten benötigten Jahrzehnte harter Schulung um zur Meisterschaft zu gelangen. Auch wenn das heute im Wandel der Zeitalter nicht mehr notwendig ist, kannst du nicht erwarten, dass du es in wenigen Tagen oder Wochen erreichst. Es wird ein ständiges Arbeiten an dir selbst bleiben.

Wenn du in ein seelisches Tief gerätst, dann wende das Gesetz an statt dich immer tiefer in Selbstmitleid zu vergraben.

Ich will dir hier noch einmal die wichtigsten Grundsätze aufzeigen. Mache sie dir zu

Eigen und zu Nutze, wenn du magst, indem du sie anwendest. Nur dadurch werden sie dein Eigentum. Nichtanwendung des Wissens ist wie totes Kapital in Form von Aktien oder Antiquitäten, die nicht verflüssigt werden können. Was besitzt ein reicher Mensch schon, der zu geizig ist, sein Geld für sich selbst und andere Menschen auszugeben, denn mehr, als ein armer Mann, der das Notwendigste zum Leben hat? Manch finanziell armer Mensch kann reicher sein als der reichste Mann der Erde, wenn er zu leben, zu genießen und zu nutzen versteht.

Wenn du deine Stimmung oder irgendeinen anderen geistigen Zustand verändern willst, ändere deine Schwingung.

Du kannst deine Schwingung jederzeit ändern, indem du dich Kraft deines Willens auf den erwünschten Zustand konzentrierst. Du kannst es unterstützen mit Dingen, die dir Freude machen. Musik ist z. B. ein sehr gutes Medium um Schwingung anzuheben. Schule deine Fähigkeit zur Konzentration durch die Kraft deines Willens. Du wirst mit der Zeit die Herrschaft über deine Stimmungen und Launen erlangen.

Wenn du einen unerwünschten Schwingungsgrad beseitigen willst, dann setze das Gesetz der Polarität in Tätigkeit. Konzentriere dich auf den entgegen gesetzten Pol dessen, was du zu unterdrücken versuchst. Transformiere das Unerwünschte, indem du den Pol wechselst. Denke Liebe! Denke Licht!

Bist du wütend? Dann konzentriere dich auf die Freude, die Liebe. Hast du Angst, dann lenke deine Aufmerksamkeit auf Mut. Doch du kannst die entgegen gesetzte Seite der Polarität ebenfalls erreichen, indem du dich durch Handlungen im Erreichen des Endzustandes übst. Das heißt: Wenn du extrem ängstlich bist, kannst du - ohne Leichtsinn - Dinge tun, die für Mut stehen. Indem du bewusst die Polarität wechselst und gleichzeitig handelst, erreichst du dein Ziel, in deine Mitte zu gelangen. Tu so als ob es bereits verwirklicht wäre und es wird geschehen.

Doch auch die Konzentration auf Mut, das Lesen von Büchern über mutige Menschen, ist ausreichend, wenn du es nur willst. Wenn du also eine negative Eigenschaft auslöschen willst, dann konzentriere dich auf den Gegenpol und deine Schwingung wird sich allmählich von Negativ zu Positiv verändern. Durch das Wechseln der Polarität kannst du zum Meister, zur Meisterin über deine niederen Instinkte werden. Die Großartigkeit der Eingeweihten resultierte zum Großteil aus ihrer Überlegenheit über sich selbst. Erinnere dich des folgenden Grundsatzes:

"Geist kann (wie Metalle und Elemente) verwandelt werden, von Zustand zu Zustand, von Grad zu Grad, von Pol zu Pol, von Schwingung zu Schwingung." (Kybalion)

Wenn du die Polarität beherrschen gelernt hast, bist du Meister/in der geistigen Transmutation, der Alchemie geworden. Eines sollte jedem bewusst sein:

Bevor du nicht selbst die Fähigkeit besitzt die Polarität zu verändern, bist du unfähig auf deine Umgebung irgendeine produktive Wirkung auszuüben.

Wenn du die Zeit, die Sorgfalt und Mühe der Übung darauf verwendest deine eigenen Polaritäten, deine Bewertungen zu verändern, dann wirst du auch die Polaritäten meistern können, die andere Menschen auf dich projizieren. Du kannst auch anderen Menschen helfen, indem du durch deinen freien Willen deren unangenehmen Emotionen in angenehme verwandelst indem du ihnen ein positives Bild ihrer selbst sendest, sie lobst usw.. Stelle dir diesen Menschen einfach als strahlendes göttliches Wesen vor und halte dieses Bild fest. Er oder sie wird es früher oder später in sich selbst integrieren. Du wirst lernen die Materie Kraft deines Willens zu beherrschen.

Du erinnerst dich, dass wir von den höheren und den niederen Bewusstseinsebenen sprachen. Wer das Gesetz des Rhythmus beachtet, erreicht Meisterschaft darin, dass er dem Rückwärtsschwung des Pendels entgeht, indem er ihn aus einer höheren, geistigen, erkennenden Perspektive betrachtet. Das geschieht, indem du dich nicht von deinen negativen Gefühlen niederdrücken lässt und damit die unbewusste Schaffung einer neuen Ursache verhinderst.

Wenn du hier fortgeschritten bist, wirst du mehr und mehr zu dem positiven Teil deines Wesens, der nicht dein Ego-Ich sondern dein göttlicher Wesenskern ist. Dann hältst du fest am positiven Teil deiner Persönlichkeit durch Einsatz deines Willens ohne dich vom Rückschwung des Pendels irritieren zu lassen. Du weißt, durch erkennende Auflösung der Ursache, wird der Pendelschwung gemildert. Das heißt nicht, dass das Gesetz des Rhythmus außer Kraft gesetzt wird. Du überwindest das Gesetz, indem du die Ursache erkennend erfasst, durch ein Gegengewicht ausgleichst und damit auflöst.

Nichts entgeht dem Gesetz von Ursache und Wirkung, doch es gibt viele Ebenen der Ursächlichkeit. Du kannst die Gesetze der höheren Ebenen verwenden um die Gesetze der Niederen zu überwinden. Der erwachte Mensch beherrscht seine Gefühle und Stimmungen und ist somit in der Lage, das Gesetz des Rhythmus zu neutralisieren.

Dadurch kann er einem großen Teil von Ursache und Wirkung auf der irdischen Ebene entgehen, indem er die Gefühle erkennt und transformiert.

Der/die Erwachte überwindet die niederen, unbewussten Lebensweisen und hält die universellen Gesetze ein. Sie/Er wird zur Ursache statt zur Wirkung. Dieser Mensch lebt in Übereinstimmung mit den Gesetzen. Sie/Er wendet sie an und handelt mit dem Wissen und Verständnis, um die Auswirkungen. Sie/Er gibt sich dem Gesetz hin anstatt sich zu unterwerfen, oder dagegen zu rebellieren. Sie/Er gehorcht dem höheren Gesetz aus höheren Ebenen des Universums und herrscht dadurch auf den unteren Ebenen der Materie.

„Wahre hermetische Verwandlung ist geistiger Art."

Dieser Grundsatz lehrt uns, dass Beeinflussung durch geistige Kraft gelöst werden kann. Das Universum ist geistig. Daraus resultiert, dass geistiges nur durch Geist beherrscht werden kann. Wenn das Universum geistig ist, dann muss Geist die höchste Kraft sein, die seine Erscheinungsformen beeinflusst. Wenn du diese Tatsache anerkennst, dann wirst du Wunder für das halten, was sie tatsächlich sind: Beherrschung der hermetischen, universellen Gesetze. *„Das All ist Geist, das Universum ist geistig."'* (Kybalion)

Wir wünschen dir, dass du einige bzw. alle Weisheiten in dein Leben integrieren und verstehen kannst. Wer sich übt in den Anweisungen zu den universellen Gesetzmäßigkeiten, wird unweigerlich Meister oder Meisterin über sein eigenes Leben, sein Karma und seine Entwicklung.

Die Arbeit mit den universellen Gesetzen ist mit Sicherheit keine leichte Aufgabe. Sie erfordert die Aufgabe der Bequemlichkeit im Denken, Fühlen und Handeln. Doch der Preis ist es wert. Der Preis ist innere und äußere Freiheit.

Du bist göttlich! Dein universeller Wesenskern

Wenn du jetzt beginnst mit all dem bisher gesagten intensiv zu arbeiten, dann kommst du unweigerlich an den Punkt, an dem du dich selbst erkennst. Dieser Punkt ist meist verdeckt. Er liegt versteckt hinter einem oder mehreren Widerständen. Doch wenn du innerhalb des Buches oder sonst wie, den Kontakt zu deinen lichtvollen Helfern aufgenommen hast, dann kannst du immer und zu jeder Zeit diesen deinen lichtvollen Helfer um Rat und Hilfe bitten. Vertraue darauf, dass sie oder er dir jederzeit helfen wird. Auf unserer Website www.sananda-net.de findest du eine genaue Anleitung, wie du das channeln in Eigenregie erlernen kannst, wenn es dir schwer fällt, in den Kontakt zu treten.

Nur eines muss dir ganz klar werden. Die Hilfe kommt nicht immer in der von dir - deinem Ego - gewünschten Form. Diese Hilfen kommen oft in der unbequemsten, weil ungewohntesten Form, die du dir vorstellen kannst. Wisse, dass deine Bitten sich immer erfüllen. Doch dein Ego wird die Erfüllung nicht immer als solche erkennen. Aus genau diesem Grunde siehst du häufig die dir gewährten Hilfen nicht, weil du eine andere Vorstellung hast. Wenn du um Hilfe bittest, dann nimm die dir dargebotene Hand an, so wie dich erreicht. Ganz egal ob unbequem für dein Ego ist oder nicht, die Hilfe kommt immer in einer Form, in der du das Meiste und Beste für dich lernen und finden kannst. Unsere lichtvollen Helfer haben ganz einfach den besseren Überblick.

Der Untertitel des Buches, „Entdecke deinen universellen Wesenskern", beinhaltet so ungeheuerlich viel Wahrheit, dass wir hier nochmals darauf eingehen wollen. Denn nur dein universelles Selbst wird dich an dein selbst gestecktes Ziel bringen.

Was ist das, universeller Wesenskern?

Der universelle Wesenskern, der dein wahres Selbst ist, der dein du, dein ich ist, ist alles andere als das, was du oder andere bisher von dir gehalten haben. Vielleicht hast auch du bisher mehr im mich als im ich gelebt. Du hast hier mit diesen Seiten den Schlüssel in deiner Hand deinen universellen Wesenskern zu entdecken; deinen universellen Wesenskern der dein ICH BIN, der absolut göttlich und unverletzbar ist.

Aus diesem Grunde haben wir auch immer wieder betont, dass es nicht darum geht, dein Ego auszumerzen. Du kannst keinen deiner Persönlichkeitsanteile ermorden. Doch du kannst alles transformieren. Erkenne das, was dein Ego ist, als deinen schöpferisch wertvollen Zwillingsgeist. Gib ihm etwas Produktives zu tun, indem du deinen Geist schulst. Reinige dich von veralteten Vorstellungen und Glaubenssätzen. Beschäftige dich mit dir, deinen Wünschen und Vorlieben und gehe diesen nach. So kannst du immer mehr deinen Geist zur Ideenerschaffung erziehen. Mit diesen, von dir erschaffenen Ideen, kannst du dein positives Ego, deine weibliche Seite, sinnvoller beschäftigen als jemals zuvor. Je mehr du dir erschaffst, vorstellst, desto beschäftigter wird dein weibliches Prinzip für deine Wesenheit tätig sein können und anderer Menschen Ich-Willen nicht mehr akzeptieren oder gar übernehmen.

Vielleicht bist du ein wenig enttäuscht, dass du deine Transformation nicht innerhalb weniger Wochen abschließen kannst. Doch was sollte das für einen Sinn haben? Jeder Mensch, der sich auf Versprechungen dieser Art verließ, wurde enttäuscht und verzettelte sich in diesem oder jenem Versuch. Er rannte von einem Guru, einer Überzeugung zur Nächsten ohne wirklich etwas zu erreichen. Sicherlich muss der erwachsene Mensch einmal seine Meinung ändern können. Doch er kann es erst dann, nachdem er für sich selbst ein Bild erschaffen hat, anstatt die Bilder anderer Menschen zu verteidigen. Dies ist ein völlig anderes Vorgehen, als sich an die Meinung vermeintlicher Lehrer zu klammern. Höre dir jede Meinung an - wertneutral - und forsche dann in deiner Seele nach deiner eigenen Meinung. Werde dir deiner selbst bewusst und übernimm die Verantwortung für dich und dein Leben.

Wir wünschen uns sehr, dass du dich ein wenig erkannt hast und, dass du den Mut aufbringst, die Übungen zu beginnen und beizubehalten.

Kehren wir noch einmal zurück zum Thema Widerstände. Diese Widerstände werden sich dir immer wieder in den Weg stellen. Allein der Gedanke, ach das ist mir zu dumm, ist ein Widerstand. Dem wahren selbstbewussten Erwachsenen ist nichts zu dumm, keine Arbeit zu gering. Er achtet alles und jeden. Erkenne die verschiedenen Erscheinungsformen des Widerstandes, die da unter Anderem sind:

- ❖ Juckreiz während der Entspannungsphase oder der Meditation. Lass es jucken. Der Juckreiz wird verschwinden, wenn er am unerträglichsten geworden ist.
- ❖ Einschlafen oder Müdigkeit während deiner Meditation. Bleibe wach und du wirst deinem Widerstand begegnen.
- ❖ Alle Arten von negativer Bewertung wie: zu dumm, zu langweilig, zu einfach, zu schwierig usw.

Ganz besonders die Langeweile darf als Widerstand nicht unterschätzt werden. Indem du dir bewusst machst, dass du alles schon erfahren hast und dir deshalb soooo langweilig ist, betrügst du dich selbst. Wenn du durch die Langeweile hindurch gehst, indem du deine Übungen trotzdem absolvierst, wirst du erkennen, wie der Widerstand, der sich hinter deiner Langeweile versteckt hielt, sich vor dir auftürmt, indem dir immer langweiliger wird. Gehe hindurch, übe trotzdem. Das ist Disziplinierung.

Alle Arten von plötzlich auftretenden Körpersymptomen sind meistens nichts anderes als Widerstände. Du kannst sie überwinden, indem du durch entsprechende Bewegung das Kribbeln, das Jucken, was auch immer auftaucht, verstärkst und hinein atmest. Nimm beim Ausatmen das Symptom mit. Atme es einfach aus. Wenn du glaubst, dass du es nicht mehr ertragen kannst, dann ist die Grenze des Widerstandes erreicht. Gehe hindurch und verstärke ihn ein letztes Mal. Nach einem kleinen Augenblick, siehst du Licht, das Symptom ist verschwunden, der Widerstand gebrochen.

Um einen Widerstand zu überwinden musst du Schranken durchbrechen, Grenzen überschreiten. Du musst nicht gegen deinen Widerstand kämpfen, das wäre zwecklos. Nein, du darfst ganz einfach durch ihn hindurchgehen und ihn so überwinden. Du überwindest einen Widerstand, indem du immer dann, wenn in dir ein NEIN - die Opposition - auftaucht, ein lautes JA sagst und es gerade deswegen und trotzdem tust. Zeige deinem Widerstand, dass du die Herrscherin, der Herrscher in deinem Leben bist.

Wir wissen, dass dies eine schwierige Übung ist. Doch wenn du deinen Willen schulen willst, dann beginne damit deine inneren Widerstände vor Veränderung zu überwinden. Wenn du Widerständen begegnest, indem du sie eroberst oder besiegst, erkennst du dein eigenes Kraftpotential. Stähle und schule deinen Willen, indem du durch Widerstände hindurchgehst. Setze deinen Widerständen Widerstand entgegen.

Eine Frau, die bereits Kinder geboren hat, wird verstehen, was ein Widerstand ist. Es ist immer der Augenblick, an dem du nicht mehr weitermachen bzw. nur noch aufhören willst. An diesen Punkt gelangt jede Frau in jedem Geburtsprozess ohne Betäubung. Wenn der Schmerz am stärksten, der Körper sein gesamtes Kraftpotential vermeintlich vergeben hat, erreicht jede Frau den Widerstand - Ich kann nicht weitermachen, es bringt mich um, ich gehe nach Hause und höre einfach auf, ich will nicht mehr, ich kann nicht mehr, ich höre auf zu existieren. Jetzt einfach aufhören, bevor der Schmerz mich umbringt. Doch hier hat – einer weisen Göttin sei Dank - die Natur einen Riegel vorgeschoben und so wird dieser Widerstand von den Körperfunktionen überwältigt. Die Natur nimmt ihren Lauf. Dann kommt der Fall ins Schwarze Loch während des Durchtretens des kindlichen Kopfes. Dann jedoch kommt das strahlende Licht danach. Dies alles wird nur noch in Sekundenbruchteilen durchlebt und bedeutet das Überwinden eines Widerstandes.

Ich schildere dir hier diesen Vorgang, weil es für mich das beste Beispiel ist für Grenzüberschreitung und damit du verstehen lernst, wie sich das sekundenschnelle Durchschreiten eines beängstigenden Widerstandes in Glück und Freude verwandelt. Denn ich habe noch nie eine neugeborene Mutter erlebt, die nicht sofort, nachdem der Widerstand überwunden war, das Kind in ihren Armen lag, den Schmerz vergessen hat und nur noch Freude und Kraft ihr Gemüt beherrscht.

Nicht jedes Überwinden eines Widerstandes ist mit solchem Schmerz verbunden, doch Schmerz wird sich immer wieder einstellen in Form von Angst, Panik oder Ähnlichem. Jede Überwindung eines Widerstandes gleicht einem Geburtsvorgang. Jede Frau verwandelt sich während einer Geburt innerlich. Sie hat eine ganz neue Sicht erlangt von ihrem eigenen Kraftpotential, ihrer eigenen Energie, wenn sie ohne Betäubungsmittel, diesen Transformationsprozess für Mutter und Kind, bewältigt hat. Und jeder, der diesem Prozess beiwohnen durfte, hat ebenfalls einen großen Gewinn daraus ziehen können, sofern er sich nicht vom Mitleiden überwältigen ließ.

Jeder Mensch, der die Möglichkeit, der Geburt eines neuen Erdenbewohners beizuwohnen erhält, sollte dieses überwältigende Ereignis freudig und mitfühlend begleiten. Die hierbei freigesetzten Energien zu sehen und zu erleben, wie kraftvoll Frauen über ihre Grenzen hinweggehen, ist ein lehrreiches und schöpferisches Ereignis.

Wenn du siehst, wie ein mutloser und vermeintlich kraftloser Mensch, plötzlich durch Einsatz seines gesamten Willens - egal wie es weitergeht, nur endlich ein Ende machen - diese beinahe unmöglich erscheinende Passage durch die Enge für sich selbst und das passierende Baby- unterstützt, dann wird auch in dir eine Wandlung vollzogen. Der Tod des alten Denkens ist die Geburt einer neuen Sicht, so wie der Tod des Embryos die Geburt des physischen Lebens darstellt. Wie oben so unten, wie im Kleinen so im Großen. Das Gesetzt der Entsprechung auf allen Ebenen.

Solange du nicht wagst, wirst du dieses Gefühl nicht empfinden. Du wirst nach wie vor deine Freiheit im Außen suchen. Nicht umsonst ist die heutige Welt voller Singles. Die innere Freiheit, die so sehr vermisst wird, soll im Außen sichtbar sein. Kein Mensch ist freiwillig Single. Jeder will eine Beziehung - aber bitte nicht zu eng - das schränkt die Freiheit zu sehr ein. So ist Nähe unmöglich geworden. Der Partner ist ein nicht gern gesehener Spiegel, den man lieber zudeckt oder zerschlägt.

Jedes Mal, wenn du einen Widerstand überwunden hast, entdeckst du etwas, das dir ganz klar verdeutlicht, warum du hier bist, wer du wirklich bist, was wirklich der Sinn deiner Reise ist. Du wirst fähig, deine Energien zu kanalisieren und zu lenken und als Funke des All-Geistes sinnvoll für dich und die Allgemeinheit einzusetzen. Das ist ein lohnender Versuch.

Wir sind für dieses Mal am Ende der Thematik angelangt. Noch lange nicht ist alles gesagt, was zu sagen wäre. Doch du besitzt jetzt einige Schlüssel, die dich dir selbst und deinem Ursprung um ein erhebliches näher bringen können. Benutze diese Schlüssel des Wissens und öffne deine inneren Tore für die Größe deiner Seele.

Wir wollen dich hier, von diesen Seiten aus, ein letztes Mal grüßen, dir unsere Energien zusenden und dich nochmals für dich selbst bitten, den Kontakt zu deinen spirituellen Helfern, Schutzengeln, aufgestiegenen Meisterinnen und Meistern aufzunehmen. Sprich mit ihnen und höre nach innen. Die Antworten sind alle da. Du musst nur lernen deine inneren Stimmen zu unterscheiden. Öffne dich, auch wenn die Angst vor Verletzung es dir vermeintlich unmöglich macht oder dich blockiert. Erkenne und überwinde diesen Widerstand, indem du die Schlüssel benutzt. Dann erinnere dich des Gesetzes des Rhythmus. Es wird immer nur soviel in dich hinein kommen, wie du bereit bist deine Tür zu öffnen.

Also mache das Tor zu deinem Herzen ganz weit auf, dann kann das Licht in voller Kraft zu dir hinein fließen. Du wirst immer nur soviel erhalten, wie du zu geben und zu nehmen bereit bist. So ist das Gesetz. Öffne dich dir selbst. Lass dich in die Arme der Göttin fallen. Sei gewiss, du kannst niemals tiefer fallen als in die Hand deiner Seele. Wisse, sie wird dich niemals fallen lassen, denn die Quelle liebt ihre Schöpfung, weil sie bewusst erschafft.

Erinnere dich deiner göttlichen Quelle und folge ihr nach, indem du dir dein eigenes, inneres Potential erschließt. Für eine wundervolle Welt, die dem Quantensprung entgegen eilt.

Schlusswort von SANAT KUMARA

Geliebte Schwester, geliebter Bruder

Du, die/der du dieses Buch liest, bist Suchender auf dem Weg zum Licht. Du bist im Licht, auch wenn dir noch die Klarheit fehlt, das Licht in dir und Anderen zu erkennen. Die Aufgabe der Brüder und Schwestern des Lichtes besteht in dieser Inkarnation darin, liebend dienen zu lernen, ohne dich selbst dabei zu verlieren. Dazu gehört ebenfalls, dir selbst, deiner Seele in Hingabe an deinen Weg, an deine Aufgabe zu dienen! Du erreichst Hingabe, hingebungsvolles Dienen, indem du deinen wahren Gefühlen, deinen echten Empfindungen vertraust und ihnen freudig folgst.

Immer wieder erkennst du Seelen, die Teil deines Selbst, ein Teil deiner multidimensionalen Seele sind. Folge dieser deiner Liebe in dir und lege die Bewertungen ab. Übe Geduld mit dir und mit anderen Aspekten deiner Seele. Reiche jedem liebevoll die Hand, der dich ungeduldig werden lässt, wenn du in die Bewertung zurück fällst, weil alte Ängste dich oder den Anderen gefangen halten. Du bist Lernende/r und Lehrer/in von Anbeginn deiner Reise zu diesem Planeten. Lehre in dienender Hingabe an deine Seele.

Je mehr Seelenanteile du um dich versammelst, desto größer werden die Wachstumsmöglichkeiten für die einzelne Persönlichkeit und für die Gesamtseele. Denke immer daran: Verliere nicht dein Ziel in der Hektik und Vielfalt des Lebens.

Die Zeit ist gekommen, in welcher der Planet Erde die Lehrer und Diener des Lichtes benötigt. Darum mache dich auf. Öffne dein Herz und deine Seele weit. Lerne weiter und lehre, was du bereits erfahren durftest. Glaube uns, lieber Bruder, liebe Schwester, wir wissen, dass dich der Gedanke manches Mal erschreckt und ängstigt.

Doch wisse, es ist nur dein niederes Ego, das den Rückzug wünscht. Es ist die Zeit, loszulassen. Mache dir bewusst, dass deine Vorbereitungszeit jetzt abgeschlossen ist und erkenne, wie sehr der Planet mit seinen Menschen dich braucht. Folge willig deiner Führung in Liebe. Sei dir stets unserer liebenden, lichtvollen Gegenwart bewusst. Sei dir stets dessen bewusst, dass wir dich lieben mit der Kraft des einen Lichtes und der Kraft der einen großen Seele.

Verbinde dich mit den Menschen, anstatt dich zurück zu ziehen. Nimm unsere Liebeskraft in dich auf. Gib sie weiter an jene, die noch klagen. Nimm dir selbst und anderen Menschen die Angst vor der Liebe, indem du wahrhaftes Lieben wieder erlernst.

Diese Ängstlichkeit vor der allumfassenden Liebe und dem Licht in dir ist völlig verständlich in deiner Welt, denn nichts - absolut NICHTS - ist größer und beständiger als die Liebe. Doch die Liebe bedeutet ebenso den Tod der angelernten Verhaltensweisen, die Transformation des Egos.

Wir sehen eure Ängste, liebe Freunde, doch nur, wenn ihr euch eurer Angst stellt, könnt Ihr sie erlösen. Nur wenn ihr bereit seid, unsere Liebe und das Licht mehr und mehr in euer Leben einzulassen, könnt ihr den Himmel auf eurer Erde erfahren. Solange ihr vor der Liebe eines euch gesandten Menschen davon lauft, lauft ihr davon vor der Liebe der Quelle, der Liebe des Lichtes und der Liebe eurer nicht physischen Gefährten.

Lasst die Sehnsucht nach Liebe, nach Nähe, nach Wärme und Geborgenheit in euer Leben einziehen, denn solange ihr diese Bedürfnisse verleugnet, leugnet ihr die Sehnsucht nach der Quelle. Beides ist untrennbar. Im physikalischen Universum steht Gott als Mensch, der dich liebt und den du liebst, immer direkt vor dir. Jeder Mensch, jeder spirituelle Begleiter, der dir vom Licht auf deinen Weg gesandt wird, verkörpert die Liebe des Universums. Doch du kannst sie nur im Grade deiner Offenheit, deiner Verletzbarkeit wahrnehmen und erkennen.

Je klarer die Liebeskraft vorhanden ist, desto größer ist die Angst des Individuums, seine Identität zu verlieren. Doch ist dies nur die Angst des niederen Selbst vor dem Verlust der Kontrolle, die um ihre Daseinsberechtigung kämpft.

Liebe Brüder und Schwestern, es ist die Zeit gekommen, das Hohe Selbst mehr und mehr in die Materie zu integrieren. Der Wandel vollzieht sich in den nächsten Jahren. Der Ruf der Brüder und Schwestern des Lichtes wird lauter. Verbindet euch in eurer gemeinsamen Liebe. Helft dem Planeten und seinen Menschen, die Heilung der Seele zu vollziehen. Stelle dich deiner Seele.

Akzeptiere dein „Menschsein" unter den Menschen. In vielen Leben hast du dich isoliert, hast deine kosmische Identität, dein Elitedenken der "Götter von einst" als Schutz vor Nähe zu den Wesen auf der Erde beibehalten. Es ist an der Zeit, euch gegenseitig zu erkennen als verbundene Wesen, die aus fernen Galaxien, einer gemeinsamen Aufgabe wegen, zur Erde kamen. Es ist an der Zeit, in dein Bewusstsein in das einzulassen, was du bereits weißt.

Ihr habt den vermeintlichen Fall in die Materie, in die Polarität, selbst geplant und vergessen. Einst am Beginn der Zeit auf der Erde vermischtet ihr euch mit den Erdenwesen, um diese zu vervollkommnen. Ihr wart bereit, euer Lichtwesen mehr und mehr zu vergessen. Doch jetzt, liebe Brüder und Schwestern, jetzt ist die Zeit, dich wieder zu erinnern, wer du wirklich bist. Du bist Teilaspekt einer großen Seele. Du bist ein Sternenwesen, welches den Menschen der Erde Heilung bringen will. Darum bist du selbst Mensch geworden. Legt eure Zweifel jetzt ab, liebe Freunde. Ihr zweifelt doch nur in eurer irdisch angelernten Selbst-Entwertung. Es ist an der Zeit, dass ihr euch eurer wahren und vollen Größe bewusst werdet.

Bewertung hat hier keinen Raum. Es gibt kein „Besser" oder „Schlechter" im Universum. All das, was ihr vermeintlich noch zu lernen habt, habt ihr und haben wir bereits vor dieser Zeit auf anderen Planeten erfahren.

Wir sehen euren Schmerz der Herzen, geliebte Freunde, doch entledigt euch endlich der Todessehnsucht. Akzeptiert euer jetziges "Menschsein" und lernt wieder dieses "Menschsein" zu lieben, so, wie vor langer, langer Zeit, als ihr euch für diesen Weg entschieden habt. Dadurch werden die Schwere eures Gemütes und die vermeintliche Schwere eures physischen Körpers transformiert. Erkennt, liebe Freunde, dass ihr euch diesen Weg in Liebe selbst erwählt habt, als wahre, liebende Boten des Lichtes und der Einheit.

Wir, eure Brüder und Schwestern der lichten Ebenen, sind stets bei euch. Wir danken und lieben euch für diese allumfassende Liebe, die ihr bewiesen habt, indem ihr euer Licht vermischt habt mit der physischen Existenz. Erkennt eure wahre Größe, liebe Freunde, denn der Tag der Rückkehr ist nahe.

Bald schon wirst du die physische Existenz in der dritten Dimension mit mir gemeinsam hinter dir lassen. Und bald schon, lieber Bruder, liebe Schwester, werden wir deine Rückkehr in unsere Mitte, in unsere Energie, feiern. Bald schon wirst du Freude und Lachen finden ob deines wundervollen Zwischenspieles auf dem Planeten Erde. Du wirst schon bald reich an Erkenntnissen und Erfahrungen in unsere Reiche zurückkehren und unser Licht erhellen, wenn wir uns wieder vereinen.

Überall auf dem Erdenball finden die Brüder und Schwestern des Lichtes wieder zueinander. Die Seelenanteile vereinen sich und bilden neue Zentren für die Suchenden.

Dies ist die letztendliche Aufgabe, die jetzt vor dir liegt. Versammle wieder deine Seelenpotentiale um dich. Unsere Hilfe ist dir immer gewiss. Öffne dich, wachse an deiner Verletzbarkeit. Je schneller du deine eigenen inneren Verletzungen erkennst, geliebtes Sein, desto eher kannst du deine Lernerfahrungen in dein Leben integrieren. Du kannst dich bereits selbst heilen. Gib an die anderen Aspekte deiner Selbst weiter, was du bereits erfahren hast.

Wenn ihr, liebe Brüder und Schwestern, euch in Einheit wieder gefunden habt, der Welt das Licht zurückgebracht wurde, dann kehrt ihr zurück in die Einheit de großen Quelle allen Seins. Dann kehrt ihr zurück in die Heimat und strebt eurem nächsten Aufstieg entgegen. Erwecke das Mitgefühl in dir und in deinen Gefährten, das Mitgefühl für die menschliche Seele.

Nehmt eure physische Form als ein Geschenk an. Lernt wieder - wie einst -, wie faszinierend dieser Körper, wie vollkommen er ist, und transformiert seine Energien.

Einst am Beginn eurer Reise hat dieser Körper euch fasziniert, weil Ihr dessen Vollkommenheit in der Materie erkanntet. Heute jedoch gebt ihr diesem Körper oft die Belastung an eurem vermeintlichen Fall in die Materie. Doch dieser Körper hat niemals Schuld. Er war für euch wie ein neues Kleid, und ihr habt alle Möglichkeiten dieser Verkleidung durchgespielt. Lernt wieder das spielerische Umgehen mit Eurem Raumanzug. Denn letztendlich seid ihr der perfekt ausgerüstete Astronaut in einer fremden Dimension. Doch der irdische Astronaut im Weltraum erfreut sich der Möglichkeiten seines Raumanzuges und gibt ihm nicht die Schuld an seinem Aufenthalt im Raum. Er nutzt die Möglichkeiten, die sein Anzug ihm gibt und freut sich seiner Aufgabe, die durch den Raumanzug erst möglich wird. Ihr habt nur vergessen, dass euer Körper euer wundervoller, perfekt ausgerüsteter Raumanzug ist. Nutzt wieder das Potential eures Körpers, anstatt seine Energien zu verteufeln oder zu vergöttern.

Es ist an der Zeit, geliebte Freunde, das Leben wieder zu feiern. Ihr habt *so* viele Inkarnationen lang das Leid zu eurem Wegbegleiter gewählt. Jetzt, meine Lieben, ist die Zeit der Freude gekommen, wenn ihr sie nur in euer Leben einlasst. Lasst die Angst und den Schmerz los und erinnerte euch daran, wie groß die Freude war, in dieser aufregenden Zeit der Erde beistehen zu dürfen.

Besinnt euch wieder, wer ihr wirklich seid, Teil des Universums, Teil der Quelle. Ihr seid Liebe. Du bist das Licht der Quelle. Stelle dein Licht nicht länger unter den Scheffel. Lass es leuchten für die Menschen, die noch in der Illusion der Dunkelheit verstrickt sind. Entdecke das Licht in dir und entzünde es am Weggefährten. Nur das ist, was wirklich zählt.

Lege das Gefühl des Unwürdig sein, des „Nicht-Gut-Genug-Sein" ab. Du bist nur in deiner Bewertung unwürdig und nicht gut genug. Du weißt, liebe Seele, das ist alles

Illusion. Ihr verschwendet zu viel Energie und Potential in die Aufrechterhaltung eurer Illusionen. Erkenne, dass deine göttlichen Energien dann blockiert sind. Du kannst sie nutzbringender einsetzen. Lass die Illusionen los. Lass dein Licht, deine Liebe fließen. Lasse es zu, lasse es geschehen, was immer auch geschieht. Erhebe dich über die Bewertung und du wirst das Leben in all seiner göttlichen Vollkommenheit erfahren.

Hier sind wir! Wir, eure Schwestern und Brüder, reichen euch die Hände. Wir wollen mit euch tanzen, den Tanz der Liebe, den Tanz der Ekstase. Wenn ihr nur wollt. Wir sind in und um euch. Schaut einander in die Augen und erkennt unsere Präsenz im Gegenüber. Reicht einander die Hände, liebe Freunde, dann reicht ihr uns die Hände. Liebt euch selbst im Anderen und im "Anders-Sein". So erspürt und erfahrt ihr unsere Gegenwart und Liebe.

Erkennt, dass ihr nicht getrennt seid und ihr erfahrt die Einheit mit uns und in euch. Ihr und wir sind Teilaspekte einer großen Seele. Jeder für sich ist einzigartig und doch sind wir gemeinsam die Einheit. Kehrt zurück in unsere Einheit, damit wir gegenseitig uns wieder spüren können.

Öffnet euch hier und heute der Freude und der Liebe. Lasst die Seele sich wieder verbinden und ihr werdet frei sein von euren Ängsten und Nöten, die nur aus der Illusion der Getrenntheit ihre Lebensmöglichkeit inne hat.

Lass die alten irdischen Werte los. Neue Möglichkeiten liegen vor dir, vor euch. Verbindet eure Seelenaspekte miteinander und helft dem Planeten bei seinem großen Erwachen. Seid die Wegbereiter für eine neue Erde mit vielen anderen Lichtarbeitern an vielen Orten dieser Erde.

Vor mehr als dreihundertfünfzigtausend Erdenjahren begann deine Reise. Schau! Die Zeit der Rückkehr kommt näher und näher. Die Zeit der Vollendung ist angebrochen. Und wir - eure Brüder und Schwestern -, wir warten auf euch. Wir stehen euch zur Seite um euren Auftrag zu stützen. Spürt unsere Präsenz mehr und mehr in eurem Leben, denn der Übergang zwischen den Dimensionen hat sich geöffnet für die Seelen, die wirklich erfahren und vollenden wollen und derer werden es täglich mehr.

Sorgt euch nicht mehr um das Morgen. Öffnet eure Herzen und Seelen der Liebe und der Freude. Wir können es immer nur wiederholen. Alles, was geschieht, geschieht nach einem längst bestehenden Plan. Du kennst diesen Plan, denn tief in dir ist er verankert. Freut euch an der wundervollen Erde, an der Vollkommenheit der Natur, meditiert mit dem Wasser, folgt dem Klang und den Farben des Lebens. Nutzt eure Fähigkeiten und spielt mit euren Möglichkeiten.

Begrüße jeden Tag mit einem Lächeln und erkenne deinen Bruder, deine Schwester, neben dir. Wir sind bei euch. Wir lieben euch.

Gründet neue Zentren des Lichtes, indem ihr euer Wissen teilt und an das Licht bringt. Vertraut euch selbst und einander und alles findet seinen Raum.

Alles wird klarer und leichter mit jedem Tag, der sich neigt. Seid gelassen in der Gewissheit, dass nichts euch geschehen kann, wenn ihr euch dem höheren Plan, eurem Selbst hingebt.

Schließe nun deine Augen und lass dich umfangen von meiner, von unserer Liebe. Spüre meine Liebe für dich. Jetzt!

SANAT KUMARA

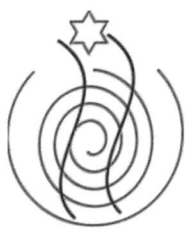

Auf Wiedersehen

Ich freue mich, dass du mich bis hierher begleitet hast und wünsche dir von ganzem Herzen, dass du es zu deinem Nutzen anwenden kannst. Mir persönlich hat dieses Buch vor zwanzig Jahren sehr vieles geschenkt und meinem Leben eine entscheidende Wende zum Guten beschert.

Als ich dieses Buch schrieb, war ich 36 Jahre alt. Heute bin ich 56. In diesen zwanzig Jahren hat sich sehr viel ereignet in meinem Leben, in den Leben meiner Kinder und in den Leben aller Menschen, die meinen Weg begleiteten. Und während ich dieses alte Skript überarbeitete stellte ich fest, dass ich auch heute noch zu all dem stehen kann, was damals durch mich gesagt und geschrieben wurde und auch zu dem, was ich selbst sagte und schrieb.

Ich glaube, dass dieses Buch auch heute noch so wichtig ist, wie vor zwanzig Jahren und freue mich, es der Erde ein zweites Mal zu schenken.

Ich wünsche dir von Herzen auf deinem Weg alles, alles Liebe.
Ich wünsche dir, dass du erkennst, wie vollkommen du bist.
Ich wünsche dir, dass du von heute an deinen Weg in Freude, Lachen, Liebe, Freiheit, Frieden und Lebendigkeit gehst.

Ich grüsse und ehre die Göttin in dir
Ich grüsse und ehre Gott in dir!

Eva-Maria Ammon

Weitere Informationen
www.du-bist-der-weg.com

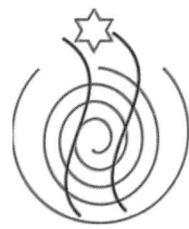

236

Metatron, Ancient-Master-Healing
Selbstermächtigung durch Selbsteinweihung

Unser Buch für die Neue Zeit. Der Menschheit über-reicht durch Metatron und Miranlaya. Ancient-Master-Healing. Selbstermächtigung durch Selbsteinweihung. Das Licht das du bist. Das heilende Geschenk an dich, an die Menschheit und unsere Erde.

Die Einweihung in deine Selbstermächtigung ist ein wundervolles Geschenk von Metatron und Miranlaya an dich, an die Erde und an die Menschheit. Erst die jetzige Zeit mit ihren erhöhten Energien macht dieses Wunder möglich, dass du wieder zu dem erwachen kannst, was du in Wahrheit bist – Licht!

Diese deine Vollkommenheit wird dir überreicht durch Metatron, Miranlaya, Sananda, Lady Nada, Lady Gaia, Lady Kwan Yin und Saint Germain. Die Meister haben erklärt, dass es jetzt für mehr und mehr Lichtarbeiter an der Zeit ist, aktiv am Wendezeitpunkt das universelle Licht unter die Menschheit zu tragen, damit der Übergang für möglichst viele erreichbar wird.

Dieses Arbeitsbuch ist ein Buch zur Selbsteinweihung und ermöglicht dir, dich in Ver-bindung mit den Aufgestiegenen Meistern und Meisterinnen in die kraftvolle Energie der Quelle selbst einzuweihen. Danach kannst du die tief greifenden Einweihungen durch Metatron, Miranlaya, Gaia, St. Germain, Lady Nada, Sananda und Kwan Yin in völliger Ermächtigung deiner Selbst in wunderbarer Kraft erfahren.

„Du bist dein eigener Lehrer! Du bist dein eigener Meister! Du hast die Wahl!"

Mehr Informationen, Auraspray und wundervolle Einweihungsessezen gibt es im Internet. www.ancient-master-healing.de

Eva-Maria Ammon
Metatron, Ancient-Master-Healing Selbstermächtigung durch Selbsteinweihung
272 Seiten broschiert
erschienen im Smaragd-Verlag
ISBN 978-3-938489-63-5

Lady Rowena, die Kraft der Göttin in dir

Zum ersten Mal meldet Lady Rowena sich umfassend zu Wort. Sie lässt uns unsere enge Verbundenheit mit unser aller Mutter-Schwester Gaia, der Göttin, den Kristallen der Erde und dem Universum erfahren. Dies ist ein Heilungsbuch. Ein Praxis-Heilungsbuch für die Zeit der Weiblichkeit, welche auf unserer Erde geschunden, verraten wurde und in uns allen neu erwachen will, damit Frieden, Liebe und Licht auf Erden zur Wahrheit wird.

In warmen, klaren Worten leitet und begleitet Lady Rowena uns durch die Zeiten, die wir seit Beginn des menschlichen Lebens auf unserem geliebten Planeten Erde verbrachten. Sie zeigt uns die Anfänge, die Wirrungen, die Verluste und den Wandel der Zeiten bis hin zum Aufstieg der Erde, welchem wir entgegen streben. Damit wir diesen auch in den Zeiten, in denen die Dualität sich vermeintlich verstärkt und mehr und mehr trennt, erfahren und weiter geben können, verdeutlicht sie uns, wer und was wir in Wahrheit sind. Dies geschieht in solch liebevoller Weisheit, dass wir erkennen, wie wichtig jeder einzelne von uns ist und, dass wir freiwillig voller Freude in urteilsfreier Liebe und Leidenschaft den Weg mit Gaia beschritten, der nun in Richtung Heimat die wir ersehnen geht. Indem wir durch ihre Begleitung erkennen, findet Heilung und Ganzwerdung statt unterstützt durch die Energie der aufgestiegenen Meisterin Lady Rowena, welche sie in diesen Zeilen verankert.

Dazu sind wir wieder hierher gekommen. Denn ich bin du und du bist ich. Ich grüße und ehre die Göttin in Dir. Ich grüsse und ehre den Gott in Dir.

Mehr Informationen unter: www.lady-rowena.omkara.de

Eva-Maria Ammon
Lady Rowena, die Kraft der Göttin in Dir
248 Seiten broschiert
erschienen im Smaragd-Verlag
ISBN 978-3-938489-43-7

Aufgestiegene Meister bringen Heilung für die Welt

Dieses Arbeitsbuch ist in Zusammenarbeit mit den Aufgestiegenen Meistern Sananda, St. Germain, Sanat Kumara, Lady Nada, Kwan Yin, El Morya und dem Erzengel Ezechiel entstanden, die, wie immer, der Menschheit in dieser schwierigen Zeit des Wandels mit ihren liebevollen Botschaften und praktischen Übungen helfen.

Nach intensiver Klärungsarbeit erfolgt eine Einweihung von St. Germain in die Violette Flamme des Aufstiegs, um dann im nächsten Schritt mit Lady Kwan Yin dein Karma erlösen zu dürfen.

Das gilt auch für jedes neu angesammelte Karma, das wir uns im täglichen Leben aus Unachtsamkeit wieder zuziehen können. Mit seinen wunderschönen Botschaften und praktischen Übungen ist dieses Buch für viele Menschen, deren Alltag immer stressiger wird, eine wunderbare Hilfe.

Nähere Informationen und die Essenz für das Karma-Entlastungs-Bad gibt es im Internet. www.aufgestiegene-meister.info

Eva-Maria Ammon
Aufgestiegene Meister bringen Heilung für die Welt
176 Seiten broschiert
erschienen im Smaragd-Verlag
ISBN 978-3-938489-19-2

Unser neues Buch erscheint im Januar 2009 im Smaragd-Verlag

Tatort Jesus, Mein Neues Testament

Eva-Maria Ammon & Sananda

Sananda zeigt auf, wie wir von Anbeginn allen Lebens an unser Sein gestalteten. Er zeigt uns auch das Werden der Menschheit. Er spricht uns vom Anbeginn der Zeit bis in die Jetztzeit. Eingebettet ist sein Leben, mit allen wichtigen Stationen Kindheit, Jugend, seine Lehre, Maria Magdalena, Kreuzigung und sein Leben auf Erden danach.

Dies ist ein wahrhaft heilendes Geschenk an die Menschheit. Wir erfahren, wer und was Jesus wirklich ist und war. Allein das Lesen seiner Worte heilt die Wunden aus Kindertagen und eines ganzen Lebens, wenn wir endlich die Wahrheit aus seinem Mund vernehmen, die so ganz anders ist, als die Religionen uns weis machen wollen.

Erfahre einen ganz neuen Jesus, der voller Liebe für die Menschheit und die Erde ist. Erfahre Heilung in ihrer Vollkommenheit. Lass dir zeigen, wie Jesus Wasser zu Wein werden lässt, erfahre, wie er Krankheiten heilte, erfahre, wie er mit 5 Broten und 2 Fischen 5000 Menschen speiste. Detailliert erklärt er uns seine alchimistischen Künste, damit wir all dies selbst in unser Leben integrieren können. Lies die neue Bergpredigt in seinen wahren Worten und erwache zur Freude.

„Mein Neues Testament" ist revolutionär. Informationen ab Oktober/November 2008 unter www.tatort-jesus.de

Eva-Maria Ammon
Tatort Jesus, Mein Neues Testament
Smaragd-Verlag

Aktuelles Verlagsprogramm unter www.omkara-verlag.de